上海市社会主义学院系列教材

中国新型
政党制度概论

ZHONGGUO XINXING
ZHENGDANG ZHIDU GAILUN

尚 同 编著

上海人民出版社

目　录

导 言

中国共产党领导的多党合作和政治协商制度是我国的一项基本政治制度，它是马克思列宁主义同中国实际相结合的产物，是符合中国国情、具有中国特色的政党制度。这一制度既植根中国土壤、彰显中国智慧，又积极借鉴和吸收人类政治文明优秀成果，是中国新型政党制度。[①]2018 年 3 月 4 日，习近平总书记看望参加全国政协十三届一次会议的民盟、致公党、无党派人士、侨联界委员，并参加联组会时提出，多党合作制度是“从中国土壤中生长出来的新型政党制度”，并用三个“新就新在”概括了这一制度与旧式政党制度相比所具有的鲜明特征与显著优势。在“中国特色”的认识基础上，强调这一制度

① 国务院新闻办：《中国新型政党制度》白皮书，中央人民政府网站，http://www.gov.cn。

的“新型”特点和优势，不仅体现了高度的制度自信，也凸显了中国新型政党制度对旧式政党制度的扬弃和超越。

第一节　政党、政党政治与政党制度

一、政党

近现代意义上的政党，最初产生于英国。17 世纪 70 年代托利党和辉格党(保守党和自由党的前身)的诞生，被视为世界上最早的政党组织。从词源上来看，英文中的“政党”一词“Party”，源自拉丁文“Pars”，是“部分”的意思，被引申为政治集团或政治派别。伴随近代资本主义生产方式的成长，在资产阶级夺取国家政权并建立保障其政治诉求的政治制度过程中，政党得以孕育产生并逐步发展，是资本主义商品经济、自由民主思想及议会斗争相融相长的结果，是近现代社会发展的产物。马克思在 1844 年《关于现代国家的著作计划草稿》中，把民主、法治与政党视为构成政治文明的基本要素。[①]时至今日，政党已成为世界绝大多数国家政治舞台的主角，是国家政治生活中最基本、最重要的力量，在国家治理体系中占有极为重要的地位，现代国家政治活动的开展、政府的运行以及民众的社会生活，几乎都离不开政党的参与和影响。

何谓政党？政党与其他类型的社会组织及政治组织的边界在哪里？若要给政党下一个确切的定义，是一件较为困难的事情，一些政

① 《马克思恩格斯全集》第 42 卷，人民出版社 1979 年版，第 238 页。

治学者往往通过描述政党的某些特征来观察和研究政党。在英国学者艾伦·韦尔看来，政党具有如下基本特征：政党是集合民众以行使国家权力为目的的组织，是代表多元的、广泛的社会利益的组织，是由持相似的信仰、态度和价值的人组成的集团。若基于政治目标和利益凝聚功能两个层面来认识政党的话，那么，政党是一种常常试图通过占有政府职位来寻求其在国家中的影响力，通常涵纳不止一种社会利益，并因此在某种程度上试图“凝聚不同的社会利益”的组织机构。①

关于政党的产生，有几种不同的解释理论。制度论认为，政党的出现是伴随议会与选举制度改革的结果。历史局势论认为，政党是在新旧制度交替和民族战争中，因为不同的政治理念而产生争议，进而产生多样性的政党。发展论认为，社会现代化导致社会各方面关系得以加强，从而出现了政党。危机论认为，政党是为了解决形成国家时的新政治秩序的合法性危机而产生的。

马克思主义经典作家认为，政党是在阶级基础上产生的，是阶级斗争发展到一定阶段的产物。它是在阶级社会中，一定的阶级或阶层的政治上最积极的代表，为了共同的利益和共同的政治目的，特别是为了取得政权和保持政权，而在阶级斗争中形成的政治组织。政党的本质特征是阶级性，政党由本阶级先进成员组成，政党的任务是领导本阶级的政治斗争、掌握政权，实现本阶级的根本利益。

依据马克思主义的基本观点，现代政党具有以下四个基本特征②：其一，政党是阶级的组织，因而具有鲜明的阶级性。政党建立的

---

① [英]艾伦·韦尔：《政党与政党制度》，谢峰译，北京大学出版社2011年版，第8—11页。

② 王浦劬：《政治学基础》，北京大学出版社2006年版，第210—211页。需要说明的是，无产阶级政党是本阶级的先锋队组织，而西方政党、中国旧式政党等则不能称为阶级的先锋队。

基础是阶级的利益，正是为了实现本阶级的共同利益，人们才组成政党以统率本阶级的力量，这就使得政党带有鲜明的阶级特色。其二，政党是阶级的先锋队组织。从成员构成来看，政党成员一般均由本阶级政治上最活跃、最积极和最有政治能力的人构成；从思想特征来看，政党集中反映着本阶级的利益，代表着本阶级的意志；从政党对本阶级的政治作用来看，政党通常是本阶级的政治领导者和组织者，又是本阶级的政治代表。其三，政党具有特定的政治目标和纲领。政党的政治目标一般包含着紧密相连的两个方面：一是政权目标，即夺取或巩固社会公共权力；二是社会目标，即社会治理和社会发展的目标。为有效组织政治力量开展政治活动，政党必然要把其政治目标上升为特定的政治纲领，“一个政党如果没有纲领，就不可能成为政治上比较完整的、能够在事态发生任何转折时始终坚持自己路线的有机体”。[①]政党的政治纲领一般包括政党对于政治局势、社会状况及其发展方向的分析研判，以及政党的政治社会目标和主张、政党实现自己目标的具体途径和措施等。其四，政党具有特定的组织和纪律。为发挥政党作为阶级的政治领导力量作用，切实实现政党的政治目标和政治纲领，政党必须具有特定的组织原则、组织形式和组织纪律。

综合来看，政党是代表一定阶级、阶层或集团的利益，旨在执掌、参与或影响国家政权以实现其政治纲领的政治组织。除了执掌（或参与）国家政权这一基本职能外，政党也是现代社会中重要的利益表达和利益综合机构，是公民参与国家政治生活的重要平台，履行政治动员、公共参与和政治教育等重要政治职能。

① 《列宁全集》第20卷，人民出版社1989年版，第357页。

在拥有政党的国家的现代政治中，执政体系都是围绕着政党展开的，是政党合法掌握国家政权、有效运作国家政权所形成的一套综合工作体系。在执政逻辑中，政党位于国家和社会之间，作为一定社会利益的代表掌握国家政权，负责国家管理和社会发展。任何执政体系成长的主干都是政党，其生长的土壤则是社会与国家。至于长什么枝叶以及可能结什么果，则是这个社会或国家的历史、社会与文化的共同因素决定的。①不论政党所拥有资源的组合状况如何，政党均需要一个组织（或多个组织）来有效运用这些资源。竞争性的政治逻辑或是非竞争性的政治逻辑，均会对政党组织的形式产生重要影响，政党组织的形式往往能够反映出政党的资源供给状况。

二、政党政治

政党是政党政治的主角。世界上有近 200 个国家，除 10 余个国家没有政党之外，其余的都有政党。世界上没有政党的国家分为两类②：一类是政教合一或者君主制国家，没有民主政治的框架而不允许政党存在；另一类是虽然有基本（不太成熟的）民主框架存在，但是由于国家太小而无需政党存在。

政党作为特殊的政治组织，对社会生活和政治生活产生深刻影

① 林尚立：《当代中国政治基础与发展》，中国大百科全书出版社 2017 年版，第 123 页。

② 柴宝勇：《政党政治的概念、框架与实践》，中国社会科学出版社 2016 年版，第 4 页。前一类国家主要包括亚洲的文莱、沙特阿拉伯、阿联酋、科威特、阿曼、卡塔尔，非洲的斯威士兰，欧洲的“国中之国”梵蒂冈。后一类国家主要是大洋洲的岛国图瓦卢、帕劳和密克罗尼西亚。

响。与此同时，政党政治亦成为存在于各国政治之中、体现其政治特色的一种普遍形态，绝大多数国家的政治运转都是通过政党来实现的。所谓政党政治，是指在一个政党活动受到法律认可的国家中，政党与国家、政党、社会、政府、利益集团等之间相互作用的关系，以及政党对它们产生影响的活动方式和程序的总和。[①]政党政治侧重于政党基本理论内容的阐释，所要回答的是政党政治诸原理的历史必然性、必要性、基本内容及其本质等问题，所要解决的是"是什么""为什么"的问题。

政党政治是一个国家通过政党行使国家政权的形式。从广义上而言，包括政党为实现其政纲而展开的一切政治活动和斗争，主要表现在三个方面：一是政党以多种方式广泛参与政治活动，就国内外重大政治问题发表意见，对国家政治生活施加一定的影响；二是政党往往会争取执政（或参政），然后通过领导、掌握、参与、影响国家政权来贯彻实现党的政纲和政策，使自己所代表的阶级或阶层、集团的意志转变为国家意志，这是政党政治的核心所在；三是政党要处理协调好与国家以及与其他政党、社会团体、群众之间的关系。

政党政治是现代政治的基本特征。它是顺应民主政治发展的需要而产生的，因而被认为具有民主的属性。民主是兼具价值民主与形式民主的社会实践活动，依托国家治理实践、旨在追求国家治理有效性的"治理民主"，能够实现形式民主与价值民主的统一。而作为现代社会整合和国家治理的重要主体，政党必然成为"治理民主"的重要实现手段和工具。

---

① 柴宝勇：《政党政治的概念、框架与实践》，中国社会科学出版社2016年版，第13页。

三、政党制度

在现代政治框架下，政党参与国家政治生活所形成的制度性政党关系、行为规则和运行形态，就构成一个国家的政党制度。①从政党自身的角度来看，每个政党都必须有一整套政治纲领和规章制度，明确宣示政党的性质、使命、目标、任务和政策倡议，详细规定党员的资格、条件、义务、责任、权利，以及党的组织形式、选举制度、领导机制、决策程序和纪律约束等；从政党与政党之间的关系来看，各政党围绕公共权力而执掌、参加或参与国家政权，进而形成合作或竞争的动态互动关系（单一政党制度除外）；从国家的角度来看，宪法及相应的专门法律，通常要对政党参与国家政权的方式、途径、范围等作出原则性规定，明晰政党在制度环境中与代议机构、政府、社会的关系结构。

特定的政治制度必然要求特定的政党政治形式与之相适应，尽管相同的政治制度之下会存在不同的政党制度，但政党制度有着一定的共性②：首先，政党制度的最大原则是有利于维护统治阶级的政治统治和利益实现；其次，政党制度不一定要求有明确的法律规定，可以是成文法规定，也可以是宪法惯例规定；第三，政党制度不仅规定着政党的地位、作用和活动方式，而且深刻地影响着国家政治制度、政治体制和社会成员的政治活动方式。

一个国家的政党制度是在其国内政党参与政治的过程中得以形成和发展的，既受到本国历史文化传统、政治制度、阶级结构、地域等

---

① 林尚立：《政党、政党制度与现代国家》，《中国延安干部学院学报》2009 年第 5 期。

② 梁丽萍：《政治社会学》，中央编译出版社 2009 年版，第 95 页。

因素的影响，又受到社会利益结构、不同阶级力量和政治力量的成熟程度以及政体、选举制度等因素的作用。[①]政党制度的选择一般合乎这个国家的历史逻辑、文化逻辑、理论逻辑和实践逻辑，具有自身的鲜明特色。

当今世界的政党制度形形色色、林林总总。法国政治学家迪维尔热根据执政的政党数量，把政党制度区分为一党制（一个政党长期执掌国家政权的体制）、两党制（由两个主要资产阶级政党轮流执政的体制）与多党制（由两个以上政党联合执政的体制）三种类型。意大利政党学家萨托利以制度内政党间关系为基准，把政党分为竞争性政党制度（即一国的政党通过竞争选票和议席的方式而上台执政的政党制度）和非竞争性政党制度两大类。马克思主义根据社会性质和阶级的观点，则把政党制度划分为资本主义政党制度和社会主义政党制度两大类。

从本质上来看，政党制度侧重于揭示政党本质及其履行政治职能等内容，所要回答的是政党政治诸原理的实现途径、方式、方法等问题，解决的是“怎么做”的问题。[②]解决“怎么做”有一个重要前提，就是在“哪里做”。不同的国家必须根据本国国情来确立政党制度选择、构建政党间关系，不存在放之四海皆准的标准。习近平总书记强调：“对丰富多彩的世界，我们应该秉持兼容并蓄的态度，虚心学习他人的好东西，在独立自主的立场上把他人的好东西加以消化吸收，化成我们自己的好东西，但决不能囫囵吞枣、决不能邯郸学步。照抄照搬他国的政治制度行不通，会水土不服，会画虎不成反类犬，甚至会

① 梁丽萍：《政治社会学》，中央编译出版社 2009 年版，第 96 页。

② 柴宝勇：《政党政治的概念、框架与实践》，中国社会科学出版社 2016 年版，第 13 页。

把国家前途命运葬送掉。只有扎根本国土壤、汲取充沛养分的制度，才最可靠，也最管用。”①同时，任何一种政党制度包括政治制度，若要实现政党功能的有效发挥，持续保持制度的活力与旺盛生命力，都必须始终立足本国国情，坚持自我完善、自我更新、自我促进、自我发展，不断汲取新的时代要素，把握时代脉搏，体现时代精神。

第二节 新型政党制度对旧式政党制度的超越

民主政治是社会主义制度的灵魂和密码，而政党政治的民主取向则是社会现代化的必然要求，只有选择适合中国国情需要和时代需求的新型政党制度，才有可能突破旧式政党制度的枷锁，方能跨越西方国家竞争型政党制度的局限。

那么，与旧式政党制度相比，“新型政党制度”新在何处？习近平总书记用三个“新”作出精准概括：“新”就新在它是马克思主义政党理论同中国实际相结合的产物，能够真实、广泛、持久代表和实现广大人民根本利益、全国各族各界根本利益，有效避免了旧式政党制度代表少数人、少数利益集团的弊端；“新”就新在它把各个政党和无党派人士紧密团结起来、为着共同目标而奋斗，有效避免了一党缺乏监督或者多党轮流坐庄、恶性竞争的弊端；“新”就新在它通过制度化、程序化、规范化的安排集中各种意见和建议、推动决策科学化民主化，有效避免了旧式政党制度囿于党派利益、阶级利益、区域和集团

① 习近平：《在庆祝全国人民代表大会成立六十周年大会上的讲话》，《人民日报》2014年9月6日，第2版。

利益决策施政导致社会撕裂的弊端。①中国新型政党制度立三“新”、除三“弊”，精辟体现了新型政党制度的特色和优势，追求真实广泛的民主、彰显团结和谐精神、推动和保障决策的科学化民主化，具有民主的真实性、治理的有效性和决策的科学性。

一、体现真实广泛的代表性

新型政党制度能够“真实、广泛、持久代表和实现广大人民根本利益、全国各族各界根本利益”，这个“新”，从利益代表的角度看，体现了这项制度的特色和优势在于“公”，也就是天下为公、执政为民。这一政党制度真实、广泛、持久地代表和实现最广大人民的根本利益、全国各族各界根本利益，有效避免了旧式政党制度只能代表少数人、少数利益集团的弊端。②西方的“党”是公开代表部分利益的，通过竞选执政在很大程度体现并维护特定群体的利益。在票决制民主条件下，西方政党只有一党一派的私利，缺少无党无私的公义。与之相比，中国共产党领导的多党合作和政治协商作为新型政党制度，体现了社会主义民主政治的本质特征，是实现人民当家作主的有效形式。它以合作、参与、协商为基本精神，以团结、民主、协商为本质属性，在长期发展中逐步确立和形成了特有的实践形式。③

政党是代表一定阶级、阶层或社会集团利益的政治组织，政党的

---

① 习近平：《坚持多党合作发展社会主义民主政治　为决胜全面建成小康社会而团结奋斗》，《人民日报》2018 年 3 月 5 日，第 1 版。

② 国务院新闻办：《中国新型政党制度》白皮书，中央人民政府网站，http://www.gov.cn。

③ 张献生主编：《新时代统一战线知识简明读本》，华文出版社 2020 年版，第 29 页。

代表性总是有限的,即使宣称为"全民党",也不可能代表社会全体。极右翼以及发展中国家的一党制更是只能代表垄断资产阶级或少数寡头、军阀的利益。在西方多党竞争体制下,政党的代表性也有根本局限,上台执政的政党永远只能代表部分群体的利益。尽管在两党制和温和多党制中出现了意识形态趋中化的态势,但无论是中间偏左还是中间偏右,执政党首先要维护的都是"基本盘"的利益。而且,即使是轮替执政的各个政党的代表性总和,也存在明显缺失。相当多的社会亚群体受限于英美"胜者全得"的单名选区制,缺乏政治代表;在比例代表制下,单纯多数票决规则使得代表亚群体利益的小党沦为"讲坛式政党",对政治过程缺乏影响力。同时,另一方面,竞争型政党的代表性功能也逐渐弱化,"政党忠诚和党派认同逐渐下降;公众对政党的信心普遍消减;政党成员数量下降;选举投票率降低……所有的迹象都显示出政党联系选民、吸引选民和赢得他们的献身等传统功能已现颓势。总之,这些证据日益清晰地表明政党作为代表性机构的地位正在下降"。①意大利学者帕尼比昂科的研究表明:"社会结构的改变和政治沟通方法的改变一起侵蚀着传统的政治亚文化,这种文化因大众官僚型政党特有的强组织安排而僵化很久了。'铁杆选民'减少了,而且政党认同——之前大部分欧洲国家感到放心的选民的稳定性——没落了。选民更加独立于政党,'从摇篮到坟墓'的社会整合现在几乎处处局限于没落的少数人。"②

与之相对应,中国新型政党制度及其所依托的爱国统一战线,一

① 【美】拉里·戴蒙德、理查德·冈瑟等:《政党与民主》,徐琳译,上海人民出版社 2017 年版,第 358 页。

② 【意】安格鲁·帕尼比昂科:《政党:组织与权力》,周建勇译,上海人民出版社 2013 年版,译者序,第 9 页。

方面坚持中国共产党的领导，保证了对最广大人民根本利益的代表；另一方面各民主党派作为中国特色社会主义参政党，代表了各自所联系的部分人民群众的利益。同时，通过人大的选区制与政协的界别制相互配合，保证了各民族、各阶层、各群体、各界人士都有政治上的代表，通过选举与协商的方式参与政治生活。这种精巧的制度安排保证了新型政党制度具有最广泛、最持久、最真实的代表性。①中国新型政党制度具有巨大的利益包容性和兼顾性，能够真实、广泛并持久地代表和维护最广大人民根本利益，实现从利益纷争向利益整合的创造性变革。

二、彰显团结和谐的精神

新型政党制度"把各个政党和无党派人士紧密团结起来、为着共同目标而奋斗"，这个"新"意味着统一和团结，意味着力量和希望。团结与和谐是中国新型政党制度的重要追求。共同目标是促成团结的必要条件，把中国各政党统一到共同的奋斗方向上。团结是共同目标的重要成果，在共同目标的基础上把中国各政党紧紧团结在一起。

从权力运行与党际关系来看，新型政党制度实现了政治力量的"有机团结"，凝聚了国家发展的持久合力。政治团结是维护政治稳定、实现政治共识的前提。竞争性政党制度的最大弊端就在于无法实现政治力量的团结，各政党为了争夺政权，必然相互攻讦、拆台，恶性竞争，为反对而反对，而且政党轮替难以避免地导致政策短视、人

---

① 朱昔群：《新型政党制度的优越性及其发展完善》，《人民论坛·学术前沿》2018年4月(上)，第23页。

走政息。一党专制禁止了政党竞争,表面上实现了政治团结,但是只存在一个政党,权力的行使缺乏外部的有效监督,必然导致权力滥用。这种高压之下的政治团结类似于“机械团结”,僵化同质,缺乏长久的生机活力。中国特色社会主义新型政党制度一方面坚持中国共产党在政党体系中的领导地位,倡导各参政党与执政党“思想上同心同德,目标上同心同向,行动上同心同行”,把各个政党和无党派人士紧密团结起来、为着共同目标而奋斗;另一方面民主党派和无党派人士在坚持政治共识的基础上,通过提出意见、批评、建议的方式对中国共产党进行民主监督。新型政党制度下执政党与参政党之间“领导—合作”、相互监督的党际关系,实现了政治力量的“有机团结”,保证了国家政治生活的生机活力和持久合力。①新型政党制度在实现我国政党关系和谐的同时,共同发挥了对人民整体力量的凝聚作用、国家机构的民主集中制关系塑造作用。这一政党制度通过广泛协商凝聚共识、凝聚智慧、凝聚力量,有利于达成思想共识、目标认同和行动统一,有利于促进政治团结和有序参与。②

从政党制度作用方式和行为模式来看,西方政党制度是一种“跷跷板游戏”,你上我下、我上你下,看似热闹非凡,实际上是一种“零和博弈”。③经过数百年的运作,西方政党制度不仅已经沦为政客追逐权势的“名利场”,而且沦为选民周期性发泄的“运动场”。有评论指出:“华盛顿是一架有着巨大历史惯性的机器,金钱便是这架机器得以运

---

① 朱昔群:《新型政党制度的优越性及其发展完善》,《人民论坛·学术前沿》2018 年 4 月(上),第 23 页。

② 国务院新闻办:《中国新型政党制度》白皮书,中央人民政府网站,http:// www.gov.cn。

③ 许忠明:《政治共同体视野下中国新型政党制度的机理分析》,《统一战线学研究》2019 年第 4 期,第 22 页。

转的润滑剂”,“美国民主制度无力扭转不断加剧恶化的政治生态极化”。[①]西方政党制度类似物理学上的磁场两极,是一种“极化”机制,不断撕裂和冲击着西方社会。与西方政党制度不同,中国新型政党制度的着力点不是斗争而是团结。它不仅注重内在和谐,而且注重外部功能。中国新型政党制度注重和谐,注重凝聚力量,把自身定位为撬动中华民族伟大复兴的一根杠杆,显示出“杠杆结构”特征。具有“跷跷板结构”的西方政党制度,最大的特点是让不同利益者“竞争起来”。这种竞争虽然具有化解矛盾的作用,但也有激化矛盾的一面。它作为一种“减压阀”,在化解反对情绪的同时,必然付出高昂的时间成本。与此相对比,中国新型政党制度的最大特点是把不同利益者“组织起来”“团结起来”“联合起来”。这种内聚力源于共同的目标——“把中国撬动起来”和“把中国发展起来”。这种政党制度安排不仅能够凝聚力量,而且能够提高效率,进而造就“中国速度”。[②]

从政党制度结构来看,中国新型政党制度坚持中国共产党的领导,具有集中力量办大事的制度凝聚力。中国共产党作为中国特色社会主义事业的领导核心,发挥着总揽全局、协调各方的作用。党的领导的实质就是帮助人民群众认识自己的利益,并团结起来为实现自己的利益而奋斗。新型政党制度,坚持中国共产党的领导,不是不要民主了,而是要形成更广泛、更有效的民主。各民主党派和无党派人士的职责,是“做中国共产党的好参谋、好帮手、好同事,增强责任和担当,共同把中国的事情办好”。越是处于改革攻坚期,越需要汇

① 温宪:《特朗普评传》,世界知识出版社2017年版,第362、395页。

② 许忠明:《政治共同体视野下中国新型政党制度的机理分析》,《统一战线学研究》2019年第4期,第22页。

集众智、增强合力；越是处于发展关键期，越需要凝聚人心、众志成城。新型政党制度能够在中国共产党的坚强领导下，调动一切积极因素，团结一切可以团结的力量，聚才聚智、集思广益，以强大的合力共同推进社会主义现代化事业，这是中国新型政党制度独特的政治优势和强大生命力所在。在新型政党制度中，既包括中国共产党领导制度，还包括多党合作和政治协商制度。中国共产党和各民主党派不仅具有共同的历史命运、共同的合作初心，还具有共同的思想基础和共同的奋斗目标。新型政党制度把中国共产党、各民主党派和无党派人士紧密团结起来，巩固和发展成为最广泛的爱国统一战线，开创了团结、振奋、活跃的良好局面，呈现出共产党领导、多党派合作和共产党执政、多党派参政的基本特征，这种持续稳定的政党政治格局，保证了各党派之间政治上坚定、方向上一致、思想上同心同德、行动上大团结大合作。

随着中国特色社会主义进入新时代，多党合作的舞台更加广阔，我国发展航船要抵达中华民族伟大复兴的彼岸，既需要中国共产党为这艘巨轮掌好舵，也需要中国共产党和各民主党派及其他广大统一战线成员一起划好桨。坚持和发展新型政党制度，就是要以切实维护最广大人民的根本利益为导向，以实现社会政治稳定和发扬社会主义民主为主旨，充分运用好政党协商这个民主形式和制度渠道，凝聚共识、凝聚智慧、凝聚力量，取得最大公约数，画出最大同心圆，为实现中华民族伟大复兴的中国梦而共同奋斗。

三、推动决策的民主化科学化

新型政党制度"通过制度化、程序化、规范化的安排集中各种意见和建议、推动决策科学化民主化”，这个“新”意味着执政党通过制度性的渠道与方式，在作出决策之前和决策执行之中，充分听取各民主党派的意见，民主党派也充分发挥其建言献策、民主监督等政治功能，凝聚各阶层智慧，保证国家政策的一贯性和高效率。

从政党制度的功能成效来看，政党制度的先进性和优越性最终要由制度发挥的实践成效，尤其是要靠政策制定与执行的有效性来判定。竞争性政党制度中，各政党受制于选举民主制度，政策方案囿于自身的党派利益、阶级利益，而且受选区制的影响，更多地考虑区域利益，在金钱政治的环境中，还受到利益集团的严重干扰。在错综复杂的利益矛盾之中，缺乏大局意识、着眼于局部利益的决策和施政难以避免地导致社会分裂、内斗。旧式政党制度中的一党专制，执政党的决策和施政由于没有广泛的参与和有效的监督，往往只体现统治集团的利益。即使是传统社会主义模式的一党制，共产党主观上想实现人民利益，但因缺乏有效的利益表达与意见综合程序，政策实践与人民的真实需求经常存在偏差。

中国新型政党制度，一方面，以执政党的先进指导思想保证政策制定的正确方向；另一方面，各民主党派、各级人大、各级政协吸纳各方面专家学者和代表人士，建立了系统、广泛的调研制度，在利益表达方面深入基层、联系群众，在意见综合层面围绕中心、服务大局，调研成果通过提案制度、直通车制度、反映社情民意制度及各类协商机制，输入决策程序，保证了执政党决策的科学性与民主性。①

新型政党制度效能优良的关键就在其决策的科学性，而决策的

① 朱昔群：《新型政党制度的优越性及其发展完善》，《人民论坛·学术前沿》2018 年 4 月(上)，第 23—24 页。

科学性主要源自人民主体的广泛参与、协商程序的规范有效以及执政党执政理念的开放。习近平总书记指出，统一战线人才荟萃、智力密集，可以说是一个大智库，“通过制度化、程序化、规范化的安排集中各种意见和建议、推动决策科学化民主化”①，这一政党制度通过政党协商、参政议政、民主监督等制度化、规范化、程序化的安排，集中各方面意见和建议，推动决策科学化民主化。②新时代继续推进中国特色社会主义伟大事业，需要中国共产党广纳良言，人民主体广泛高效参与，各民主党派积极建言献策，以提高多党合作的民主决策科学化水平。

在中国新型政党制度中，多党合作、政治协商对中国共产党领导和执政所形成的监督和规范，使中国共产党的领导和执政有了制约和监督力量，这对于保证中国共产党领导和执政的民主性、科学性和先进性都有十分积极的政治意义和制度价值。③首先，这种制度的存在使中国共产党的统一战线在治理国家的过程中获得制度性的实现，这种制度性的实现反过来使得源于党的领导的统一战线，从党的领导和党的工作的重要机制和法宝，逐渐延伸为国家建设和发展所不可或缺的机制。其次，这种制度使中国共产党的领导和执政与日益多样化、多元化的社会之间有了积极调适和平衡的政治空间与制度空间，使党的领导和执政能够有效吸纳和安排多元化的要求和多样化的力量，以保障党的领导和执政得到社会各方面的支持与认同，

① 习近平：《坚持多党合作发展社会主义民主政治 为决胜全面建成小康社会而团结奋斗》，《人民日报》2018 年 3 月 5 日，第 1 版。

② 国务院新闻办：《中国新型政党制度》白皮书，中央人民政府网站，http:// www.gov.cn。

③ 林尚立：《当代中国政治：基础与发展》，中国大百科全书出版社 2017 年版，第 130—131 页。

夯实合法性基础。

综上所述,新型政党制度的三个“新”,在于它是马克思主义政党理论同中国实际相结合的产物,是中国共产党、中国人民和各民主党派、无党派人士的伟大政治创造,是从中国土壤中生长出来的新型政党制度,不仅符合中国实际,符合中华民族根本利益,也符合中华民族一贯倡导的天下为公、兼容并蓄、求同存异等优秀传统文化。在中国共产党领导人民进行革命、建设、改革的长期实践中,在为实现伟大梦想带领人民进行伟大斗争、建设伟大工程、推进伟大事业的历史进程中,中国共产党之所以能够始终得到全中国人民的衷心拥护,各民主党派、无党派人士始终坚持中国共产党的领导,根本在于它能够始终坚持把马克思列宁主义政党理论与中国国情紧密结合,既充分体现马克思列宁主义政党的本质属性,也充分体现中国气派、中国风格、中国特色,这是新型政党制度最重要的“新”之所在,也是中国新型政党制度取得成功的原因。

第一章　新型政党制度的形成

19 世纪末 20 世纪初，面对日益严重的民族危机，无数仁人志士为挽救民族危亡、实现民族振兴，开始探寻新的政治制度模式，尝试君主立宪制、议会制、总统制等多种模式，导入西方竞争型政党制度，把多党制嫁接于中国政治实践。但这些探索均是昙花一现，其制度效能与理论设想大相径庭，中国的政治生态陷入无序的困顿境地。中国依然是山河破碎，积贫积弱，迫使孙中山反思多党政治，寄希望于政党的重塑，创建革命型政党，以谋求获得新生。俄国革命的胜利，给孙中山推动政党建设带来启示和新思路，孙中山决定实行联俄、联共、扶助农工三大政策，联合新生的中国共产党，建构了由党务合作、军事合作到政权合作的国共合作体制，推动了国民革命运动快速发展。蒋介石叛变革命并偏离了孙中山的政治设想，开始“开个人独裁之渐，启武人专横之端”①，执意走国民党一党独裁之路，导致众叛亲离，最终走向灭亡。中国共产党高举民主大旗，发布“五一口号”，争取和团结民主党派及无党派民主人士，共同协商建国，中国共产党领导的多党合作和政治协商制度得以形成和确立。

第一节　近代中国政党制度模式的探索

19 世纪末，西方列强掀起瓜分中国的狂潮，中华民族面临的生存危机空前严峻。如何挽救民族危亡、实现民族振兴，成为摆在中国人民面前的一项时代课题。中国逐渐走出从器物层面学习西方的误区，开始在制度层面学习借鉴西方国家的经验，接受并践行西方国家的政党政治，西方政党制度随之传入中国，并对中国的社会政治生活产生深刻影响。

一、近代中国政党的起源

1840 年鸦片战争爆发，西方列强用坚船利炮打开了古老中国的大门。在《海国图志》一书中，魏源提出“师夷长技以制夷”的命题，意味着中国人开始真正意义上“睁眼看世界”，在器物层面以西方为师，学习西方的目的是为了打败西方，以洗刷民族耻辱。洋务派代表人

① 转引自谢春涛主编：《历史的轨迹——中国共产党为什么能?》，新世界出版社 2011 年版，第 141 页。

物张之洞提倡“中学为体、西学为用”，并坚持用这一理念来举办洋务新政。“中学为体”强调把中国的纲常名教视为决定国家社会命运的根本所在，而“西学为用”则要学习西方资本主义国家的科学技术，效仿西方国家教育、赋税、武备、律例等，兴办洋务，富国强兵，以挽回清王朝江河日下的颓势。然而，洋务派意欲通过洋务运动来改变中国命运的梦想，被甲午战争一场海战、北洋舰队几乎全军覆没的现实击得粉碎。

天朝大国被东洋小国完败，朝野震惊。中国到底该往何处去？怎样才能改变积贫积弱的命运？甲午战败的刺激，使得士大夫阶层的一部分人对中国政治制度产生怀疑，引发维新变法运动。[①]中国开始效仿西法推行政治变革，代表士大夫阶层、资产阶级利益的政治团体陆续问世，其倾向于革命者有之，倾向于改良者有之，倾向于固守皇权的保守者亦有之，形形色色的政治团体纷纷登场。

伴随近代中国产业变革，中国资产阶级得以孕育成长，打破了中国固有的社会阶级结构，买办官僚资产阶级、民族资产阶级、小资产阶级、农民阶级、无产阶级得以分化产生，加之西方近代民主政治思想的影响和政党制度学说的传入，为中国近代资产阶级政党的诞生准备了社会条件、思想基础和理论基础。新兴的资产阶级为表明自身的政治主张、表达政治诉求、维护阶级利益，有目的有意识地结成政治团体，通过组织构建来追求阶级利益，建立保护资本主义发展的国家政权，中国现代意义上的政党孕育产生的政治条件日渐成熟。

在西方政党政治思潮的影响下，资产阶级革命派领袖孙中山率先尝试把政党政治付诸实践。1894 年，孙中山在美国檀香山创立兴

---

① 李剑农：《中国近百年政治史》，江苏人民出版社 2018 年版，第 12 页。

中会，提出“驱逐鞑虏，恢复中华，创立合众政府”的政治纲领。兴中会具有鲜明的政治取向，成为近代中国第一个具有资产阶级政党性质的政治组织。以康有为、梁启超为代表的资产阶级改良派，于1895年10月成立强学会，并联合各地的新学士子，于1898年组建保国会，奉行“保全国家之政权及其土地、保全民权民族之自主自立、讲求内治革新变法之宜”[①]等政治取向，贯彻维新派政党致力于政治革新的初衷。而资产阶级革命派的政治愿景与改良派存在本质区别，无论是长沙的华兴会、上海的光复会，还是武昌的科学补习所，均以推翻清王朝统治、建立民主共和国为宗旨。华兴会、光复会的组织机构严密，组织章程完备，政治目标亦与兴中会大体相同。1905年8月，以兴中会、华兴会、光复会等政治组织为主体，在日本东京组建中国同盟会，孙中山任总理。“留日学生之加盟者，达十七省”，主要包括三派势力，“一曰孙文一派之兴中会（广东派），二曰黄兴一派之华兴会（湖南派），三曰章炳麟一派之光复会（浙苏派）”。[②]中国同盟会制定了《中国同盟会宣言》《中国同盟会对外宣言》《军政府宣言》《中国同盟会总章》《革命方略》等一系列政治文件，明确“十六字”政治纲领，即：“驱除鞑虏、恢复中华、平均地权、建立民国”，以推翻清朝政府、建立民国为行动目标，拟定具体的组织章程，建立领导机构和地方组织，这标志着近代中国第一个资产阶级政党正式诞生，由此拉开了中国政党政治的帷幕。

中国同盟会成立之初，就频繁开展革命活动，采取暴力革命推翻清朝统治的方式践行其政治纲领。与此同时，全国各地政治结社活

① 谢彬：《民国政党史》，中华书局2011年版，第19页。
② 同上书，第12页。

动更加活跃，加之清王朝预备立宪，拟采用立宪政制，一些立宪派政治团体，如预备立宪公会、宪友会等政党性组织应运而生。原“维新派”代表人物康有为、梁启超筹设保皇会，谋求恢复光绪帝政权，奉行君主立宪。1907 年 3 月，在保皇会的基础上，帝国宪政会得以成立，于 1910 年改称帝国统一党，并以政党的名义在清政府注册登记为合法政党，这是中国使用“政党”称谓之始。①1911 年 8 月，清政府颁布《准革命党人按照法律改组政党谕》，开放党禁，政党在法理上取得合法地位，可以在更大范围内参与社会变革和政治变革。作为新生的重要政治力量，政党在近代中国政治舞台上日趋活跃。

二、民国初年多党制的尝试与失败

1911 年 10 月，在孙中山的号召和影响下，革命党人发起武昌起义，辛亥革命爆发，宣告将“永久建立共和政体”，得到南方各省的积极响应，民主共和思想的浪潮风起云涌，清王朝的统治分崩离析。1912 年 1 月 1 日，孙中山在南京就任中华民国临时大总统，长达 2 000 多年的封建君主专制制度就此终结。1912 年 3 月 11 日，颁布《中华民国临时约法》，这是中国历史上最早的资产阶级宪法性质的政治文件，效仿西方国家实行议会政治和多党制，由此掀起了新一轮组建政党的高潮。

从 1911 年 10 月辛亥革命爆发到 1914 年 1 月国会解散，各类政治团体蜂拥而起。“集会结社，犹如疯狂，而政党之名，如春草怒生，

① 梁琴、钟德涛：《中外政党制度比较》，商务印书馆 2013 年版，第 51 页。

为数几至近百”[①]，国人对于组党的热情之高可见一斑。“遇有不相识者，问尊姓大名而外，往往有问及贵党者”[②]，是否加入政党，几乎成为精英群体彼此见面寒暄时的谈资，甚至是拥有党派身份的多寡，不经意间成为时人炫耀的资本。组党本身或许并不是目的，参与政治生活、推动中国政治革新，才是时人组建政党的价值追求。一时间，形形色色的政党组织充斥中国社会，“综其数目，殆达三百有余，是为民国初期政党林立时代”[③]，形成纷繁复杂的“政党政治”现象。

辛亥革命胜利后，中国到底应该实行什么样的政党政治？在资产阶级民主革命的先行者孙中山看来，中国需借鉴西方政党政治的经验，以“世界最完全政党之国”“英、美先进国为模范”[④]，建立英美式的政党制度。在政党政治的运行方面，资产阶级革命派和改良派有着大致相同的认知。以宋教仁为代表的革命党人和以梁启超为首的立宪党人，均认为应建立两党竞争的政党体系。基于这种认知，同时为了在即将到来的议会选举中凝聚力量、获得多数议席的政治需要，各派政治力量开始致力于组建大党的活动。

在各党派的联合建党行动中，形成了共和党、国民党和民主党三个具有代表性的大党。共和党于 1912 年 5 月 9 日在上海成立，该党以统一党和民社为中心，合并国民协进会、国民公会等政团组建而成。共和党顺应袁世凯政府组织大党的要求，以对抗全盛的中国同盟会。由黎元洪担任理事长，其中充斥着旧官僚和立宪派人士，是为

---

① 丁世峄：《民国一年来之政党》，《国是》1913 年第 1 期（5 月）。

② 冰心：《北京社会之面面观》，《时事新报》1913 年 1 月 3 日。

③ 谢彬：《民国政党史》，中华书局 2011 年版，第 4 页。

④ 《孙中山全集》第 2 卷，中华书局 1982 年版，第 441 页。

袁世凯服务的政党。此后不久，原统一党首领章炳麟，辞去共和党理事一职，并发表宣言，从共和党中分离出来，仍旧维持统一党①。在宋教仁的策划下，中国同盟会联合统一共和党以及国民共进会、共和实进会、国民公党，合组成立国民党，仍主张两大政党对立，寄希望于政党竞争组建内阁成功。其政纲包括五项内容：促成政治统一，发展地方自治，实行种族同化，注重民生政策，维持国际和平。②国民党以孙中山、宋教仁等人为代表，是民族资产阶级中下层的政治代表。民主党于 1912 年 8 月 27 日在北京成立，是在原共和建设讨论会、共和促进会、民国新政社、国民协会、共和统一会及共和俱进会等六个党派的基础上形成的，汤化龙为主要领导人，属于资产阶级上层和部分地主的政治代表。

1912 年 8 月，临时政府公布《国会组织法》，确定国会为众议院、参议院两院制。1912 年 9 月，各主要政党纷纷准备参加国会选举。自 12 月开始，全国各地进行了中华民国第一届国会选举，这是中国首次尝试带有近代民主政治气息和民主精神的选举。经过激烈的竞选，第一届国会选举结果于 1913 年 2 月揭晓，在众、参两院 870 个议席中，国民党赢得 392 席，约占 45.1%，成为国会第一大政党；共和党、民主党、统一党三党合计占 223 席，约占 25.6%③；其余议席为跨党者和无党派归属者。

选举结果令国民党人十分振奋，孙中山表示："本党既得占优胜

---

① 共和党组建后，其在临时参议院的势力几乎凌驾于同盟会之上。同盟会时以"民权党"自居，故共和党持国权主义与之抗衡，实际上是接近政府，有御用党之嫌。此时，参议院议员席位（除西藏尚未选派外）计 120 席，同盟会、共和党各占 40 余席，统一党以 25 席操纵其间，被称为"第三党"。参见谢彬：《民国政党史》，中华书局 2011 年版，第 49 页。

② 谢彬：《民国政党史》，中华书局 2011 年版，第 45—46 页。

③ 李剑农：《中国近百年政治史》，江苏人民出版社 2018 年版，第 258 页。所占比例为笔者所计算。

地位，第一应研究者，即政党内阁问题”，“本党将来担任政治事业，实行本党之纲领，其他之在野党，则处于监督地位”。①宋教仁作为重组后的国民党党务工作的负责人，深受近代民主宪政思想的影响，希望以西方民主国家为样板在中国推行政党政治、议会民主和责任内阁制。宋教仁对国民党的改造，志在建设强有力的政党，“和袁世凯及其他敌党作宪政轨道以内的竞争”。宋教仁通过合法的政治斗争，展现了政党竞争的新气象及其所代表群体的强大力量，他踌躇满志，“以组织政党内阁的候补者自居，由湘而鄂而皖而宁而沪，到处演说，对于时政的得失，尽意发挥；但他仍主张将来的正式总统以袁世凯为宜，不过内阁非以国会占有多数议席的政党组织不可”，而北洋军阀官僚“绝对不愿意在宪政轨道以内行动”。②国民党在选举中的胜利和宋教仁在南方各省奔走演讲，引起以袁世凯为代表的当权派的不满与担忧，袁世凯不怕国民党以暴力夺取政权，就怕国民党以合法手段取得政权，将他摆在无权无用的位置。至此，袁世凯与国民党之间的政治博弈、权力斗争已不可避免。

在袁世凯的亲信、国务总理赵秉钧的授意下，上海帮会密谋实施暗杀宋教仁计划。1912 年 3 月 20 日晚，宋教仁在上海火车站被枪击，3 月 22 日去世。“宋案”表明：在一个没有民主的社会里，非法比合法更有力量。“宋案”亦从反面告诉世人：在一个没有民主的社会里，是不会有真正的共和民国的。③为进一步阻止国民党组阁，袁世凯玩弄权术，蓄意操控，暗中唆使国会中的共和党、民主党和统一党合

① 《孙中山全集》第 3 卷，中华书局 1984 年版，第 5 页。

② 李剑农：《中国近百年政治史》，江苏人民出版社 2018 年版，第 258—259 页。

③ 陈旭麓：《近代中国社会的新陈代谢》，生活 · 读书 · 新知三联书店 2017 年版，第 323 页。

并组建进步党，以抗衡国民党。二次革命后，袁世凯以“谋为内乱”等罪名宣布国民党为“乱党”，下令解散国民党，取消国民党籍议员的议员资格。导致两院议员人数不足法定人数的要求而无法召集会议，议会破产，政党政治实践在闹剧中“流产”。这场权力之争以国民党的失利而告终，民国初年的政党政治实践可谓步履艰难。

民国初年对西方议会政治和多党竞争的尝试，相对于中国封建专制而言是一个历史性进步，但它无法解决中国社会的主要矛盾和问题。这一政党政治的实践表明，在中国实行多党竞争的政党制度是一次失败的尝试。究其原因，主要有两点：一是近代中国的政党有着明显的自身缺陷。没有建构一个具有政治远见的政纲，革命行动、政治活动往往限于上层社会和精英阶层，普通民众的愿望诉求和民生困苦未能纳入其议事日程，使得革命和政治脱离民众，难以得到群众的支持。而一般民众对政党政治的态度亦是“事不关己，高高挂起”，对“一党一会之胜败”甚为冷漠、毫不关心，所谓的形成合力、结成命运共同体成为奢望。二是中国缺乏多党制生存的土壤。民国初年的社会经济条件不符合多党制生存的要求，多党政治制度的运转亦缺乏相应的政治文化基础。政党政治不仅需要参与者掌握参与规则，更需要形成理性、宽容、妥协的政治心理。中国数千年的君主专制制度，在政治心理上积淀起深厚的权威价值的河床。这种价值观反映到当时最为革命的国民党内部，也是唯我独尊的价值占据上风。例如，1912 年 2 月临时参议院讨论定都地点，由于多数议员反对定都南京，最后决议定都北京。黄兴得知消息后，声称如果参议院不加更正，他将率军强行进入议院，逮捕所有同盟会员。①国会选举结束后，

① 参见邓家彦：《由同盟会说到南京政府》，《中国一周》1954 年 10 月 11 日。

宋教仁曾说:“自斯而后,民国政党,唯我独大,共和虽横,其能与我争乎?”[①]唯我独大的思想逞强一时,崇尚民主的多党制度又如何能形成呢?民国初年中国社会政治状况的变迁虽然为资产阶级的政党活动提供了一定的空间,但是并不具备西方政党政治的社会政治经济基础。[②]因此,多党政治之花移植中国,面临的现实只能是无果而终。

中国辛亥革命已经成功,为何不能仿效西方国家建立多党制?美国著名学者费正清曾对这一问题作出深刻的分析和思考:其一,“没有共同目标”,“起义时汇合的各种成分,除推翻清廷这一点以外,没有什么共同目标”;其二,“缺乏政治体制并缺乏人民参与。革命党人在密谋策划时,不可能并且事实上也不怎么想去动员城乡民众的支持。协力反对北京的各省士绅,在其内心是与革命对立的,他们不久就拜服于袁所控制的优势兵力之下”;其三,当时中国的“爱国之士深恐外国干涉”,“他们容忍了英国领导其他列强为了维持中国局势稳定而支持袁世凯的做法”,革命党人反对“外国财政与国内武装相结合的力量是无能为力的”;最后一点,“中华民国向西方借鉴,通过立宪议会和内阁而组织政府的想法,是同中国的政治传统脱节的”[③],文化传统因素是最重要、最持久、最根本的原因。

民国初年的中国社会弥漫着一种危机感,而夭折的革命并没有带来人们期望的结果,但革命对旧制度的冲击所诱发的种种社会问题却并未随着革命的夭折而终结,相反随着政治的逆转而靠前恶化。[④]孙中

① 《宋教仁全集》下册,中华书局1981年版,第419页。

② 杨爱珍:《当代中国政党制度研究》,学林出版社2004年版,第33页。

③ [美]费正清:《美国与中国》,世界知识出版社2000年版,第208页。

④ 陈旭麓:《近代中国社会的新陈代谢》,生活·读书·新知三联书店2017年版,第345页。

山曾对辛亥革命进行深刻反思，俄国革命比我们晚，它却成功了，我们为什么不能成功？最大的问题之一是没有把社会聚合成一个整体，并用整体的力量去构建民主共和。对于民主共和在中国政治进程中所遇到的诸多挫折，孙中山感慨道："中国几千年以来社会上的民情风俗习惯，和欧美的大不相同。中国的社会既然同欧美的不同，所以管理社会的政治自然也和欧美不同，不能完全效仿欧美。"①这表明孙中山关于照搬欧美政治制度的固有认知发生了显著改变。要实现中国革命的既定目标，必须选择合乎中国国情和历史文化特点的政党制度和政治发展道路。

三、国民党一党独裁的建立和破产

1925年3月，孙中山在北京逝世，其国共合作的政治遗产未能得到很好的继承。1927年4月12日，蒋介石叛变革命，大肆屠杀共产党员、国民党左派和革命群众，第一次国共合作破裂。据不完全统计，从1927年3月到1928年上半年，被国民党杀害的共产党员和革命群众达31万余人，其中共产党员2.6万多人。②国共合作破裂后，以党治国的思想在理论上被国民党新右派歪曲篡改，孙中山所设想的以党的"主义"维系的民主政体，逐渐被一党专政、个人独裁的政体代替，并最终演化为蒋介石的个人独裁政体。1928年2月，国民党二届四中全会在南京召开，会议通过了蒋介石提出的反共和"整党"的决议，强化以党治国的各项政策和措施。1928年8月，国民党二届五中

① 《孙中山选集》，人民出版社1981年版，第763页。
② 参见彭勃：《1927：风云突变波涛涌》，《学习时报》2019年9月25日，第5版。

全会宣布实施“训政”，其实质是以训政为名而实行一党专政。在训政体制和“以党治国”“以党治政”“以党治军”的口号之下，国民党专权，人民无权。

1928年10月，南京国民政府成立。12月，东北易帜，国民党在形式上统一了全国。国民党在“清党”期间，蒋介石发表《告全国民众书》，声称“以党治国”是拯救中国的唯一出路。在《国民政府组织法》中，亦明确提出“以党治国”模式，即国民政府必须接受国民党的指导和监督，一切施政方针及立法原则均由国民党中央执行委员会政治会议提出，经中央执行委员会审议后，以政府名义执行。政府委员会、军事委员会，包括司法机关在内，一律接受国民党中央执行委员会的政策性指导，而党组织则延伸和渗透到社会、产业、文化、教育各个部门和组织。

1931年5月，国民党操纵国民大会审议通过《训政时期约法》，以具有宪法效用的规范性文件，确立一党统治的至高无上地位。《中华民国训政纲领》规定，“中华民国训政期间，由中国国民党全国代表大会代表国民大会，领导国民行使政权”，国民党全国代表大会闭会期间，“以政权托付于中国国民党中央执行委员会执行之”。自此，国民党确立了一党专政的体制。蒋介石并不讳言一党专政，公开宣称：“本党遵奉总理遗教，实施建国程序，暂定一党专政之。”①

抗日战争爆发后，国民党于1938年3月召开全国临时代表大会，将国民党中央领导体制改为独裁制，蒋介石集党政军大权于一身。蒋介石信奉“力行主义”，把法西斯“力行主义”与中国封建统治术结

① 参见李金河：《中国政党政治研究（1905—1949）》，中央编译出版社2006年版，第308—312页。

合起来，强化对蒋介石个人的效忠，公开宣扬“一个主义，一个政党，一个领袖”，在全国实行特务统治，从精神到组织等各领域加强对人民的控制。在抗日战争即将胜利之际，国民党召开六大，制定了坚持独裁、准备反共的内战方针，中国面临着“向何处去”的历史抉择。抗日战争胜利后，国民党不顾中国共产党和全国人民以及各民主党派、无党派人士渴望和平的要求，悍然发动内战，召开由国民党一党包办的国民大会，颁布确立国民党一党独裁政体的宪法，推行专制统治。随着蒋介石败退台湾，其一党独裁体制在大陆宣告破产。

第二节　新型政党制度的酝酿

中国共产党成立不久，依据马克思主义基本观点和中国革命实际，把与其他进步政党、政团组织联合革命的设想付诸实践，推动第一次国共合作并取得丰硕的革命成果。中国共产党一度受到“左”倾思想影响，曾在党内实行“关门主义”政策。遵义会议后，党的正确路线获得主导地位。在抗日战争初期，中国共产党顺应时代需要，明确提出“把各党派力量汇在共同政治基础上形成民族统一战线”的政策和主张，在民族危亡的关键时刻推动并实现了第二次国共合作。在抗日战争过程中，中国共产党始终坚持抗战至上原则，有效防范国共关系危机，赢得了国民党内部及其他党派和进步人士的尊重，扩大了自身的政治影响。中国共产党旗帜鲜明地反对国民党一党专政，要求实现民主，与中间党派和民主人士就重大国是进行民主协商。在各抗日根据地的政权建设中，广泛推行“三三制”原则，践行民主联合政府的理念。抗日战争胜利后，中国共产党积极推动政治协商会议的召开，与各民主党派、民主人士加强合作，争取国民党阵营中民主进步人士的同情与理解，极大地限制了国民党继续推行一党独裁体制的图谋，新型政党制度的基本要素在此过程中逐步酝酿和形成。

一、“三三制”与政权中合作共事的开端

抗日战争时期，为集中各方力量团结抗日，在抗日根据地民主政治建设问题上，毛泽东于 1939 年 12 月明确指出，各根据地的抗日民主政权，“乃是抗日民族统一战线性质的政权，它既不是资产阶级一个阶级的专政，也不是无产阶级一个阶级的专政，而是在无产阶级领导之下的几个革命阶级联合起来的专政。只要是赞成抗日又赞成民主的人们，不问属于何党何派，都有参加这个政权的资格”①。在局部执政实践中，中国共产党在政治上与党外人士加强团结，在政权建设上同民主进步人士促进合作，探索并创立了“三三制”抗日民主政权。②

1940 年 3 月，毛泽东在为中共中央起草的《抗日根据地的政权问题》的党内指示中，要求抗日民主政权的架构必须依据抗日民族统一战线政权的原则，在政府人员的分配问题上，规定“共产党员占三分之一，非党的左派进步分子占三分之一，不左不右的中间派占三分之一”③，民主联合政府的雏形由此得以建构。毛泽东强调这一政权“是

① 《毛泽东选集》第 2 卷，人民出版社 1991 年版，第 648 页。

② 参见刘晖：《陕甘宁边区的政权结构及其局部执政的路径》，《商丘师范学院学报》2015 年第7 期。

③ 《毛泽东选集》第 2 卷，人民出版社 1991 年版，第 742 页。

一切赞成抗日又赞成民主的人们的政权，是几个革命阶级联合起来对于汉奸和反动派的民主政权”①。“三三制”政权建设坚持“两个必须”，即“必须保证共产党员在政权中占领导地位，因此，必须使占三分之一的共产党员在质量上具有优越的条件”；“必须使党外进步分子占三分之一，因为他们联系着广大的小资产阶级群众。我们这样做，对于争取小资产阶级将有很大的影响”。此外，“给中间派以三分之一的位置，目的在于争取中等资产阶级和开明绅士。这些阶层的争取，是孤立顽固派的一个重要的步骤”②。对于如何与党外人士交朋友，克服跟党外人士合作时的狭隘症，毛泽东亦提出明确要求：“对于共产党以外的人员，不问他们是否有党派关系和属于何种党派，只要是抗日的并且是愿意和共产党合作的，我们便应以合作的态度对待他们。”中共党员应“克服他们不愿和不惯同党外人士合作的狭隘性，提倡民主作风，遇事先和党外人士商量，取得多数同意，然后去做。同时，尽量地鼓励党外人士对各种问题提出意见，并倾听他们的意见。绝不能以为我们有军队和政权在手，一切都要无条件地照我们的决定去做，因而不注意去努力说服非党人士同意我们的意见，并心悦诚服地执行”③。

“三三制”政权的原则、框架及其运行机制等，被写进边区施政纲领，予以遵照施行。在实施之初，部分中共党员不善于同党外人士实行民主合作，客观上存在一种狭隘的关门主义或宗派主义作风，毛泽东在1941年11月6日陕甘宁边区参议会演说中，对此进行了批评。

① 《毛泽东选集》第2卷，人民出版社1991年版，第741页。

② 同上书，第742页。

③ 同上书，第742—743页。

“共产党员必须倾听党外人士的意见,给别人以说话的机会。别人说得对的,我们应该欢迎,并要跟别人的长处学习;别人说得不对,也应该让别人说完,然后慢慢加以解释”,“共产党员只有对党外人士实行民主合作的义务,而无排斥别人、垄断一切的权利”。[①]毛泽东明确了党内外民主合作的基本原则,为各党派及社会各界合作共事、团结抗日奠定了主基调。

“三三制”政权是中国共产党在政权中同党外人士合作共事的开端,体现了民主联合政权的两个鲜明特点:其一,在“三三制”政权系统中,中国共产党居于政治上的领导地位。其二,民主协商是“三三制”政权的运作方式。基于统一战线工作的需要,中国共产党必须与党外人士团结合作、共同协商,这被视为“三三制”政权的具体运作方式,也是中国共产党局部执政的一项基本方针。“三三制”政权建立后,一批党外人士陆续进入边区政权系统,大大优化了边区执政的生态环境,党的局部执政步入一个新的尝试期与开拓期。在参议会和政府中工作的党外人士,既有职位也有实权,其不同意见,能够得到党内人士的耐心听取和平等协商。中国共产党在抗日根据地的局部执政实践,及其与党外人士在政权体系内合作关系的构建,对此后中国共产党与各民主党派团结合作、成立民主联合政府具有重要的启示,积累了宝贵的经验。

二、中共与各民主党派的互动

随着民族危亡的加深,一些具有强烈救国救亡意识的新的中间

① 《毛泽东选集》第3卷,人民出版社1991年版,第809页。

党派开始在中国社会孕育产生，如沈钧儒、章乃器等组成的救国会，以黄炎培为代表的中华职业教育社等，持有与蒋介石独裁政治相左、与中共相近的政见，强烈要求废除国民党一党专政的独裁体制。国民党基于一党私利、倒行逆施，于1939年1月召开五届五中全会，确立“溶共、防共、限共、反共”的方针，走“一个主义、一个政党、一个领袖、一个军队”的专制路线。随后，接连出台《防制异党活动办法》《异党问题处理办法》等文件，强化法西斯统治，打击共产党和其他进步组织，囚禁、屠杀共产党人、爱国民主人士和进步青年，向边区派遣特务进行破坏活动，抗日民族统一战线面临分裂的危险。

中国共产党正确分析中日战争进入相持阶段的国际国内形势，秉持民族大义，提出抗战、团结、进步的方针，致力于巩固和扩大抗日民族统一战线。1939年10月10日，毛泽东在为中共中央起草的《目前形势和党的任务》中，把中国共产党7月7日发表的时局宣言概括为三大政治口号，即“坚持抗战，反对投降；坚持团结，反对分裂；坚持进步，反对倒退”①。中国共产党坚持团结的坚定立场，受到赞成抗日的社会各界的欢迎和赞扬。中国共产党在坚持与国民党顽固派反共摩擦作不懈斗争的同时，一方面做好国民党上层人士的工作，尽可能地将国民党留在抗日阵营；另一方面加强与中间政治力量的合作，和救国会、青年党、国社党、中华职业教育社等党派或团体领导人加强联系，会谈会商，共议国是，在接触与合作中增进政治认同。

为应对来自国民党的高压和威胁，各党派发起民主宪政运动，联合反抗国民党一党专政。以国民参政会第一届四次会议为标志，中国共产党和中间党派开始合作，要求国民党结束党治、实施宪政，发

---

① 《毛泽东选集》第2卷，人民出版社1991年版，第616页。

起第一次宪政运动。在宪政问题提案的讨论中，国民党参政员为一方，中国共产党和中间党派参政员为一方，俨然分成两个阵营，展开激烈的辩论。[①]会议决定组成宪政期成会，协助政府，促成宪政，把抗日民主宪政运动推向全国。自 1939 年 10 月 1 日起，张澜、沈钧儒、章伯钧、张君劢等 12 人在重庆发起宪政座谈会，组织新团体，推进民主宪政运动。中国共产党亦筹建了延安各界宪政促进会，与中间党派相呼应。

在这种态势下，有必要实现中间党派力量的联合及其力量整合。1939 年 11 月，国家社会党、青年党、第三党（中华民族解放行动委员会）、乡村建设派、职教社、救国会等三党三派的负责人及无党派民主人士，在重庆组建统一建国同志会，抨击时弊，表达民主、抗日、建国等政治诉求，中国宪政运动迎来热潮。1941 年 3 月，中国民主政团同盟由中间党派和无党派民主人士黄炎培、张澜等发起，在重庆秘密召开成立大会，审议通过《中国民主政团同盟政纲》《中国民主政团同盟简章》等政治文件，提出以争取国家独立自主、结束国民党“党治”为核心内容的政治纲领。中国民主政团同盟是一个以知识分子为主体的、相对松散型的、具有一定进步性的联合政党，这一组织的成立，意味着中国政坛在国共两党之外产生了第三力量。

1944 年 9 月，中国民主政团同盟改组为中国民主同盟，发表政治宣言，宣告将为中国的和平民主事业竭尽全力。经过与其他党派的沟通和酝酿，在 1944 年 9 月召开的国民参政会上，中国共产党明确提出立即废止国民党一党专政、成立民主联合政府的主张。

1945 年 4 月 23 日至 6 月 11 日，中国共产党第七次全国代表大

① 杨爱珍：《当代中国政党制度研究》，学林出版社 2004 年版，第 64—65 页。

会在延安召开，毛泽东作《论联合政府》的政治报告，全面论述了中国共产党关于建立民主联合政府的主张，指出中国现在仍然不团结，仍然存在着严重的危机。在这种情况下，到底应该怎样办？将来要建构一个什么样的国家？毫无疑义，“中国急需把各党各派和无党无派的代表人物团结在一起，成立民主的临时的联合政府，以便实行民主的改革，克服目前的危机，动员和统一全中国的抗日力量，有力地和同盟国配合作战，打败日本侵略者，使中国人民从日本侵略者手中解放出来。然后，需要在广泛的民主基础之上，召开国民代表大会，成立包括更广大范围的各党各派和无党无派代表人物在内的同样是联合性质的民主的正式的政府，领导解放后的全国人民，将中国建设成为一个独立、自由、民主、统一和富强的新国家”①，指明了建立民主联合政府的具体方案和途径。

毛泽东批驳了国民党所谓的结束“一党专政”、召开“国民大会”和“还政于民”的虚伪做派，一针见血地指出国民党“假做”的真面目：“不顾广大人民和一切民主党派的要求，一意孤行地召开一个由国民党反人民集团一手包办的所谓‘国民大会’，在这个会上通过一个实际上维持独裁反对民主的所谓‘宪法’，使那个仅仅由几十个国民党人私自委任的、完全没有民意基础的、强安在人民头上的、不合法的所谓国民政府，披上合法的外衣，装模作样地‘还政于民’，实际上，依然是‘还政’于国民党内的反人民集团。”②但国民党蒋介石“一党独裁”的理念根深蒂固。

面对内战重启的危局，中间党派基于 1945 年 3 月 1 日蒋介石在

① 《毛泽东选集》第 3 卷，人民出版社 1991 年版，第 1029—1030 页。
② 同上书，第 1067—1068 页。

宪政实施协进会上的演讲，以及毛泽东《论联合政府》的发表，判定国共商谈的大门并未完全关闭。如何创造和谐氛围、促成国共双方恢复商谈，以寻求政治问题的和平解决，中间党派在努力寻找调解和斡旋国共两党关系的契机。

1945 年 6 月 2 日，褚辅成、黄炎培、王云五、冷遹、傅斯年、左舜生、章伯钧等 7 名国民参政会参政员，以个人名义联名致电毛泽东、周恩来，电文大意是："团结问题的政治解决，为全国国人所渴望，某等鉴于国际国内一般情势，唯有从速恢复商谈，促成团结，盼复。"①6 月 22 日，延安方面复电，表示乐于商谈，为国内和平表现出最大的诚意，并欢迎国民参政员到延安共商国是。

1945 年 7 月 1 日，褚辅成、黄炎培、冷遹、傅斯年、左舜生、章伯钧等 6 人②从重庆飞赴延安，受到毛泽东、周恩来、刘少奇、朱德、林伯渠、张闻天、叶剑英、杨尚昆等中共领导人的热烈欢迎。7 月 2 日，双方在杨家岭举行会谈。6 位参政员表达了对国际国内大局和前途的基本看法，表明寻求国内团结的愿望，希望国共双方能够继续进行商谈。毛泽东回应说："双方的门没有关，但门外有一块绊脚的大石挡住了，这块大石就是国民大会。"③此后又进行了两场会谈，最终达成若干共识，并将会谈成果以《中共代表与褚辅成、黄炎培等六参政员延安会谈记录》的形式发布。《会谈记录》主要包括两部分：第一部分，褚辅成等与中共方面同意两点，停止国民大会，从速召开政治会

① 全国政协文史和学习委员会编：《八十年来黄炎培回忆录》，中国文史出版社 2017 年版，第 99 页。

② 王云五因病未能同行。

③ 全国政协文史和学习委员会编：《八十年来黄炎培回忆录》，中国文史出版社 2017 年版，第 118 页。

议;第二部分,中共方面建议,在国民政府停止进行不能代表全国民意的国民大会的条件下,中国共产党同意由国民政府召开民主的政治会议。

7月4日,毛泽东特地邀请黄炎培和冷遹到他的窑洞中做客,详细介绍中国共产党的各项政策,既谈到延安整风运动,也谈到防止主观主义、教条主义、宗派主义、党八股等错误倾向所带来的危害。然后,毛泽东问黄炎培来延安的感想如何,黄炎培坦率地说:"我生六十多年,耳闻的不说,所亲眼看到的,真所谓'其兴也勃焉'、'其亡也忽焉',一人,一家,一团体,一地方,乃至一国,不少单位都没有能跳出这周期率的支配力。大凡初时聚精会神,没有一事不用心,没有一人不卖力,也许那时艰难困苦,只有从万死中觅取一生。既而环境渐渐好转了,精神也就渐渐放下了……一部历史,'政怠宦成'的也有,'人亡政息'的也有,'求荣取辱'的也有。总之没有能跳出这周期率。"①

黄炎培最后还说道:"中共诸君从过去到现在,我略略了解的了。就是希望找出一条新路,来跳出这个周期率的支配。"②

毛泽东当即回答:"我们已经找到新路,我们能跳出这周期率。这条新路,就是民主。只有让人民来监督政府,政府才不敢松懈。只有人人起来负责,才不会人亡政息。"③

对毛泽东充满自信的回应,黄炎培表示极为认同。他说:"这话是对的,只有大政方针决之于公众,个人功业欲才不会发生。只有把每一地方的事,公之于每一地方的人,才能使地地得人,人人得事。

---

①　全国政协文史和学习委员会编:《八十年来黄炎培回忆录》,中国文史出版社2017年版,第131—132页。

②③　同上书,第132页。

用民主来打破这个周期率，怕是有效的。”[①]这就是毛泽东和黄炎培关于“历史周期率”的著名对谈，史称“窑洞对”。

通过延安的实地考察，黄炎培对中国共产党局部执政的成果甚为佩服，但他仍然担心中国共产党能否跳出“其兴也勃焉”“其亡也忽焉”的“历史周期率”。黄炎培提出“历史周期率”的出发点无疑是善意的，而毛泽东的自信和回答，更是令人信服。回到重庆后，黄炎培撰写了《延安归来》一书，由重庆国讯书店出版发行，一时成为畅销书。黄炎培对中国共产党给予高度评价：“我认为中共朋友最宝贵的精神，倒是不断地要好，不断地求进步，这种精神充分发挥出来，前途希望是无限的。至于方针定后，他们执行力比较切实有效，就为组织力强，人人受过训练的缘故。”[②]他在书中对延安客观公正的记载与评价，对当时国民党统治区的党外人士和民众更为全面地认识中国共产党、了解延安，起到积极的宣传推介作用。

毛泽东所表现出来的对道路和制度的自信，加之黄炎培在延安五天的观感体验，使他坚信中国共产党代表着中国的未来，完全有能力跳出“历史周期率”，这也是他此后坚定地选择与中国共产党想在一起、站在一起、干在一起，参加新政治协商会议，积极协商建国，并在新中国成立后应邀出任政务院副总理的一个重要原因所在。

迫于国内要和平、要民主的压力，蒋介石表面上假意顺从民意，于 1945 年 8 月 14 日、20 日、23 日接连三次发电报，邀请毛泽东到重庆商谈国是。

---

① 全国政协文史和学习委员会编：《八十年来黄炎培回忆录》，中国文史出版社 2017 年版，第 132 页。

② 同上书，第 133 页。

中国共产党基于争取国内和平的真诚愿望与民众对和平的期盼，准确研判国内政治形势，在8月23日中共中央政治局扩大会议上，讨论了同国民党进行谈判、避免内战、赢得和平的可能性。毛泽东在题为《抗日战争胜利后的新形势和新任务》的报告中指出："和平能否取得？内战能否避免？我们现在的口号是和平、民主、团结，过去的口号是抗战、团结、进步。和平是可能取得的，因为中国人民需要和平，苏、美、英也需要和平，不赞成中国打内战。""我们要准备有所让步，在数量上作些让步，以取得合法地位，以局部的让步换取在全国的合法地位。"①8月25日，中共中央发表《目前对时局的宣言》，阐明中国共产党争取和平民主、反对独裁内战的基本立场。8月26日，毛泽东起草《中共中央关于同国民党进行和平谈判的通知》，阐明国内和平的可能性和坚持统一战线原则的必要性。通知指出，中国共产党提出"和平、民主、团结三大口号，并派毛泽东、周恩来、王若飞三同志赴渝和蒋介石商量团结建国大计"。认为国民党"在内外压力下，可能在谈判后，有条件地承认我党地位，我党亦有条件地承认国民党的地位，造成两党合作（加上民主同盟等）、和平发展的新阶段"②。

毛泽东飞赴重庆进行谈判，为拯救国内和平带来希望，受到各民主党派、无党派人士及其他各界人士的热烈欢迎，在国内外引起巨大反响。

重庆谈判之初，民盟主席张澜致函蒋介石和毛泽东，对国共两党

---

① 中共中央文献研究室、中央档案馆编：《建党以来重要文献选编（1921—1949）》第22册，中央文献出版社2011年版，第648、651页。

② 《毛泽东选集》第4卷，人民出版社1991年版，第1153页。

谈判表示关切，希望国共两党乘此时机，“全盘”“彻底”地解决国家问题，并提出“政治必须彻底民主”，军队应“采用全盘统筹”之计划进行合理编遣等建议。正值谈判期间，国民党却在山西省上党地区向解放区发动军事进攻，这给国共谈判蒙上了一层阴影。国民党反和平的举动，遭到中国共产党和民主人士的坚决反对。

重庆谈判期间，为争取社会各界对共产党谈判立场的理解，中共代表团做了大量的统一战线工作，与国民党上层人士、民主党派代表人士进行了广泛的接触。毛泽东、周恩来等会见和拜访了国民党军政要员于右任、翁文灏、何应钦、孙科、陈立夫、戴季陶、白崇禧、程潜、陈诚等，表明和谈诚意，以寻求支持。毛泽东等与宋庆龄、冯玉祥、谭平山、柳亚子等著名人物进行会面，畅谈国际国内形势和中共政策。毛泽东和周恩来多次以会见、宴请、座谈等方式会晤民主党派领导人张澜、沈钧儒、罗隆基、章伯钧、黄炎培、许德珩，以及社会知名人士郭沫若、章士钊、马寅初等①，阐明政治主张，通报相关情况，交流谈判意见，促成建国共识。

毛泽东曾三次到特园看望张澜，留下了“毛泽东三顾特园”的历史佳话。1945 年 9 月 15 日，毛泽东第三次赴特园看望张澜。张澜就国共谈判、如何与中共配合等问题和毛泽东交换了意见，并提醒毛泽东说：“现在，是你们与国民党关起门来谈判，已经谈拢的，就应当把它公开出来，免得蒋介石今后不认账。”②为此，张澜在重庆《新民报》和成都的《华西晚报》上刊出公开信，郑重提出，“今日商谈内容，似应随时公诸国人，即能收集思广益之效，更可得国人共商国是之实”，

①② 中共中央统战部编：《中国共产党统一战线史》，华文出版社 2017 年版，第 133 页。

“吾人虽不获事前参与，事后必须保留批评之自由，此应请诸公等留意”。黄炎培建议国共两党应一面继续谈判，一面着手准备各党派及无党派代表参加的政治会议。柳亚子以中国民主同盟盟员的身份发表《解决国是问题的最后方案》，专门就国共谈判中关于举行各党派政治会议的问题发表意见，完全赞成支持中共的原则立场。

其间，毛泽东邀请民主科学座谈会的负责人许德珩、梁希等进行会谈，鼓励其成立政治组织。毛泽东与青年党负责人左舜生、何鲁之以及国家社会党负责人蒋均田会面①，阐明中共的政治主张。此外，毛泽东、周恩来、王若飞等还会见了青年、文化、妇女、知识、工商各界以及外国友人，大范围、宽领域地进行交流互动。

通过与毛泽东、周恩来等的广泛接触，民主党派及民主人士进一步加深了对中国共产党的了解，对中国共产党参加和谈的诚意表示理解和支持。可以说，中国共产党在重庆谈判所取得的成果，是与民主党派的密切配合和支持分不开的。重庆谈判期间中共领导人与各民主党派领袖的频繁交往、会谈恳谈，彼此沟通、互相支持，揭开了中国共产党与民主党派合作史的光辉一页。

在中国共产党的努力和各民主党派的积极配合下，从 1945 年 8 月 29 日至 10 月 10 日，国共两党经过 43 天的艰苦谈判，签订了《国民政府与中共代表会谈纪要》，即“双十协定”，国民党执政当局被迫接受中国共产党提出的和平建国方针，承认中国共产党的地位，亦“承认了各党派的会议”②。

---

① 中共中央统战部编:《中国共产党统一战线史》，华文出版社 2017 年版，第 134—135 页。
② 《周恩来选集》上卷，人民出版社 1980 年版，第 253 页。

三、政治协商会议的召开

“双十协定”墨迹未干，国民党就挑起武装冲突，国共双方迟迟未能就政治会议的召开日期达成一致。1945 年 10 月 30 日，民盟负责人黄炎培致函国共代表，认为国共间“一切基本问题，恐须有待于政治会议，此会议必须早日召集，借以协商结果，安定人心”①。建议应立即召开政治协商会议，讨论联合政府问题，以从根本上解决问题。这与中国共产党的政治主张不谋而合，尽快推动“双十协定”的落实，举行政治协商会议。

经过多方努力，1946 年 1 月 10 日，政治协商会议在重庆开幕。参加会议的代表共 38 人，其中国民党 8 名，共产党 7 名，民盟 9 名，青年党 5 名，社会贤达 9 名。基于政治主张的差异性，大体上形成了左、中、右三种政治势力。中国共产党是革命力量的代表，主张建立民主联合政府；民盟是中间势力的代表，倾向于以和平改良的方式建立议会民主制国家；国民党及其附庸（包括从民盟分离出去的青年党）是右翼的代表，坚持大地主大资产阶级的统治和国民党一党独裁。

国民党虽然拉走了青年党，但没有能够拆散民盟，反而激发了民盟内部的团结，增强了民盟对中国共产党的信任和理解。民盟与中国共产党在政协会议中默契配合，共同邀请 34 位颇具声望的学者名流，组成政协代表顾问团，为民盟和中共代表提供咨询。②在会议召开期间及会后坚持协议的斗争中，中国共产党与民盟及其他民主人士

---

① 《黄炎培先生呼吁立即停止冲突》，《新华日报》1945 年 11 月 2 日。

② 参见中共中央统战部编：《中国共产党统一战线史》，华文出版社 2017 年版，第 137 页。

保持经常性磋商，求同存异，在重大原则问题上协调立场，联合行动，由默契配合到并肩战斗，同国民党进行有理有利有节的斗争。

政治协商会议的中心议题是政治民主化和军队国家化问题。关于政治民主化，中国共产党主张改组政府，使各党各派及无党派人士能够公平而有效地参加临时联合政府，采用委员制，以取代个人独裁制。民盟揭露了国民党一党专政的本质，主张改组政府应遵循三项原则：(1)以共同纲领为施政的共同准绳；(2)共同决策机构要真能决策；(3)各方面人员参加执行机关，要真能执行。①政治协商会议最终通过了《和平建国纲领》，明确提出要建立统一、自由、民主的新中国，保持国家的和平发展；规定政府委员会为最高国务机关，并拥有用人权；委员的一半由国民党以外的人士充任，而所有涉及施政纲领之变，更须有出席委员的三分之二赞成始得决议。

国共双方在军队国家化问题上存在根本分歧。国民党坚持先军队国家化才能政治民主化，诱骗中国共产党交出军队；中国共产党认为离开政治民主化，军队国家化只能是军队的军阀化、党阀化；中间势力则主张国共双方都交出军队，军队归于国家，实现军令、政令的完全统一。经过反复讨论和中共有原则的让步，决议军队属于国家，实行军党分立、军民分治的原则和以政治军的办法，由三人军事小组(中共代表周恩来、国民党代表张治中、美国特使马歇尔)继续商讨军队整编办法，挫败了国民党取消人民军队的图谋。

政治协商会议就政府改组、军事问题、和平建国纲领、宪法草案和国民大会等达成协议，取得一些有利于人民民主的成果，这是中国共产党与民盟等民主党派以及其他民主人士共同努力的结果。

---

① 参见中共中央统战部编：《中国共产党统一战线史》，华文出版社 2017 年版，第 137 页。

中国民主建国会(民建)于 1945 年 12 月 16 日在重庆成立,创始人是黄炎培、胡厥文、章乃器、施复亮、孙起孟等,其成员主要是爱国的民族工商业资本家及其相联系的知识分子。民建刚成立,就立即投入政协斗争。在政治协商会议开幕当天,民建召开常务理事会,决定举办政协促进演讲会。1946 年 1 月 11 日晚,政治协商会议协进会筹备会议在重庆召开,由民建、救国会、三民主义同志联合会(民联)和重庆文化界联合发起,会议由胡厥文、章乃器、李公朴等主持,并邀集中国经济事业协进会、全国邮务总工会、中国妇女联谊会、陪都青年联谊会等 23 个团体的代表,共议政治协商大计。政协代表沈钧儒通报了两天来政治协商会议的进展情况。会议一致同意成立"陪都各界政治协商会议协进会",选举章乃器、胡厥文、施复亮、孙起孟、陶行知、李公朴、李德全、茅盾等 35 人为理事,由民建捐款 5 万元作为活动经费,开展了促进政协的一系列活动。

民联和九三学社筹备会均参加了政协协进会的活动。1946 年 1 月 18 日,九三学社筹备会向政治协商会议提交要求实行民主、开放政权、切实保障人民各项自由权利的意见。1 月 26 日,民联在《新华日报》发表《对政治协商会议之意见》,对会议主要原则、联合政府、国民大会等问题提出自己的看法,并把所了解掌握的国民党内部动态和各种意见及时提供给政协协进会。1946 年 5 月 4 日,在科学民主座谈会的基础上,九三学社成立于重庆,主要创始人是许德珩等人,其成员是一批反帝爱国的进步学者。

中国的民主党派,主要是代表资产阶级和上层小资产阶级的政治联盟,在反对帝国主义侵略和蒋介石独裁统治中得以成长。解放战争初期,一些民主人士幻想在国民党大地主大资产阶级专政和中共领导的人民民主专政之外，寻找“第三条道路”，也就是英美式的资产阶级专政道路，建立资产阶级共和国。在民主党派中，亦有人主张中间路线，有些人甚至要求中共“放下武器”，与国民党“彻底合作”[①]。国民党为维护其独裁统治，加强对各民主党派的防范和迫害，策划制造了“较场口惨案”“下关惨案”“李闻惨案”等一系列惨案，民主党派寄希望于国民党实行民主政治的幻想逐渐幻灭。

国民党撕毁了重庆谈判和政治协商会议所达成的系列协议，重新燃起国共内战的战火，全面内战爆发。1946 年 6 月 26 日，国民党军队悍然进攻中原解放区，中国共产党予以坚决反抗。民盟与中国共产党密切配合，反对国民党单方面包办“国民大会”。10 月 14 日，民盟主席张澜接受记者采访，明确表示：“国民党以一个‘战胜者’的姿态来召开国大，是威胁！是利诱！我们民盟不能放弃自己的意见和立场，不怕一切威胁利诱，绝不参加。”[②]对中国共产党和民盟的立场，其他民主党派如救国会、民主建国会、民主促进会、九三学社等均发表声明予以坚决支持。中国共产党与各民主党派的团结合作越来越密切，为中国共产党领导的多党合作奠定了坚实的基础。国民党反动势力陷于孤立之中，人民民主统一战线进一步壮大。

1947 年 10 月，国民党宣布民盟为“非法团体”，民盟被迫转入地下活动。至此，民主党派逐渐从“第三条道路”的幻梦中清醒过来，向中国共产党靠拢。各民主党派、无党派民主人士深感“只有跟着共产党走，才是在正道上行”，表示将与中国共产党同舟共济、携手前进。

① 参见中共中央统战部编：《中国共产党统一战线史》，华文出版社 2017 年版，第 157—158 页。

② 《中国民主同盟文献》，文史资料出版社 1983 年版，第 241 页。

可以说,政治主张的基本一致,让双方走到了一起;国民党的打击迫害,把双方逼到了一起;中国共产党的坚强领导和正确政策策略,使双方聚到了一起。同中国共产党团结合作,携手推翻国民党独裁政权,建立一个独立、民主、和平、统一的新中国,成为各民主党派的共同愿望和自觉选择。

第三节　新型政党制度的确立

解放战争时期,中国共产党在军事斗争不断取得胜利的同时,向各民主党派和无党派民主人士展示自己理想与目标的正义性,展现构建新政权的光明前景;另一方面以极大的诚意和耐心,积极扩大与各民主党派、无党派民主人士的政治共识,在对“第三条道路”幻想展开斗争的同时,适时发布共同建立民主联合政府的“五一口号”。1949 年 9 月下旬,在中国共产党的号召下,各民主党派、各阶层的代表人士齐聚北平,参加中国人民政治协商会议第一届全体会议,协商建立新中国事宜。至此,中国共产党领导的多党合作和政治协商制度正式确立。

一、“五一口号”发布和各民主党派积极响应

1945 年 4 月 20 日,毛泽东在中共七大的政治报告中明确指出,新民主主义时期,中国将产生几个民主阶级联盟的新民主主义的国家形态和政权形态,这样的国家和政权形态,“不可能、因此就不应该

是一个阶级专政和一党独占政府机构的制度。只要共产党以外的其它任何政党，任何社会集团或个人，对于共产党是采取合作的而不是采取敌对的态度，我们是没有理由不和他们合作的"①。中国共产党始终坚持与民主党派精诚合作的态度，与国民党排斥民主党派的方针形成鲜明对比。

1948年，人民解放战争进入第三年，国共两党的力量对比发生了有利于革命的变化。人民解放军在各个战场相继发动攻势并取得胜利，中国共产党的力量进一步发展壮大，国民党统治日益陷入孤立，人心向背发生了根本性变化。伴随人民解放战争的迅猛推进，建立民主联合政府被提上议事日程。

1948年五一前夕，按照惯例，中共中央会通过新华社对外发表宣言、口号，或是举行集会、游行，或是刊发文章、社论，以纪念国际劳动节。新华通讯社社长廖承志，从河北省涉县给中共中央发来一封请示电报，征询中共中央的意见，当时毛泽东、周恩来、刘少奇、朱德、任弼时等正在河北省阜平县城南庄召开中共中央书记处扩大会议，遂对纪念国际劳动节的文稿进行拟定和讨论。

"五一口号"初稿很快被送到毛泽东的案头。文稿共25条。第4条是"全国劳动人民团结起来，联合全国知识分子、自由资产阶级、各民主党派、社会贤达和其他爱国分子，巩固与扩大反对帝国主义、反对封建主义、反对官僚资本主义的统一战线，为着打倒蒋介石，建立新中国而共同奋斗"，对统一战线的法宝作用和近期奋斗目标给予清晰界定。随后，毛泽东将目光停留在第5条"工人阶级是中国人民革命的领导者，解放区的工人阶级是新中国的主人翁，更

① 《毛泽东选集》第3卷，人民出版社1991年版，第1062页。

加积极地行动起来，更早地实现中国革命的最后胜利”、第 23 条“中国人民的领袖毛主席万岁”和第 24 条“中国劳动人民和被压迫人民的组织者，中国人民解放战争的领导者——中国共产党万岁”的上面。他拿起笔来，把第 5 条的内容修改为：“各民主党派、各人民团体及社会贤达，迅速召开政治协商会议，讨论并实现召集人民代表大会、成立民主联合政府。”①并把第 23 条和第 24 条删掉，第 25 条“中华民族解放万岁”改为第 23 条。这样，修改后的“五一口号”由 25 条压缩为 23 条。毛泽东和中共中央审时度势，号召全党、全军和全国各阶层人士迅速行动起来，彻底打倒国民党反动派，建立人民当家作主的新中国。

毛泽东以革命战略家的远见卓识和前瞻性的执政党思维，对“五一口号”进行修改，寓意极为深刻，表现出他的博大胸怀与高瞻远瞩，表现出毛泽东对中国革命进程的准确把握、对新中国政权蓝图的顶层设计和对民主党派地位作用的清醒认识。特别是对第 5 条的修改，表明中国共产党对成立民主联合政府的诚意和决心，预示着一种全新的政党制度即将诞生，协商建国成为当时多党合作的核心议题，标志着中国共产党与各民主党派的团结合作即将进入一个新的历史阶段。

4 月 30 日，中共中央书记处扩大会议审议通过毛泽东修改后的“五一口号”文稿，并通过新华社正式发布广播。5 月 1 日，《晋察冀日报》以头版头条刊登《中国共产党中央委员会发布“五一”劳动节口

① 《中国共产党中央委员会发布纪念“五一”劳动节口号》（1948 年 4 月 30 日），中共中央文献研究室、中央档案馆编：《建党以来重要文献选编（1921—1949）》第 25 册，中央文献出版社 2011 年版，第 283—284 页。

号》。5月2日,《人民日报》以《中共中央发布纪念“五一”劳动节口号》为题刊发在头版位置。

“五一口号”刊发当天,毛泽东致函在香港的中国国民党革命委员会主席李济深和民盟中央常务委员沈钧儒,以协商的口吻,对召开新政治协商会议的时间、地点、参会党派和原则、实施步骤等问题进行商讨,对中共中央“五一口号”第5条作以补充和说明。毛泽东在信函中说:“在目前形势下,召集人民代表大会(政治协商会议),成立民主联合政府,加强各民主党派各人民团体的相互合作,并拟订民主联合政府的施政纲领,业已成为必要,时机亦已成熟。国内广大民主人士业已有了此种要求,想二兄必有同感。但欲实现这一步骤,必须先邀集各民主党派、各人民团体的代表开一个会议。在这个会议上,讨论并决定上述问题。此项会议似宜定名为政治协商会议。一切反美帝反蒋党的民主党派、人民团体,均可派代表参加。不属于各民主党派各人民团体的反美帝反蒋党的某些社会贤达,亦可被邀参加此项会议。”①此前的4月27日,毛泽东还曾写信给平津地下党的刘仁,请他转告民主人士张东荪、符定一,邀请他们及许德珩、吴晗、曾昭抡和其他民主人士来解放区,召开各民主党派、各人民团体的代表会议,讨论召开人民代表大会、成立民主联合政府和关于加强各民主党派、各人民团体的合作及纲领政策问题,会议名称拟称为政治协商会议,开会地点在哈尔滨,时间在当年秋季。②

同一天,中共发出《中央关于邀请各民主党派代表来解放区协商

① 《毛泽东书信选集》,人民出版社1983年版,第301—302页。

② 《毛泽东关于请张东荪等民主人士来解放区开代表会议给刘仁的信》(1948年4月27日),中共中央文献研究室、中央档案馆编:《建党以来重要文献选编(1921—1949)》第25册,中央文献出版社2011年版,第281页。

召开新政协问题给沪局港分局的指示》，提出政协会议拟由国民党革命委员会、民主同盟及中共联名发起，拟定了会议的名称、内容、地点以及时间、方式等，列出拟邀请者名单，包括李济深、冯玉祥等29名民主党派代表。[①]中国共产党坦诚地向民主人士通报情况、征求意见、酝酿人选，体现了中国共产党在谋划建国大业时对各民主党派的信任和尊重，拉开了筹备新政协、建立新中国的行动序幕。

"五一口号"发出后，得到各民主党派的积极响应。5月2日，李济深、沈钧儒与在港的各民主党派代表集会，对"五一口号"进行热烈讨论，一致认为召开新政治协商会议、建立民主联合政府是中国"政治上的必须的途径"，"民主人士自应起来响应"。5月4日，陈嘉庚代表新加坡华侨致电毛泽东，响应"五一口号"，希望早日召开新政协，成立民主联合政府。

5月5日，李济深、何香凝代表中国国民党革命委员会（民革），沈钧儒、章伯钧代表中国民主同盟（民盟），马叙伦、王绍鏊代表中国民主促进会（民进），陈其尤代表中国致公党（致公党），彭泽民代表中国农工民主党（农工党），李章达代表中国人民救国会（救国会），蔡廷锴代表中国国民党民主促进会（民促），谭平山代表三民主义同志联合会（民联），郭沫若代表无党派民主人士，从香港联名致电毛泽东，并向国内各报馆、各团体及全国同胞发表《响应中共"五一"号召的通电》，表达响应中国共产党"五一口号"，坚决赞同召开新政协、成立民主联合政府的主张。通电指明："中共'五一'号召事关国家民族前途，至为重要。全国人士自宜迅速集中意志，研讨办法，以期根绝反

① 《中共中央解放战争时期统一战线文件选编》，档案出版社1988年版，第197—198页。

动，实现民主。用特奉达，至希速予策进。”[①]电文可谓言辞诚恳，情真意切，对中共寄予高度的希望。

其他民主党派和民主人士以及海外侨胞，陆续通过公开文告、内部会议、宣言等方式，表示拥护中共“五一口号”。5 月 7 日，台湾民主自治同盟发表《拥护中共“五一”号召告台湾同胞书》，称“五一号召”正切合全国人民目前的要求，也正切合台湾全体人民的愿望，呼吁台湾同胞响应和拥护中共中央的号召。

5 月 8 日，在港的各民主党派和无党派民主人士以《目前新形势和新政协》为题，连续召开座谈会。郭沫若、章乃器等十余人发表演说，一致认为中共“五一口号”对于团结各党派、动员广大人民民主力量、促进革命胜利，具有重大的历史意义。

5 月 23 日，民建在上海秘密举行常务理事、监事联席会议，审议通过决议，赞成中共“五一”号召，筹备召开新政协，成立联合政府。推举章乃器、孙起孟为驻港代表，同中共驻港负责人及其他民主党派驻港负责人保持联系。

6 月 9 日、13 日、25 日，中国致公党、中国民主同盟、中国国民党革命委员会分别发表响应“五一口号”的声明。致公党在《响应中共中央“五一”号召宣言》中宣告：“中共在中国革命艰苦而长期斗争中，贡献最大而又最英勇，为全国人民起了先导和模范作用，因此，这次新政协的召开，无疑我们得承认它是领导者和召集人。”[②]在香港的各

① 中国人民政治协商会议全国委员会文史资料研究委员会编：《五星红旗从这里升起——中国人民政治协商会议诞生纪事暨资料选编》，文史资料出版社 1984 年版，第 149 页；或参见中共中央统战部编：《中国共产党统一战线史》，华文出版社 2017 年版，第 165 页。

② 中国人民政治协商会议全国委员会文史资料研究委员会编：《五星红旗从这里升起——中国人民政治协商会议诞生纪事暨资料选编》，文史资料出版社 1984 年版，第 172 页。

界民主人士柳亚子、茅盾、朱蕴山、胡愈之等125人联合发表声明，妇女界代表何香凝等人亦相继发表声明，热烈响应“五一口号”。

民主党派对“五一口号”的热烈回应和积极支持，坚定了中国共产党对召开新政治协商会议的信心。1948年8月1日，毛泽东在回复5月5日各民主党派来电时说：“现在革命形势日益发展，一切民主力量亟宜加强团结，共同奋斗，以期早日消灭中国反动势力，制止美帝国主义的侵略，建立独立、自由、富强和统一的中华人民民主共和国。为此目的，实有召集各民主党派、各人民团体及无党派民主人士的代表们共同协商的必要。”①

“五一口号”的发布和各民主党派的积极响应，亦表明中国共产党和各民主党派间平等合作关系、信任关系的建构，既体现了中国共产党的政治领导地位的确立，又体现了民主党派接受中国共产党领导、协商建国的政治共识的达成，为中国共产党领导的多党合作和政治协商制度的建立奠定了基础。是否响应“五一口号”，成为各民主党派能否接受中国共产党的政治领导的主要标志。

“五一口号”发布后，各民主党派不仅在政治上拥护中国共产党的主张，而且在行动上与中国共产党密切配合，宣传中国共产党的各项政策、参与军事斗争、策动国民党军队起义等，以实际行动巩固和深化了与中国共产党的合作，为推翻蒋介石独裁统治、建立新中国作出了卓越贡献。

为召开新的政治协商会议，中共中央进行了精心筹划和周密安排，并在军事上不断推进对国民党战场的战略部署。1948年7月底至8月初，周恩来致电上海、香港党组织和华北局，准备安全护送沪、

① 《毛泽东文集》第5卷，人民出版社1996年版，第114页。

港、平、津的民主人士到解放区。9 月 26 日，中共中央为适应统战工作需要，决定将中央城市工作部改称为中央统一战线工作部，李维汉任部长，组织护送各民主党派、无党派民主人士及各界知名代表到解放区。1948 年 11 月 5 日，周恩来起草《中共中央关于邀请民主人士北上给香港分局等的指示》，指示香港和上海的党组织，周密部署护送工作，不仅对代表人选，甚至对每位代表应该如何抵达解放区都作以具体安排。在毛泽东、周恩来的精心安排下，民主人士分批安全北上，进入解放区。

1949 年 1 月 22 日，先期到达解放区的 55 名各民主党派代表及无党派民主人士，联合发表题为《我们对于时局的意见》的声明，表示"愿在中共领导下，献其绵薄，共策进行，以期中国人民民主革命之迅速成功，独立、自由、和平、幸福的新中国之早日实现"①，真诚表达了愿意在中共领导下共同建设新国家的愿望。这是民主党派和无党派民主人士首次公开宣告，正式接受中国共产党的领导，与中国共产党一道争取中国革命胜利，建设一个和平民主自由的新中国。

2 月 1 日，到达解放区的李济深等 56 位民主人士，集体给毛泽东、朱德发贺电，表达了对中国共产党的敬仰，高度赞誉解放军取得的革命成就，再次表达了愿意在中国共产党领导下一起将革命进行到底的决心。

中国共产党将大批民主党派领导人、无党派民主人士代表邀请到解放区，共商中国未来大计，彰显了中国共产党海纳百川的政治胸怀。各民主党派、爱国民主人士的积极响应和对中国共产党领导权

---

① 中国人民政治协商会议全国委员会文史资料研究委员会编：《五星红旗从这里升起——中国人民政治协商会议诞生纪事暨资料选编》，文史资料出版社 1984 年版，第 218 页。

的充分认可，表明中国共产党协商建国、成立民主联合政府的政治主张合乎人心、顺应民意，亦充分显示出人民民主统一战线的广泛性与包容性，多党合作呈现出良好的发展态势。

随着革命形势的迅猛发展，在解放区工作中关于民主党派的认知出现一些偏差。1949 年 2 月 19 日，《中共中央关于对待各民主党派的指示》发布，对民主党派的地位作用以及如何科学看待民主党派等问题作出具体规定，主要包括三方面①：一是对民主党派的合法地位进行确定。合法的民主党派，是指 1948 年“五一”之前成立，并在反对帝国主义、封建主义、官僚资本主义和国民党反动统治的共同斗争中作出过贡献；二是各民主党派按照程序取得合法地位后，可以以党派名义开展活动，发展党员；三是规定各民主党派和中国共产党在法律面前一律平等。该指示强调，中国共产党在重大事情重大决策方面要积极与民主党派商量，这对中国共产党如何正确处理与民主党派的关系起到规范和约束作用，为多党合作的规范化、制度化发展指明了方向。

二、中国人民政治协商会议召开与新型政党制度确立

1949 年 3 月 5 日至 13 日，中共七届二中全会在河北省平山县西柏坡举行，会议审议并批准了中央政治局关于召开没有反动分子参加的新的政治协商会议、成立民主联合政府的建议。毛泽东在报告

① 《中共中央关于对待各民主党派的指示》(1949 年 2 月 19 日)，中共中央文献研究室、中央档案馆编：《建党以来重要文献选编(1921—1949)》第 26 册，中央文献出版社 2011 年版，第 148—150 页。

中就如何对待民主党派、构建和谐党际关系作出正面回应，指出：“我党同党外民主人士长期合作的政策，必须在全党思想上和工作上确定下来。我们必须把党外大多数民主人士看成和自己的干部一样，同他们诚恳地坦白地商量和解决那些必须商量和解决的问题，给他们工作做，使他们在工作岗位上有职有权，使他们在工作上做出成绩来。”①毛泽东对中国共产党与民主党派、无党派民主人士的关系首次作以明确定位，即长期合作，并视之为党的一项政策，在全党的思想和工作层面确立下来，以确保民主党派人士在新的政权中有职有权。

在新政治协商会议筹备期间，筹备会共收到28件来自党派团体参加新政协的申请，如孙文主义革命同盟、民社党革新派、中国少年劳工党、光复会、中国农工党、中国民治党、中华平民教育促进会、人民民主自由联盟、民主进步党、中国人民自由党等。筹备会经过调查和甄别，最后确定以政党界别参加新政协的单位共14个，分别是中共、民革、民盟、民建、无党派民主人士（由社会贤达转变而来）、民进、农工党、救国会、民联、民促、致公党、九三学社、台盟和中国新民主主义青年团。

经过前期的周密准备和整体筹划，新政治协商会议筹备会议于1949年6月15日至19日举行，审议通过《新政治协商会议筹备会组织条例》，对各民主党派和无党派民主人士在新政协中的人事问题进行了充分酝酿和合理安排，展现了中国共产党与各民主党派通力合作的精神。

1949年9月21日至30日，中国人民政治协商会议第一届全体会议在北平中南海怀仁堂举行，出席会议的代表来自中共、各民主党

---

① 《毛泽东选集》第4卷，人民出版社1991年版，第1437页。

派、无党派民主人士、各人民团体、解放军、全国总工会、青年团、全国妇联、学联以及少数民族、国外华侨、宗教界等46个单位，共662人。[①]中国人民政治协商会议第一届全体会议，代行全国人民代表大会职权，审议通过《中国人民政治协商会议共同纲领》《中国人民政治协商会议组织法》《中华人民共和国中央人民政府组织法》，作出关于国都、国旗、国歌、纪年的决议，选举产生政协全国委员会和中央人民政府委员会，为新中国的成立作了全面准备，标志着中国新型政党制度的正式确立。

中国人民政治协商会议，确立了中国共产党与各民主党派和无党派民主人士共同的政治基础和共同遵守的纲领。“中国人民政治协商会议一致同意以新民主主义即人民民主主义为中华人民共和国建国的政治基础，并制定以下的共同纲领，凡参加人民政治协商会议的各单位、各级人民政府和全国人民均应共同遵守。”[②]《共同纲领》具有临时宪法性质，在总纲中明确规定：中华人民共和国为新民主主义即人民民主主义的国家，实行工人阶级领导的、以工农联盟为基础的、团结各民主阶级和国内各民族的人民民主专政。[③]中国共产党作为工人阶级的先锋队组织，理所当然成为具有领导地位的政党。

中国人民政治协商会议，确立了中国共产党与各民主党派和无党派民主人士的长期合作关系。各民主党派属于人民的范畴，是人民民主专政的主体，中国共产党与民主党派合作关系应长期坚持。

中国人民政治协商会议，创立了人民民主统一战线的组织形式。

① 《人民日报》1949年9月22日，第1版。

②③ 《中国人民政治协商会议共同纲领》(1949年9月29日中国人民政治协商会议第一届全体会议通过)，《人民日报》1949年9月30日，第2版。

《共同纲领》明确规定，政协的组织成分包括工人阶级、农民阶级、革命军人、知识分子、小资产阶级、民族资产阶级、少数民族、国外华侨及其他爱国民主分子的代表。多党合作不仅具有一个常设的平台和相应的体制机制，同时亦拥有法律赋予的重要地位。

中国人民政治协商会议，体现了中国共产党与各民主党派的精诚合作精神。这种党际合作关系不仅表现在协商层面，而且还体现在参政领域。中国人民政治协商会议第一届全体会议，选举产生了中央人民政府委员会，毛泽东当选为主席，朱德、刘少奇、宋庆龄、李济深、张澜、高岗等 6 人当选为副主席，其中党外人士 3 人，占 50%。中央人民政府共 56 名委员，党外人士为 27 人，占 48.2%。党外人士郭沫若、黄炎培任政务院副总理，占副总理总职数的 50%；政务院共 15 名政务委员，其中党外人士为 9 人，占 60%；在政务院所辖 34 个部级机构中，有 15 个正职岗位由党外人士担任，约占正职岗位总数的 44.1%。选举产生中国人民政治协商会议全国委员会，共有委员 180 人，其中党外民主人士为 60 余人。毛泽东当选全国政协筹备会常务委员会主任，周恩来、李济深、沈钧儒、郭沫若、陈叔通当选副主任①，党外人士为 4 人。

中国人民政治协商会议的召开，标志着中国共产党领导的多党合作与政治协商制度的确立，多党合作在国家建构和政权运行等方面发挥了显著的作用。

从近代中国政党制度的演进逻辑来看，经历了一个照搬西方政党制度、一党独裁和多党合作的演化过程。在西方列强的炮舰政策之下，鸦片战争后的中国逐步由一个传统意义上的农业社会沦为半

① 《人民日报》1949 年 10 月 10 日，第 1 版。

殖民地半封建社会。与之相伴，洋务运动和近代工业体系的初步构建，一方面促进了资本主义因素的发展和资产阶级的孕育成长，另一方面也使得沿袭数千年的经济格局发生深刻变化，单一的自给自足式的农业经济格局被近代资本主义工商业经济与农业经济并存的格局取代，这就为“睁眼看世界”的中国人学习并引入西式政党制度提供了阶级条件与时代土壤。无论是资产阶级革命派还是改良派，均把建立政党、推翻封建帝制、实现多党竞争的议会政治，视为解决民族危机的有效方案。但不论是民国初年多党政治的探索，还是国民党的一党专政，均未能完成中华民族救亡图存和反帝反封建的历史任务。前者不仅没有改变积贫积弱的命运，反而使中国进入更加无序的军阀混战时代；后者与要民主、要和平的民意诉求和中国政治发展的时代潮流相悖，演化成寡头式的一党独裁统治，最终为民众所抛弃。中国共产党领导的多党合作和政治协商制度的确立，是历史的选择，是中国共产党、各民主党派和无党派民主人士的共同选择。

延伸阅读：

周恩来在重庆的统战实践（节选）

抗战时期，周恩来同志根据党的指示，领导中共代表团和中共中央南方局，日夜奋战在国民党统治区的战时首都重庆。他积极团结民主党派人士和各阶层人民，壮大了革命力量，巩固并发展了抗日民族统一战线，为中共的统战工作作出了巨大贡献。他率先垂范，求同存异，以情感人，以诚待人，以理服人，善于将党的方针政策与个人的人格魅力有机地结合起来，呈现出高超的统战艺术。

礼待黄炎培　买下题诗画作

战时的重庆虽然物资匮乏，但文化生活却十分丰富，文艺家们常常举办专场演出或个人作品展览。一次，国民参政会第二届参政员沈钧儒的三子沈叔羊在夫子池的“新生活运动委员会”展览馆举办个人画展，既是画品展出，也作现场销售。其中一幅画取名为《岁朝图》，画中有腊梅、天竺子、花生、黄豆芽，还有一瓶茅台酒。

中华职业教育社负责人黄炎培，与沈钧儒是江苏同乡，更是志同道合者。好友的儿子办画展，他当然要前往参观。黄炎培在《岁朝图》上看到茅台酒，突然回想起早年上海国民党报纸报道红军长征过贵州占领茅台镇时战士们以酒洗脚（实际上是以酒疗伤）的事，就询问沈叔羊能否在他的画作上题写一首诗。书画作品但凡有名人在上面题跋，称之为“添香”，作品身价倍增。沈叔羊欣然答应，并为黄炎培研墨。黄炎培思索片刻，提笔写下一首七绝：“喧传有人过茅台，酿酒池中洗脚来，是真是假我不管，天寒且饮两三杯。”讽刺了国民党对红军的讥讽。

而这很快引来了中共中央南方局的关注。当时，南方局文委一直重视文艺界动向，沈叔羊的画展自然也是其中之一。工作人员参观画展后向周恩来汇报了两个情况：一是国统区已知红军长征的事情，二是画作上有黄炎培的题诗。

周恩来听到第一条，哈哈大笑；听到第二条，马上严肃起来，立即指示工作人员，带钱去买下这幅画。其时南方局经费拮据，花钱去买一位小画家的作品，大家都不理解。周恩来说，这幅画与两位重要民主人士有关。沈叔羊的《岁朝图》就这样被南方局收购，送往延安。

1945 年夏，为推动停滞中的国共和谈，黄炎培与其他 5 名参政员一起飞赴延安。毛泽东率领几乎所有中共领导赴机场迎接。如此高规格的接待,令黄炎培感动。然而,更令他动容的是,当他走进毛泽东的会客室时,第一眼就看见了《岁朝图》,看见了自己的题诗。他明白,共产党人是真心拿他当朋友,所以直言贡献了论执政党的“周期率”。黄炎培是民盟的创始人,在与中共“共进退”的主张上,他和张澜是一致的,因而水到渠成,也就有了民盟日后拥护“五一口号”之举。

若干年后,国民党中统负责人徐恩曾在他的回忆录中专门提到关于这幅画的故事,除大骂手下人是饭桶外,还由衷感叹道:“周恩来搞统战,犹如水银泻地,无孔不入。细数吾党同仁,难有与其相匹敌者也!”

团结黄鼎臣　一碗甜粥暖人心

致公党领导人之一黄鼎臣,曾留日学医,抗战时期在重庆挂牌,医术高明,门庭若市。一些达官贵人欲以高薪聘他去做家庭医生,被他谢绝。而当新华日报社聘请他为医药卫生顾问时,他却不怕戴上“红帽子”,毅然答应。原来,黄鼎臣是在大革命时期就加入了中国共产党的老党员,后因联系人被捕失去组织关系,但他并没有彷徨气馁,仍自觉地为党服务。

从此,黄鼎臣常到十八集团军驻渝办事处、新华日报社和周公馆出诊,给共产党人看病,有机会见到周恩来和其他南方局人员。他挂上听诊器时是医生,摘下听诊器时则成了学生。他津津有味地听周恩来讲时事政治,从中汲取进步思想的营养,以充实自己的人生观。

南方局党组织也注意团结黄鼎臣,指定许涤新负责与他联系。当时,陪都各界人士常到天官府郭沫若家去聚会,讨论抗战形势,寻找民族前途,黄鼎臣也是座上客。聚会中,只要周恩来到场,气氛就异常活跃，他对各界人士一视同仁，推心置腹。给黄鼎臣印象最深的是，周恩来对不同意见从不强词夺理，而是通过透彻的分析讲清道理，使大家心悦诚服。他的精辟阐述，给在夹缝中求生存、求发展的各界进步人士指明了方向。黄鼎臣回忆说："周恩来同志在重庆负责南方局工作，从不放过任何同党外人士接近的机会。有什么事情，他都向党外民主人士通报，找大家商量。"正因为如此，党外民主人士对周恩来都敬佩有加，言听计从。

周恩来勤于交友，真诚待人。在黄鼎臣的记忆中，一次，周恩来在郭沫若家召开座谈会，其间，大家品尝到了周恩来带来的"小礼物"——用延安带来的小米和红枣熬成的甜粥。一时间，大家心里都甜甜的，暖暖的。

1949 年 6 月 15 日，黄鼎臣作为中国致公党的代表，赴北平参加新政治协商会议筹备会，当时住在北京饭店。周恩来常到饭店看望大家，有时召开座谈会。政协会议筹备工作由周恩来亲自领导，他善于把各方面的意见归纳起来，有道理则采纳，不恰当的就加以引导，使会议文件为各方面所接受。黄鼎臣认为，"致公党能够走向革命，成为爱国民主统一战线中八个民主党派之一，是与周恩来的支持帮助分不开的"。

结交沈钧儒　亲自祝寿表诚意

沈钧儒是有名的救国会"七君子"之一，曾被国民党拘禁，1937 年夏获释，卜居南京。一天，国民党立法院秘书长梁寒操以中苏文化协会的名义举行茶话会，邀请沈钧儒出席。就在这次茶话会上，沈钧儒第一次见到了神交已久的周恩来，他们除倾心交谈外，还约以后相会。宁、沪失陷后，沈钧儒与周恩来在武汉又有多次接触，政治态度日益进步。

1938年10月武汉弃守，周恩来和沈钧儒都到了重庆，见面的机会更多了。当时，各民主党派人士常到上清寺“特园”聚会，议论时局，针砭时弊。中共中央南方局负责同志也常去那里，通过座谈团结各阶层爱国民主力量，宣传党的抗日民族统一战线政策。周恩来每次去“特园”，都要与沈钧儒交谈，征询他对时局的看法，并阐明共产党的主张。而沈钧儒则主动谈起民主党派和爱国人士的情况，并就教于周恩来。他们互相尊重，礼尚往来，如忘年之交。

1943年12月21日是沈钧儒的七十大寿，南方局决定借祝寿之机，吸引和团结各界爱国人士。但为了隐蔽，表面上由重庆文化界、妇女界和法学界出面发起。是日，有关方面包下“百龄”餐厅，举行盛大茶话会。民主人士沈钧儒、郭沫若、史良、李公朴、陶行知、张申府、黄炎培、柳亚子、梁漱溟、章伯钧等人到会，国民党爱国将领冯玉祥、李济深也来了。共产党方面前来祝寿的，有周恩来、董必武和邓颖超。

陶行知首先致词，在于右任、邵力子和郭沫若讲话后，董必武代表中共讲话，他说：“记得我们还在长征途中时，就听到沈先生及救国会邹韬奋诸位先生提出的抗战、团结、民主的主张。我们赞成这个主张。”听到此处，周恩来带头鼓了掌。

1944年11月，因公暂时离渝的周恩来，时隔数月又来到重庆，并参加了郭沫若欢宴柳亚子的集会。集会后，沈钧儒喜而作诗云：

经年不放酒杯宽，雾压山城夜正寒。
有客喜从天上至，感时惊向域中看。
新阳共举葡萄盏，触角长惭獬豸冠。
痛笑狂欢俱未足，河山杂沓试凭栏。

诗中的"有客喜从天上至",指的就是周恩来从延安乘飞机到达重庆。沈钧儒寓情于诗,通过对周恩来的热情欢迎,来表示对中国共产党的爱戴。

抗战胜利后,毛泽东到重庆参加国共和谈,这期间,周恩来陪同毛泽东与沈钧儒等民主人士见面。国共和谈破裂后,周恩来奉党中央电召返回延安。临行前,他把中共代表团在上海、南京的办事处的住房委托中国民主同盟代管,亲自把钥匙交给沈钧儒,还将放在马思南路中共代表团客厅里一把配有木架、玻璃罩的淡绿色瓷如意赠给沈老,表达对其的莫大信任。

新中国成立后,沈钧儒出任最高人民法院院长,还当选为中央人民政府委员、中国人民政治协商会议筹备会副主任。由于工作上的关系,他与周恩来晤面的机会就更多了,而沈钧儒对中国共产党的忠诚和爱戴与日俱增,他曾说:"我很想再活 20 年,做个光荣的共产党员,可是,恩来先生说我留在党外能起着更大的作用。那么,我只好服从党的决定,做个非党的布尔什维克了。"

——摘自杨耀健:《周恩来在重庆的统战实践》,参见中共中央统一战线工作部网站,2021 年 1 月 7 日,http://www.zytzb.gov.cn/tzgs/349846.jhtml

第二章　新型政党制度的巩固和发展

新中国成立初期，中国共产党提出“长期共存、互相监督”的方针，多党合作制度得到不断巩固和发展。在反右派斗争和“文化大革命”中，多党合作事业经受严峻考验。伴随改革开放的步伐成长，多党合作逐步超越党际关系架构，演变为一种国家制度形态，并逐步稳固和定型。①经过改革开放以来40余年的发展，多党合作的制度化水平得以不断提升，在国家治理现代化进程中发挥着显著的治理效能，成为国家治理能力的重要制度资源和国家治理体系的重要组成部分，多党合作事业发展步入新的历史阶段。

---

① 黄天柱：《中国新型政党制度历史发展与国家治理变迁》，《广州社会主义学院学报》2020年第3期。

第一节　多党合作的实践与探索

一、支持民主党派组织发展

新中国成立后，执政的中国共产党在生活、组织建设等方面，关心民主党派和无党派民主人士，为民主党派的发展提供诸多政策支持。

关于民主党派的发展，周恩来指出："民主党派可以发展，也有发展前途，但不可能发展得很大。这是由他们的历史和中国的社会条件所决定的。"他还明确表示，对民主党派有些问题还未解决得很好，"在政协、各级代表会议和各级政府中一般地已经对他们做了安排，但是否已经安排得很好，合作得很好，既帮助了他们，又教育了他们呢？对民主党派的经费、失业干部的安排、人员改造等等问题，是否都很好地解决了呢？"①，明确要求统战部门应在这些方面多做工作。

1950 年 5 月 15 日，《中共中央关于帮助各民主党派解决困难的指示》发布，要求各级各地党委要积极诚恳地与民主党派合作，帮助他们进步。明确指出："这样做是有利于国家与人民的，是完全必要的。而轻视或歧视他们的观点，则是不对的。"②对各级党委帮助解决民主党派的党务经费、干部学习和党员失业等问题，提出明确要求。

---

① 中共中央文献研究室编：《建国以来重要文献选编》第 1 册，中央文献出版社 1992 年版，第 184—185 页。

② 中央档案馆、中共中央文献研究室编：《中共中央文件选集》（1949 年 10 月—1966 年 5 月）第 3 册，人民出版社 2013 年版，第 38 页。

在中国共产党的帮助和支持下，各民主党派开展组织整顿，发展党员，壮大力量。1951 年 1 月，第二次全国统战工作会议提出《1951 年协助各民主党派发展党员的建议》，要求各地党委协助各民主党派发展成员 1—2 倍，主要集中在大中城市和省会城市发展。各民主党派新成员必须拥护《共同纲领》，愿意为《共同纲领》的愿景目标而奋斗。至 1953 年初，民主党派的总人数已达到 3.2 万人①，民主党派队伍粗具规模。

与此同时，各民主党派积极参加中国共产党发起的各种社会运动。1950 年中共七届三中全会后，中共中央采取了一系列政治经济措施恢复国民经济，资本主义工商业得到迅速发展。但是，经济领域的贪污浪费、行贿受贿等问题随之而来，中共中央决定在党政机关工作人员中开展“反贪污、反浪费、反官僚主义”斗争，在私营工商业者中开展“反行贿、反偷税漏税、反盗骗国家财产、反偷工减料、反盗窃国家经济情报”斗争（史称“三反”“五反”），以及在全国范围内开展土地改革运动、抗美援朝运动、镇压反革命运动，各民主党派均积极投身其中，履行职责，参加社会改造活动，并在参与过程中不断加深对中共政策的认知和理解。

二、对民主党派性质的判断

1950 年 3 月，第一次全国统战工作会议在北京召开，主题是面对新中国成立初期复杂艰巨的形势和任务，深入研究统战工作的任务、方针和政策，明确提出：“各民主党派均对一定的社会阶级或阶层，主

---

① 参见李金河主编：《多党合作的历史与现实》，中央编译出版社 2007 年版，第 137 页。

要对民族资产阶级、城市小资产阶级和它们的知识分子，有不同程度的联系和代表性；但都是阶级联盟的性质，不是单一阶级的政党。”①李维汉在报告中指出，各民主党派在“人民政协成立后都参加了民主联合政府，都宣告以共同纲领为自己的纲领，并接受中共领导。这说明了他们都是新民主主义性质的政党”。②会议明确要求，要以《共同纲领》为准则，在政治上思想上团结民主党派共同奋斗。与此同时，必须在组织上适当尊重民主党派的独立性，推动和帮助他们逐步前进。

毛泽东尤为关注会议代表关于民主党派的性质及其存在必要性的讨论，明确指出，要向大家讲清楚，从长远和整体看，必须要民主党派。民主党派和民主人士是联系资产阶级、小资产阶级的，政权中要有他们的代表才行。有人认为民主党派只是“一根头发的功劳”，“一根头发拔去不拔去都一样”，这种说法是不对的。从他们背后联系的人们看，就不是一根头发，而是一把头发，不可藐视。我们对民主党派在抗战时有“团结、抗战、进步”的口号，今天应该是“团结、建设、进步”。要团结他们，使他们进步，帮助他们解决问题。要给事做，尊重他们，当作自己的干部一样，手掌手背都是肉，不能有厚薄。对他们要平等，不能莲花出水有高低，要实行民主。③毛泽东批评了党内党外对民主党派和无党派人士不重视的现象，清晰地传递了关于民主党派政策的基本观点。

1950 年 4 月 13 日，周恩来在全国统战工作会议上作《发挥人民

---

① 中共中央文献研究室编：《建国以来重要文献选编》第 1 册，中央文献出版社 1992 年版，第 152 页。

② 《李维汉选集》，人民出版社 1987 年版，第 222 页。

③ 参见中共中央统战部编：《中国共产党统一战线史》，华文出版社 2017 年版，第 188 页。

民主统一战线积极作用的几个问题》的报告,阐明了国内外形势和处理人民民主统一战线中的阶级关系、政党关系等问题的观点。关于民族资产阶级问题,周恩来明确指出,在现阶段"总还要跟资产阶级团结合作吧!因此不是搞垮它的问题"。关于私营经济问题,认为"有利于国计民生的私营经济是有一定的积极作用的,应当予以扶助使其发展"。[①]在周恩来看来,"各个民主党派,不论名称叫什么,仍然是政党,都有一定的代表性。但不能用英、美的政党标准来衡量他们。他们是从中国的土壤中生长出来的"。[②]那种认为没有民主党派"岂不少些麻烦"的观点是不对的,民主党派在人民民主统一战线中发挥着重要作用。"我们人民民主专政的国家,现阶段是四个民主阶级的联盟","民主党派的成员在我们的帮助和教育下,愿意同我们一道进入社会主义,我们多了一批帮手,这不是很好嘛!"[③]周恩来首次作出一个重要判断:民主党派是从中国土壤中生长出来的,是与中国共产党携手步入社会主义社会的帮手,重申其在人民民主统一战线中的重要地位和作用。

1949 年底至 1950 年,各民主党派相继召开全国会议,进一步明确接受《共同纲领》,接受共产党的领导,明确把自己定位为新民主主义社会的政党,致力于建设新民主主义的共和国。

1956 年,生产资料私有制的社会主义改造基本完成,中国进入社会主义建设新时期,人民民主统一战线随之进入新的历史阶段。为

① 中共中央文献研究室编:《建国以来重要文献选编》第 1 册,中央文献出版社 1992 年版,第 178—179 页。

② 中共中央文献研究室编:《建国以来重要文献选编》第 1 册,中央文献出版社 1992 年版,第 183 页。

③ 同上书,第 184 页。

继续巩固和扩大人民民主统一战线，第五次全国统战工作会议于1956年3月3日召开，通过《一九五六年到一九六二年统一战线工作的方针》的决议，明确社会主义改造尚未完成时的统一战线所面临的新形势、新任务及应采取的新方针。该方针对民主党派的性质作出新的定位，指明"各民主党派已经基本上成了为社会主义服务的政治团体"，应"继续巩固和扩大人民民主统一战线，团结一切可能团结的力量，为我们的共同目标奋斗"。[①]1956年9月15日，中共八大召开，刘少奇在政治报告中明确指出："中国各民主党派的社会基础是民族资产阶级、上层小资产阶级和它们的知识分子。在社会主义改造完成以后，民族资产阶级和上层小资产阶级的成员将变成社会主义的劳动者的一部分。各民主党派就将变成这部分劳动者的政党。"[②]也就是说，民主党派已不再是资产阶级和小资产阶级的政党，不再具有阶级联盟的性质，将会转变成为一部分社会主义劳动者和爱国者的、为社会主义服务的政治团体。

三、"长期共存、互相监督"方针的提出

随着中国社会主义制度的正式确立，如何在新的历史条件下坚持、发展和完善多党合作制度，遂被提上议事日程。1956年4月，在中央政治局扩大会议上，毛泽东作题为《论十大关系》的报告，指出："究竟是一个党好，还是几个党好？现在看来，恐怕是几个党好。不

---

① 中共中央文献研究室编：《建国以来重要文献选编》第8册，中央文献出版社1994年版，第205—206页。

② 《刘少奇选集》下卷，人民出版社1985年版，第246页。

但过去如此，而且将来也可如此，就是长期共存，互相监督。”[①]正式提出处理中国共产党与民主党派关系的基本方针，即“长期共存、互相监督”。多党合作“八字方针”的提出，鼓舞并调动了各民主党派成员参加社会主义建设的政治热情。

1956年9月，中共八大审议通过《中国共产党第八次全国代表大会关于政治报告的决议》，指明：“必须按照长期共存、互相监督的方针，继续加强同各民主党派和无党派民主人士的合作，并且充分发挥人民政治协商会议和各级协商机构的作用。在一切政府机关、学校、企业和武装部队中，共产党员都必须负责建立起同党外工作人员合作共事的良好关系。”[②]中国共产党以全会决议的形式，确立了正确处理与各民主党派关系的基本方针是“长期共存、互相监督”，这成为我国政党制度的重要内容之一。

纵观这一时期，1954年第一届人民代表大会的召开和1956年底社会主义改造基本完成，是新中国成立后我国政党制度发展的关键节点。1954年9月，第一届全国人民代表大会召开，意味着全国人民代表大会成为国家的最高权力机关，中国人民政治协商会议作为临时最高权力机关的历史使命宣告结束。9月20日，一届全国人大一次会议审议通过《中华人民共和国宪法》，这是中华人民共和国的第一部宪法，起到临时宪法作用的《共同纲领》也已完成其历史使命。社会主义改造的完成，宣告中国社会的制度形态已发生根本性变化。这两件大事，意味着中国政党制度的内涵发生新变化，中国共产党的

① 《毛泽东文集》第7卷，人民出版社1999年版，第34页。

② 中共中央文献研究室编：《建国以来重要文献选编》第9册，中央文献出版社1994年版，第350页。

领导及其与各民主党派的合作共事进入新的发展阶段。

中国人民政治协商会议全体会议代行全国人民代表大会职权这一任务的结束，表明中国人民政治协商会议已不再是一个权力机关，而成为一个统一战线性质的组织。1954 年 12 月 25 日，中国人民政治协商会议第二届全国委员会第一次全体会议审议通过《中国人民政治协商会议章程》，明确规定了人民政协的性质，是“团结全国各民族、各民主阶级、各民主党派、各人民团体、国外华侨和其他爱国民主人士的人民民主统一战线的组织”①，在国家政治生活中仍然需要存在，并将继续发挥作用。随着人民政协职能的变化，其担负的任务亦有所变动。《章程》表明，此后人民政协的主要任务之一，是协商和处理政协内部与党派团体之间的合作问题。

在 1957 年反右派斗争中，各民主党派受到不同程度的冲击，一些领导人和党派成员遭到不公正对待，被错划为右派。在三年国民经济困难时期，中国共产党主动纠正工作中“左”的错误，采取措施调整与各民主党派之间的关系。“文化大革命”时期，民主党派的中央和地方领导机构大多被迫停止活动，民主党派的许多成员遭到迫害，多党合作制度遭到严重破坏。

“文化大革命”中，毛泽东在是否取消民主党派、取消政协、取消统一战线的问题上，始终是清醒的。1966 年国庆节，毛泽东在天安门城楼对李宗仁说：“红卫兵把全国政协、民主党派封了，但政协还是要的，民主党派还是要的。”1966 年 8 月，根据毛泽东的指示，周恩来亲自拟订了一份应予保护的干部名单，保护了一批民主党派成员和党

① 中共中央文献研究室编：《建国以来重要文献选编》第 5 册，中央文献出版社 1993 年版，第 705 页。

外人士，中国统一战线的根基得到维护和保存。

第二节 多党合作事业的恢复与发展

“文化大革命”结束后，中国共产党进行拨乱反正，以改革开放开启新的历史时期，遭到扭曲的政治形态复原并获得新的发展，开始了政治形态的转型。多党合作也得以恢复，获得主体地位，成为一项国家基本政治制度，并且通过载入宪法的方式得以确认和巩固。[①]在此过程中，中国共产党先后制定和颁布了一系列规范性文件，全面推动多党合作进入制度建设时期。

一、多党合作事业的恢复

1978 年 2 月 24 日，全国政协五届一次会议举行，这是 1964 年后第一次召开的全国政协会议，会议通过新的《中国人民政治协商会议章程》。2 月26 日，五届全国人大一次会议召开，民主党派、无党派民主人士的代表 100 人参加。五届全国人大及政协会议的召开，标志着我国多党合作制度在经历 10 多年的风雨曲折后，迈入正常运转的新的历史时期。

1979 年 6 月 15 日，全国政协五届二次会议开幕，邓小平作《新时期的统一战线和人民政协的任务》的报告，充分肯定了民主党派在民主革命中的光荣历史，肯定了各民主党派在社会主义改造和社会主

① 林尚立等：《新中国政党制度研究》，上海人民出版社 2009 年版，第 67 页。

义建设中的重要贡献，并对民主党派的性质给予科学界定，将新时期的民主党派界定为“一部分社会主义劳动者和一部分拥护社会主义的爱国者组成的政治联盟”[①]，都是在中国共产党领导下为社会主义服务的政治力量。邓小平指出：“在中国共产党的领导下，实行多党派的合作，这是我国具体历史条件和现实条件所决定的，也是我国政治制度中的一个特点和优点。”[②]这就从根本上确立了对民主党派的认识，为新时期多党合作制度的发展指明了方向，表明了执政的中国共产党坚持多党合作制度的信心和决心。

1979 年 8 月 15 日至 9 月 3 日，第十四次全国统战工作会议在北京举行。会议明确新时期的统一战线是一个全体社会主义劳动者和一切爱国者（包括拥护社会主义的爱国者和拥护祖国统一的爱国者）的非常广泛的联盟。在新的历史时期，统一战线仍然是一个法宝，不是可以削弱，而是应该加强。

1979 年秋，各民主党派纷纷召开全国代表大会，结束了代表大会中断 20 余年的历史，民主党派的活动恢复了正常化。各民主党派把工作的重心转移到为社会主义现代化建设服务上来，充分发挥民主党派成员智力密集、人才荟萃和联系广泛的优势，积极为现代化建设凝心聚力。

中共十一届三中全会后，伴随拨乱反正和改革开放政策的推行，中国共产党领导的多党合作进入一个新阶段。1982 年 9 月，中共十二大召开，明确提出要坚持“长期共存，互相监督”“肝胆相照，荣辱与共”的方针，加强同民主党派、无党派人士、少数民族人士和宗教界爱

---

① 《邓小平文选》第 2 卷，人民出版社 1994 年版，第 186 页。

② 同上书，第 205 页。

国人士的合作。“十六字方针”包括三层含义：第一，中国共产党和民主党派在坚持四项基本原则的基础上长期共存；第二，长期共存是为了在中国共产党同各民主党派之间实行互相监督；第三，中国共产党同各民主党派是诤友，应当真心相见，坦诚以待，高度信任。①“十六字方针”作为新时期中国共产党处理政党关系的基本原则，巩固和发展了中国共产党同民主党派的合作关系，多党合作的制度功能得以彰显。

1986 年 7 月，中共中央批转《中共中央统战部关于新时期党对民主党派工作的方针任务的报告》，从理论上阐明了中国共产党领导的多党合作制度的特点和优点，具体规定了民主党派在多党合作制度中的政治地位，指出各民主党派不是在野党，更不是反对党，而是同中国共产党通力合作的共同致力于社会主义事业的亲密友党。民主党派不仅是统一战线工作的对象，更重要的是开展统战工作、促进祖国统一、进行四个现代化建设的一支重要依靠力量。在这一阶段，民主党派组织和成员获得了较大发展，领导班子建设得到加强，逐步实现新老交替。各民主党派直接参加各级政协、人大和政府，充分发挥协商、监督和管理的重要作用，在国家政治生活中的地位和作用日益重要。

二、多党合作进入制度化建设时期

1989 年 12 月，《中共中央关于坚持和完善中国共产党领导的多党合作和政治协商制度的意见》（中发〔1989〕14 号）（以下简称《意

① 浦兴祖：《中华人民共和国政治制度》，上海人民出版社 2005 年版，第 530—531 页。

见》)发布,推动我国多党合作的制度化、规范化和程序化。

第一,阐明我国社会主义政党制度的性质和特点。《意见》首次正式提出,中国共产党领导的多党合作和政治协商制度是我国的一项基本政治制度。实行中国共产党领导、多党合作的政党制度,体现了我国政治制度的特点和优点。它从根本上不同于西方资本主义国家的多党制或两党制,也有别于一些社会主义国家实行的一党制,是马克思列宁主义同中国革命和建设实际相结合的一项政治创造,是符合中国国情的社会主义政党制度。这项基本政治制度,是在长期革命与建设中形成和发展起来的。

第二,对民主党派的性质、地位和多党合作的原则作出新的判断。中国共产党是社会主义事业的领导核心,是执政党;各民主党派是各自所联系的一部分社会主义劳动者和一部分拥护社会主义爱国者的政治联盟,是接受中国共产党领导、与中共通力合作、共同致力于社会主义事业的亲密友党,是参政党。坚持中国共产党的领导,坚持四项基本原则,是中国共产党同各民主党派合作的政治基础。中共对各民主党派的领导是政治领导,即政治原则、政治方向和重大方针政策的领导。中国共产党同各民主党派合作的基本方针是"长期共存、互相监督、肝胆相照、荣辱与共"。

第三,明确民主党派参政的基本点。民主党派参政可以概况为"一个参加,三个参与",即参加国家政权,参与国家大政方针和国家领导人选的协商,参与国家事务的管理,参与国家方针、政策、法律、法规的制定执行。民主党派享有宪法规定范围内的政治自由、组织独立和法律地位平等。

《意见》对推动多党合作的制度化、规范化作出具体规定,提出保证民主党派充分发挥参政和监督作用的具体措施。强调支持民主党派做好自身建设工作,并明确规定中国共产党和各民主党派之间合作与协商的具体形式。由此,我国多党合作的规范化和制度化水平不断提升,其运作机制也日益完善。

八届全国人大召开前夕,民建中央主席孙起孟代表民建致信中共中央,提出把多党合作制度写入宪法,这一建议得到赞同并被采纳。八届全国人大一次会议通过宪法修正案,将"中国共产党领导的多党合作和政治协商制度将长期存在和发展"正式载入宪法,使之上升为国家意志和全国人民的意志。这就从国家根本大法的高度,确立了多党合作制度在国家政治生活中的地位。

为加强制度建设,完善中国特色的社会主义政党制度,2005 年 2 月 18 日,中共中央颁布《关于进一步加强中国共产党领导的多党合作和政治协商制度建设的意见》,这是进一步推进多党合作和政治协商制度建设的重大举措,是新世纪新阶段指导多党合作事业发展的纲领性文件,对于推动多党合作和政治协商的制度化、规范化、程序化具有重大意义。

第一,确立多党合作和政治协商的重要政治准则。坚持以马克思列宁主义、毛泽东思想、邓小平理论和"三个代表"重要思想为指导,坚持中国共产党的领导,坚持社会主义初级阶段的基本路线、基本纲领和基本经验,坚持"长期共存、互相监督、肝胆相照、荣辱与共"的基本方针,保持宽松稳定、团结和谐的政治环境。中国共产党和各民主党派均必须以宪法为根本活动准则,负有维护宪法尊严、保证宪法实施的职责。这些重要政治准则,是在多党合作的长期实践中逐步形成的政治经验和政治共识,是多党合作制度的生命力之源,为新世纪多党合作的健康发展提供了重要的政治基础与政治规范。

第二,明确坚持和发展我国政党制度的衡量标准。我国政党制度的制度优势和制度效能如何?其衡量标准是什么?该意见以“五个能否”为标准给予明确回答。最根本的是要从我国国情出发,以能否促进社会生产力持续发展和社会全面进步,能否保持和发挥社会主义制度的特点和优势,能否实现和发展人民民主、增强党和国家的活力,能否保持国家政局的稳定和社会安定团结,能否实现和维护最广大人民的根本利益为标准。

第三,对进一步完善政治协商的内容、形式和程序提出明确要求。把政治协商纳入决策程序,就重大问题在决策前和决策执行中进行协商,是政治协商的重要原则。中国共产党同各民主党派政治协商,主要采取民主协商会、小范围谈心会、座谈会等形式。除会议协商外,民主党派中央可向中共中央提出书面建议。政治协商的主要内容包括:中共全国代表大会、中共中央委员会的重要文件;宪法和重要法律的修改建议;国家领导人的建议人选;关于推进改革开放的重要决定;国民经济和社会发展的中长期规划;关系国家全局的一些重大问题;通报重要文件和重要情况并听取意见,以及其他需要同民主党派协商的重要问题等。并从规划、议题设置、集体研究、过程民主、意见反馈等方面提出进一步完善政治协商的程序。

第四,明确民主党派和无党派人士的参政议政、民主监督两大职能。民主党派参政的基本点是“一个参加、三个参与”,对参政的领域、范围、路径作以具体规定,进一步拓宽民主党派和无党派人士发挥作用的渠道。中国共产党与民主党派实行互相监督,对民主党派民主监督的内容、形式提出明确要求,并压实党委切实完善民主监督机制、自觉接受监督的责任。

第五，对民主党派和无党派人士的性质进行全面阐述。在新世纪新阶段，民主党派是各自所联系的一部分社会主义劳动者、社会主义事业建设者和拥护社会主义爱国者的政治联盟，是接受中国共产党领导、同中国共产党通力合作的亲密友党，是进步性与广泛性相统一、致力于中国特色社会主义事业的参政党。无党派人士是我国政治生活中的一支重要力量，是指没有参加任何党派、对社会有积极贡献和一定影响的人士，其主体是知识分子。

2007 年 11 月，国务院发布《中国的政党制度》白皮书，从中国社会历史发展的必然选择、中国的一项基本政治制度、社会主义民主的重要体现、多党合作制度中的政治协商、多党合作制度与国家政权建设、多党合作制度与人民政协、多党合作制度与现代化建设等 7 个方面对中国政党制度进行全面阐述，指明中国政党制度具有政治参与、利益表达、社会整合、民主监督和维护稳定等五大功能，这是中国政府首次采用白皮书的形式向世界阐明中国的政党制度。

第三节　新时代谱写新型政党制度新篇章

中共十八大以来，以习近平同志为核心的中共中央高度重视多党合作和民主党派工作，就坚持和完善多党合作制度提出了一系列新思想、新观点，中国特色社会主义参政党的职能作用充分发挥，中国特色政党制度在国家政治生活中发挥着越来越重要的作用，多党合作事业发展进入了新时代。

一、理论建设取得新发展

一是对民主党派的性质作出新界定。2013 年 2 月 6 日，习近平总书记在与各民主党派中央、全国工商联新老领导人和无党派人士代表共迎新春时指出，各民主党派是与中国共产党通力合作的中国特色社会主义参政党。2015 年 5 月颁布的《中国共产党统一战线工作条例（试行）》指出，民主党派是“接受中国共产党领导、同中国共产党通力合作的亲密友党，是中国特色社会主义参政党”。这是中国共产党以党内法规的形式，对民主党派性质的新的界定，标志着民主党派的性质实现了历史性转变。

二是民主党派基本职能有了新拓展。2015 年颁布的《中国共产党统一战线工作条例（试行）》规定：“民主党派的基本职能是参政议政、民主监督，参加中国共产党领导的政治协商。”这一概括将民主党派“参政议政、民主监督”两项职能，拓展为三项基本职能。这是中国共产党在总结多党合作经验基础上，对民主党派基本职能作出的新的科学概括，是多党合作理论的重要创新。民主党派基本职能的新拓展，开拓了民主党派发挥作用的领域，科学、全面、准确地反映了民主党派在国家政治体系和政治生活中的重要作用和价值。

三是提出“四新”“三好”新要求。进入新时代，中国共产党团结带领包括各民主党派、无党派人士在内的全国各族人民勠力同心、接续奋斗，使中华民族迎来了从站起来、富起来到强起来的伟大飞跃。多党合作事业呈现出前所未有的新气象。2018 年 2 月 6 日，习近平总书记在同党外人士座谈并共迎新春时强调，多党合作要有新气象，思想共识要有新提高，履职尽责要有新作为，参政党要有新面貌。3月4日，习近平总书记在参加全国政协联组会时强调，希望各民主党派和无党派人士要做中国共产党的好参谋、好帮手、好同事，增强责任和担当，共同把中国的事情办好。

四是作出新型政党制度的新概括。在看望参加全国政协十三届一次会议的民盟、致公党、无党派人士和侨联界委员时，习近平总书记指出，中国共产党领导的多党合作和政治协商制度作为我国一项基本政治制度，是中国共产党、中国人民和各民主党派、无党派人士的伟大政治创造，是从中国土壤中生长出来的新型政党制度。习近平总书记用“三个新就新在”“三个有效避免”深刻阐述了新型政党制度的丰富内涵和巨大优越性，指出：“坚持中国共产党的领导，不是不要民主了，而是要形成更广泛、更有效的民主。我们应该不忘多党合作建立之初心，坚定不移走中国特色社会主义政治发展道路，把我国社会主义政党制度坚持好、发展好、完善好。”①

二、制度化建设实现新飞跃

2015年2月，中共中央颁布《关于加强社会主义协商民主建设的意见》，系统规定政党协商、政府协商、人大协商、政协协商、人民团体协商、基层协商、社会组织协商等7种协商渠道，提出“政党协商”的概念，并将政党协商放在首要位置。2015年6月，中共中央办公厅公布《关于加强人民政协协商民主建设的实施意见》，对人民政协协商作

---

① 习近平：《坚持多党合作发展社会主义民主政治 为决胜全面建成小康社会而团结奋斗》，《人民日报》2018年3月5日，第1版。

出明确规定。同年 12 月，中共中央办公厅印发《关于加强政党协商的实施意见》，指出“政党协商是中国共产党同民主党派基于共同的政治目标，就党和国家重大方针政策和重要事务，在决策之前和决策实施之中，直接进行政治协商的重要民主形式”。《实施意见》明确规定中央层面政党协商的内容：中共全国代表大会、中共中央委员会的有关重要文件；宪法的修改建议，有关重要法律的制定、修改建议；国家领导人建议人选；国民经济和社会发展的中长期规划以及年度经济社会发展情况；关系改革发展稳定等重要问题；统一战线和多党合作的重大问题；其他需要协商的重要问题。关于协商的形式，《实施意见》明确会议协商、约谈协商、书面协商等，并就每一种协商的程序作出规定。这是新型政党制度发展史上第一个系统规范政党协商的制度性文件，开启了我国多党合作的新篇章。为提高协商质量，《实施意见》提出了建立健全知情明政机制、考察调研机制、工作联系机制、协商反馈机制。《实施意见》的颁布，标志着多党合作事业在制度化规范化程序化建设上迈上新的台阶。

三、制度效能获得新提升

习近平总书记指出：“坚持和完善中国共产党领导的多党合作和政治协商制度，更好地体现这项制度的效能，着力点在发挥民主党派和无党派人士的积极作用。”中共十八大以来，作为我国多党合作事业的主体，各民主党派注重发挥自身特点优势，积极参政履职，在推进中国特色社会主义伟大事业中发挥重要作用，多党合作制度效能进一步彰显。各民主党派中央聚焦党和国家中心工作，围绕“大力推进供给侧结构性改革”“深入推进新型城镇化”“深入推进‘一带一路’建设”“大力振兴和提升实体经济”等经济社会发展重大问题，深入考察调研，通过专题协商座谈会、书面建议“直通车”等形式，积极建言献策，许多建议得到采纳，上升成为国家发展战略和重大政策。①

据统计，2017 年至 2019 年，中共上海市委把政治协商纳入决策程序，坚持协商于决策之前和决策之中，召开政党协商座谈会 15 次，就党风廉政建设和反腐败工作、第十一次党代会工作报告、全面提升食品安全保障能力、深化上海城市核心功能研究、2018 年经济社会发展情况及 2019 年重点工作安排、贯彻落实习近平总书记在民营企业家座谈会上讲话及有关文件精神等，听取各民主党派市委、市工商联负责人和无党派人士代表意见。在政治协商中，各民主党派和无党派人士提出了许多有见地、有价值的意见建议，许多意见建议被采纳，成为党委和政府决策的重要依据，为促进改革发展稳定作出了贡献。

2020 年 12 月 21 日，中共中央印发《中国共产党统一战线工作条例》，明确指出：“中国共产党领导的多党合作和政治协商制度是中国特色社会主义新型政党制度，是我国的一项基本政治制度。中国共产党同各民主党派实行长期共存、互相监督、肝胆相照、荣辱与共的基本方针。”②《条例》对新型政党制度进行规范性表述，提出中国特色社会主义新型政党制度这一概念。作为统一战线领域的基础主干党内法规，《条例》为做好新时代统一战线工作提供了基本遵循，也为新

---

① 如平潭综合实验区发展、推进京津冀大气污染协同治理、应对区域灰霾污染、调整“十三五”期间 GDP 增速、完善收入分配机制、全面放开二孩政策等，为推动我国经济社会又好又快发展作出了积极贡献。

② 《中国共产党统一战线工作条例》，《人民日报》2021 年 1 月 6 日，第 6 版。

时代坚持和完善新型政党制度指明了方向。

回顾中国新型政党制度的发展历程，结合 20 世纪以来世界各国政党制度的变迁，给我们带来深刻启示。其一，世界上不存在完全相同的政治制度，也不存在适用于一切国家的政治制度模式。“政治制度不能脱离特定社会政治条件和历史文化传统来抽象评判，不能定于一尊，不能生搬硬套外国政治制度模式。”①政党制度作为政治制度的重要组成部分，在其制度选择方面，本国国情、实际和历史文化传统是最基本的考量依据，合乎自身需求、契合本国政治发展规律的路径才是最佳选择。2013 年 3 月 23 日，国家主席习近平在莫斯科国际关系学院发表演讲时指出：“鞋子合不合脚，自己穿了才知道。”一个国家的发展道路合不合适，好不好走，只有这个国家的人民最有发言权、最有选择权、最有决定权。各国国情不同，每个国家的政治制度都是独特的，都应由这个国家的人民来决定，都是在这个国家历史传承、文化传统、经济社会发展的基础上长期发展、渐进改进、内生性演化的结果。中国特色社会主义政党制度之所以行得通、有生命力、有效率，就是因为它是从中国的社会土壤中生长起来的，新型政党制度未来要继续茁壮成长，也必须深深扎根于中国的社会土壤。其二，必须从巩固党的执政地位的战略高度，来认识坚持和完善新型政党制度的重大意义。长期以来，西方敌对势力对我国实施西化战略，妄图在政党制度上寻找突破口，破坏多党合作，代之以西方的多党制。战胜西方多党制挑战，就是要把社会主义民主政治建设好，把党领导的多党合作和政治协商制度建设好，从基本政治制度上保证共产党领

① 习近平：《决胜全面建成小康社会　夺取新时代中国特色社会主义伟大胜利——在中国共产党第十九次全国代表大会上的报告》，人民出版社 2017 年版，第 36 页。

导地位和巩固人民民主专政国家政权。要增强责任感和使命感，加强对新型政党制度的研究和宣传，把新型政党制度的政治优势、制度优势讲得清，让人们听得懂、信得过，从而增强制度自信，不断坚定走中国特色社会主义政治发展道路的信念。

延伸阅读：

各民主党派、工商联和无党派人士积极投身现代化建设

背景导读：开启改革开放历史新时期的爱国统一战线（1978 年 12 月—1992 年）。

改革开放开启了中国以经济建设为中心的社会主义现代化建设的新时期。这一时期的统一战线已经成为工人阶级领导的、工农联盟为基础的社会主义劳动者、拥护社会主义的爱国者和拥护祖国统一的爱国者的广泛联盟。适应党的工作重心的转移，调动一切积极因素，努力化消极因素为积极因素，团结一切可以团结的力量，为把我国建设成为现代化的社会主义强国，促进祖国和平统一，成为统一战线的两大任务。

1979 年 10 月，各民主党派和工商联分别召开全国代表大会，确立把工作着重点转移到为社会主义现代化建设服务上来，并利用自身智力和人才密集、社会联系广泛的优势和特点，多方面探索新的路子、开辟新的领域，为现代化建设献计出力。

发挥人才和智力优势

面对城镇青年就业问题，在 1979 年 6 月全国政协五届二次会议上，民建和工商联 82 名政协委员联名提出“广开就业门路，培育就业

能力”的提案，主张搞活经济，通过大量创办集体企业创造新的就业机会。提案受到重视和肯定。民建、工商联立即行动起来，利用自身成员的商业管理知识，推举原工商业者中的能人，协助街道举办、整顿集体企业，扩大待业青年就业。

1981 年 8 月，民建中央、全国工商联与国家劳动总局商定，分别下达《关于广开门路，搞活经济，扩大城镇就业的通知》。同年 11 月，中共中央、国务院制发《关于广开门路，搞活经济，扩大城镇就业问题的若干决定》，责成有关部门和民建、工商联在统筹规划下协同动作，为发展城镇集体经济和个体经济切实负起应尽的责任。之后，民建、工商联采取了三种形式：一是进一步协助街道、企业、机关、团体和学校兴办或整顿集体企业；二是成立投资服务公司与有关部门合办集体企业；三是自办集体企业。

据不完全统计，截至 1982 年底，全国各地民建、工商联共发动 6 000 多名会员，自办集体企业 208 个，合办 133 个，协办 3 003 个，培训和安置待业青年 9 万多人，促进了社会的安定，企业也盈利 3 286 余万元。此后各级自办集体企业逐年增加扩大，经营范围从商业服务发展到加工制作、维修装配、资源开发等行业，沿海城市还举办了合资企业或来料加工等外向型企业。到 1988 年底，共自办集体企业 1 200 多个，拥有固定资产 5 800 万元，流动资金 2 亿元，全年产值 18 亿元，上缴国家税收 7 000 万元，税后利润 6 000 万元，扩大安置待业青年 1.5 万人。致公党也积极举办集体企业，安排归侨、侨眷的子女等近 2 500 人就业。

积极献计出力

1987 年和 1988 年，民盟两次对全国约 20 个省（自治区、直辖市）

的数千名知识分子进行抽样调查，分别向中共中央提出《关于当前知识分子情况的报告》和《关于当前职称评审工作的调查报告》，就知识分子和教育问题大声疾呼。

九三学社就重大经济建设项目、科技和教育体制改革、知识分子问题进行了调查和研讨论证，先后于1986年7月和1987年5月，提出了《关于三峡工程的意见和建议》《关于中年知识分子问题的意见和建议》供中共中央和国务院决策参考。截至1988年，九三学社地方组织建立科技服务机构115个，总计完成科技服务项目6 063项。

民进先后提出了《对中小学和师范教育的建议》《关于会员对教育计划、教育体制建议的综合报告》《对出版工作的建议》等，受到中共中央和国务院的高度重视。同时，民进中央的开明文教音像出版社还出版有关德育、智育和美育内容的录音磁带54万盒，各种录像节目1 600个小时。

农工党的一些地方组织还对医院管理、中西医结合、计划生育、教育体制等方面进行了专业性调查研究。到1987年底，农工各地组织共建立咨询服务机构227个，完成咨询项目2 102项。

兴教办学

社会主义现代化建设需要大量专业人才，因此国家鼓励动员社会力量办学，为“四化”建设培养人才。积极开展社会办学是民主党派、工商联在新的历史条件下为社会主义现代化建设服务的又一新领域、新途径。

各民主党派在各地举办了各类业余补习学校和专业培训班。据不完全统计，到1988年，各地民革组织和党员兴办了各类业余学校253所，结业学员总数达78万人，在校学员超过20万人；民盟兴办各类学校350多所，结业学员多达36万人；民进有170个地方组织举办了各类学校和培训班268所，学员11万人，累计为社会培训各类人才30万人，办学内容不但涵盖了传统重点的中小学和幼教师资，还发展到了成人教育和军地两用人才培养；九三学社创办和联合举办大、中专院校累计268所，举办各种函授、培训班1 692个，学员总数近17万人；农工党举办了各种学科、各种类型的业余学校、专业培训班、文化补习班449所，总计约30万人，同时举办医疗卫生、科技、文教等专业专题讲座6 236次，听讲人数计近百万人次。

智力支边扶贫

1983年2月，中央统战部、国家民委在北京举行了民主党派为边疆和少数民族地区“四化”服务挂钩会议，邀请部分民主党派和边疆、沿海地区的统战、民族部门，以及中央有关部门的负责人，就民主党派成员中的专家学者赴边疆和少数民族地区讲学，帮助培训师资以及开展经济咨询服务等活动进行了洽谈交流。经过充分磋商，初步达成了“智力支边”协议共151项。会后，中共中央办公厅、国务院办公厅转发了中央统战部和国家民委《关于民主党派为边疆地区建设服务挂钩会议的报告》。

各民主党派根据各自承担的任务，迅速进行了组织落实工作。民盟积极行动，根据自身特点和优势，先后就滇西、闽南三角地区、海南等地区经济与社会发展情况，长江荆江段和洞庭湖的综合治理情况，黄河上游建立多民族经济开发区情况，黄河三角洲和长江三角洲的开发情况，贵州的开发情况，珲春出海口岸建设情况，攀西、重建西南丝绸之路的开发情况，开发大西南情况等作了实地考察和综合研究，向有关部门提出了有价值的建议。民盟还在甘肃会宁建立了农牧业综合发展的支边示范点，和四川遂宁市长期紧密合作，开展从农业到工业和科技改造的一系列咨询服务活动。到1988年，全盟参加支边扶贫的就有4 000多人次，完成近2 000个支边扶贫项目。1988年2月，国务院贫困地区经济开发领导小组专门致函民盟，代表中共中央和国务院对民盟扶贫支边作出的重要贡献表示衷心感谢，并恳请在今后贫困地区经济开发的过程中继续得到支持和帮助。

民进结合自身特色，截至1992年，组织了3 500多人次深入13个省和自治区的40多个贫困地区，指导技术开发、中小学和幼教师资培训和医卫咨询，直接听课受益者达44万人次。

农工党以贵州、内蒙古为重点支援地区，同时推动省市区之间的横向联系，到1992年，有26个省级组织支援了18个省区的"老、少、边、穷"地区，组织次数1 623批，参加人数7 213人次。同时由中央主席和副主席亲自带队，组织专家组先后应邀到贵州毕节、广西百色、陕西榆林等地区就经济发展战略进行考察论证，提出建议，受到有关部门的重视。

九三学社则发挥自身人才优势，发展宏观咨询和多省市横向联合，以大西南和长江上游经济开发为重点，多次召开"振兴大西南经济研讨会"，还参加了"三江"（金沙江、雅砻江、大渡河）水电综合考察和论证工作，并同四川广元、贵州黔西南州、黔南州等进行了不同形式的合作。

在有关部门支持下，民建和工商联早在1981年即开始组织成员到少数民族地区进行咨询服务，截至1983年已派出240多人。民建中央和全国工商联于1983年3月举行了"开展少数民族地区经济咨询工作座谈会"，确定把工作重点放在内蒙古、广西、贵州、云南等9省区少数民族聚居的比较贫困的地区。根据1980年到1991年不完全统计，有25个省(自治区、直辖市)的民建和工商联成员6 000多人次到少数民族地区和贫困地区为2 000多个企业7万多个项目提供了管理、生产工艺的咨询服务，还培训了数万企业管理和技术人才，穿针引线引进国外资金和技术，在云南、贵州毕节和黔西南、广西百色、河北丰宁等重点地区取得了丰硕成果。

1988年2月，中央统战部、国家民委与各民主党派中央、全国工商联联合成立了智力支边协调小组，有计划有组织地开展支边工作。各民主党派中央、全国工商联决定共同参与贵州毕节"开发扶贫、生态建设试验区"建设，开了在中国共产党领导下，多党合作共同推进贫困地区发展的先河，经多年发展探索，后来成为统一战线服务科学发展的"毕节经验"。

到1993年的5年中，各民主党派和工商联各级组织为贫困地区和少数民族地区举办各类专业技术培训班、讲座6 000多次，培训各类人才65万多人次；共派出专家学者、科技人员3.6万多人次，提供各类咨询服务、协助开发项目2.7万多项，为这些地区创造了可观的经济效益和社会效益；协助贫困地区和边疆少数民族地区引进资金、技术、人才、设备，其中协助引进资金人民币16亿多元，美元4 000多万元，引进技术700余项，促进了这些地区的对外开放和经济发展。

1993年12月，各民主党派、工商联智力支边扶贫经验交流暨表彰大会在人民大会堂举行，各民主党派、全国工商联的63个智力支边扶贫先进集体和16位先进个人受到中央统战部、国家民委的表彰。

对外联络工作

在"对内搞活、对外开放"的背景下，民主党派和工商联大力开展对外联络工作，促进经贸合作，并把海外联谊工作与引进资金、技术、设备等结合起来。

由于历史渊源，致公党与海外华侨华人具有代表性的各方面人士存在广泛联系。1984年，致公党代表团出访菲律宾、加拿大、美国的洪门侨团。到1988年，致公党各级组织接待“三胞”18万多人次，团体758个，引进资金和成交外贸8.7亿多美元和3.5亿多元人民币，介绍亲友来华讲学324人次，介绍劳务输出375人。

工商联发挥民间渠道的作用，不断发展对外联络工作，影响范围不断扩大。到1988年底，已同100多个国家和港澳台地区的工商社团、工商界人士建立了不同程度的联系，为政府加强同海外工商界人士的联系穿针引线、铺路搭桥、提供咨询和服务，协助引进资金、技术设备和人才。从1979年至1988年间，仅全国各地民建和工商联就接待了国外工商社团和工商界人士来访6万多人次。1984年至1988年，经各级工商联联系搭桥促成的合作项目协议共1 500项，总金额19.6亿美元。沿海城市工商联还密切联系三资企业的外商投资者，反映其意见和要求，参加协调合作关系，帮助解决困难，初步展现了其民间对内对外商会的功能。

台盟根据自身优势特点开展了有针对性的经济咨询服务工作，协助台湾中小企业来大陆投资和贸易，协助引进台资实际投资金额达2亿多美元，同时注意了解台资企业的困难和要求，为其排忧解难，并协助当地政府完善相关政策法规。

——摘自《各民主党派、工商联和无党派人士积极投身现代化建设》，《统战新语》2020年12月14日

第三章　新型政党制度的结构与功能

中国共产党领导的多党合作和政治协商制度是我国一项基本政治制度，是中国特色社会主义新型政党制度。研究这一制度的结构与功能，有助于进一步了解我国实行这一制度的必然性，以及这一制度对于建设社会主义现代化国家、实现中华民族伟大复兴的重要作用，从而更加自觉地坚持和完善这一基本政治制度。

第一节　多党合作事业的主体

一、中国共产党

中国共产党是领导中国特色社会主义事业的核心力量，是执政党。根据中共中央组织部2021年6月30日发布的《中国共产党党内统计公报》，截至2021年6月5日，中国共产党党员总数为9 514.8万名，基层组织486.4万个，其中基层党委27.3万个，总支部31.4万个，支部427.7万个。

在多党合作的政治架构中，中国共产党处于领导地位。这一领导地位在新中国成立前就得到各民主党派的一致认可，并在《共同纲领》中得到确认。诚如邓小平所指出的："我们国家也是多党，但是，中国的其他党，是在承认共产党领导这个前提下面，服务于社会主义事业的。"①"我们党同其他几个党长期共存，互相监督，这个方针要坚持下来。但是，中国由共产党领导，中国的社会主义现代化建设事业由共产党领导，这个原则是不能动摇的；动摇了中国就倒退到分裂和混乱，就不可能实现现代化。"②

二、民主党派

民主党派是在中国大陆范围内，除执政党中国共产党以外的八

① 《邓小平文选》第2卷，人民出版社1994年版，第267页。
② 同上书，第267—268页。

个参政党的统称。具体而言，分别是中国国民党革命委员会、中国民主同盟、中国民主建国会、中国民主促进会、中国农工民主党、中国致公党、九三学社、台湾民主自治同盟。①

中国国民党革命委员会（简称“民革”），由原中国国民党民主派及其他爱国民主人士所创建。1947 年 11 月，民联、民促和国民党其他爱国民主分子的代表在香港召开国民党民主派第一次代表会议，决定联合组成中国国民党革命委员会。民革历任主席为李济深、何香凝、朱蕴山、王昆仑、屈武、朱学范、李沛瑶、何鲁丽、周铁农。现任主席万鄂湘。目前，全国共有民革党员 15.1 万余人，省级组织 30 个。②

中国民主同盟（简称“民盟”），主要由从事文化教育以及科学技术工作的高、中级知识分子组成。民盟于 1941 年 3 月 19 日在重庆秘密成立，当时的名称是“中国民主政团同盟”。民盟历任中央委员会主席为黄炎培、张澜、沈钧儒、杨明轩、史良、胡愈之（代主席）、楚图南、费孝通、丁石孙、蒋树声、张宝文。现任主席丁仲礼。目前，民盟共有成员 33 万余人，省级组织 30 个。

中国民主建国会（简称“民建”），主要由经济界人士组成的。1945 年 12 月 16 日，民建在重庆成立，成员主要是爱国的民族工商业者和有联系的知识分子。民建历任领导人和主席为黄炎培、胡厥文、孙起孟、成思危、陈昌智。现任主席郝明金。目前，民建在全国 30 个省、自治区、直辖市和大中城市都建立了组织，现有成员 21 万余人。

中国民主促进会（简称“民进”），以从事教育文化出版传媒工作

---

① 参见团结报团结网：《请远离，民主党派的“假称谓”！（2021）更新版》，转引自中央统战部网站：http:// www.zytzb.gov.cn/ tzwx/ 352540.jhtml。

② 关于各民主党派成员数，参见国务院新闻办：《中国新型政党制度》白皮书，2021 年 6 月。下同。

的高、中级知识分子为主。民进于1945年12月30日在上海成立，民进创始人是抗日战争时期留居上海的部分文化教育界进步知识分子和工商业者。民进中央历任主席是马叙伦、周建人、叶圣陶、雷洁琼、许嘉璐、严隽琪。现任主席蔡达峰。目前，中国民主促进会在全国29个省、自治区、直辖市建立了地方组织，现有会员18.2万余人。

中国农工民主党（简称“农工党”），以医药卫生、人口资源和生态环境领域高、中级知识分子为主。在我国八个民主党派中，农工党是在大陆成立最早的政党。农工党的前身是“中国国民党临时行动委员会”，由邓演达等于1930年8月9日在上海创立。农工党历届领导人和主席为邓演达、黄琪翔、章伯钧、季方、周谷城、卢嘉锡、蒋正华、桑国卫。现任主席陈竺。目前，农工党在30个省、自治区、直辖市建立了组织，党员数18.4万人。

中国致公党（简称“致公党”），以归侨、侨眷中的中上层人士和其他有海外关系的代表性人士为主组成，是我国现有八个民主党派中成立最早也是唯一在海外成立的参政党。致公党由华侨社团发起，于1925年10月在美国旧金山成立。1947年5月，致公党在香港举行第三次代表大会，进行改组。致公党成立至今，已召开15次全国代表大会，历届中央委员会主席为陈其尤、黄鼎臣、董寅初、罗豪才。现任主席万钢。目前，致公党在全国21个省、自治区、直辖市建立了组织，党员数6.3万余人。

九三学社，以科学技术界高、中级知识分子为主。九三学社前身系“民主科学座谈会”，后为纪念1945年9月3日抗日战争和世界反法西斯战争的伟大胜利，改建为九三学社。1946年5月4日，九三学社成立大会在重庆正式召开。九三学社历任主席为许德珩、周培源、吴阶平、韩启德。现任主席武维华。目前,九三学社共有省级组织 30 个,社员总数 19.5 万余人。

台湾民主自治同盟(简称"台盟"),主要由居住在中国大陆的台湾省人士组成。1947 年 11 月 12 日在香港成立。台盟历届主席为谢雪红、蔡啸、苏子蘅、蔡子民、张克辉、林文漪。现任主席苏辉。目前,台盟在 19 个省份建立了组织,现有盟员 3 300 余名。

在多党合作的政治架构中,民主党派是接受中国共产党领导、同中国共产党通力合作的亲密友党,是中国共产党的好参谋、好帮手、好同事,是中国特色社会主义参政党。民主党派的基本职能是参政议政、民主监督、参加中国共产党领导的政治协商。中国共产党与各民主党派坚持"长期共存、互相监督、肝胆相照、荣辱与共",形成了团结合作、亲密和谐的友党关系,共同致力于中国特色社会主义事业的发展。

三、无党派人士

我国的无党派人士群体是 20 世纪初伴随政党产生而出现的。① "无党派人士"称谓的发展变化也大体经历了"社会贤达"称谓阶段(主要是在新民主主义革命时期)、"无党派民主人士"称谓阶段(新中国成立前后至改革开放前)、改革开放后多种称谓并存阶段、"无党派人士"称谓阶段(2000 年以来)。目前,无党派人士指的是"没有参加任何政党、有参政议政愿望和能力、对社会有积极贡献和一定影响的

① 陈喜庆:《关于无党派人士的几个问题》,中国统一战线理论研究会编:《交流 · 研讨 · 谈心——从无党派人士关注的理论问题谈起》,华文出版社 2009 年版,第 1 页。

人士,其主体是知识分子”。[①]无党派人士参照民主党派履行职能。从新民主主义革命时期到今天,各个阶段的无党派代表人士主要有李鼎铭、郭沫若、马寅初、张奚若、巴金、程思远、阿沛·阿旺晋美、袁隆平、林毅夫等。

第二节 新型政党制度的运行机制

新型政党制度的稳定有序和高效运作、制度功能的有效发挥,与其具有科学合理的运行机制密切相关。制度的运行机制,主要是一个制度内部各要素之间的有机联系和关联活动。新型政党制度的运行机制,是指作为制度要素的各个政党之间的交互活动。[②]这些交互活动主要包括:领导、合作、参政议政、政治协商和民主监督。新型政党制度的实际运行和功能发挥依托领导机制、合作机制、参政议政机制、政治协商机制和民主监督机制来实现。

一、领导机制

在新型政党制度中,中国共产党处于领导和执政地位。中国共产党对民主党派的政治领导,是我国政党制度中关于中国共产党与民主党派关系的一项根本性原则。中国共产党对各民主党派的领导是政治领导,即政治原则、政治方向和重大方针政策的领导。所谓政

① 《中国共产党统一战线工作条例》,《人民日报》2021 年 1 月 6 日,第 1 版。
② 林尚立等:《新中国政党制度研究》,上海人民出版社 2009 年版,第 129 页。

治原则，就是坚持四项基本原则，坚持把习近平新时代中国特色社会主义思想作为全党和全国人民共同团结奋斗的共同思想基础。所谓政治方向，就是共同奋斗目标决定的前进方向，即走建设中国特色社会主义的道路。所谓重大方针政策，就是在坚持这些基本政治原则和政治方向过程中，中国共产党与各民主党派经过充分协商制定的事关全局和长远发展的基本政策，就是指中国共产党提出的关于中国特色社会主义经济、政治、文化、社会、生态文明和祖国统一的基本政策。只要这些政治原则、政治方向、重大方针政策在民主党派得到贯彻落实，就可以说在新型政党制度中实现了中国共产党的政治领导。

实现党的领导的主要方式包括：依靠党的正确路线、方针、政策以及共产党员的先锋模范作用，团结民主党派为实现共同任务而奋斗；通过民主协商及深入细致的思想政治工作，使民主党派理解和接受党的正确主张；坚持团结—批评—团结的方针，在重大是非问题和重大原则问题上，做好政治引导工作，坚持正确的政治方向；尊重民主党派的独立自主，帮助他们解决应该解决的问题，维护党派成员及其所联系的群众的合法利益。

二、合作机制

在长期的实践中，中国共产党与各民主党派形成了亲密合作的关系。

（一）多党合作的主要内容

新型政党制度框架下的多党合作体现在两方面：一方面是围绕

政党关系展开，主要包括中国共产党的领导、中国共产党与各民主党派之间的协商合作和监督、中国共产党对民主党派自身建设发展的支持等；另一方面是围绕相关政治活动展开，主要包括中国共产党和各民主党派在国家政治生活中的合作共事，民主党派履行参政议政、民主监督、参加中国共产党领导的政治协商的相关制度安排等。从新型政党制度的实际运行来看，这两方面的多党合作是相辅相成、同步开展的。具体而言，多党合作的主要内容包括：第一，中国共产党就重大方针政策和重要事务同各民主党派进行政治协商，实行相互监督。第二，各民主党派成员在国家权力机关中占有适当数量，依法履行职权。第三，各民主党派成员担任国家及地方人民政府和司法机关的领导职务；各级人民政府通过多种形式与民主党派联系，发挥他们的参政议政作用。第四，各民主党派通过人民政协参加国家重大事务的协商。第五，中国共产党支持民主党派参加改革开放和社会主义现代化建设等。①

（二）多党合作的基本方针

中国共产党同各民主党派合作的基本方针是“长期共存、互相监督、肝胆相照、荣辱与共”。这十六字方针，分别从时空、作用、关系、责任等方面进一步规范并深化了中国共产党与民主党派“亲密友党”关系，为多党合作的有效运行提供重要保障。

“长期共存”是从时空界限上对中国共产党与各民主党派关系的描述，也就是中国共产党存在多久，民主党派就应存在多久。“互相监督”是对共产党同各民主党派双方之间的责任的阐述，共产党与各

① 《中国的政党制度》（白皮书），转引自杜青林主编：《中共十一届三中全会以来多党合作理论、政策和实践的创新与发展》，华文出版社 2008 年版，第 293 页。

民主党派负有相互监督的政治责任。因为共产党居于领导和执政的地位,互相监督更多地应体现为民主党派监督中国共产党。“肝胆相照”是对共产党同民主党派“亲密友党”关系的精辟概括,它表明各民主党派与中国共产党亲密无间,彼此坦诚、互相信任,互做诤友、挚友。“荣辱与共”是对中国共产党同民主党派在我国政治社会生活中的命运的描述。它表明,中国共产党和民主党派的命运紧密联系在一起,都以国家之兴为荣,以国家之衰为辱,共产党同民主党派之间是一种荣辱与共、生死相依的密切关系。

三、参政议政机制

民主党派和无党派人士参政的基本点是“一个参加,三个参与”,即参加国家政权,参与重要方针政策、重要领导人选的协商,参与国家事务的管理,参与国家方针政策、法律法规的制定和执行。与此相应,新型政党制度中的参政议政机制主要包括如下内容。

(一)民主党派和无党派人士在人大发挥作用

1989 年发布的《中共中央关于坚持和完善中国共产党领导的多党合作和政治协商制度的意见》规定:“人民代表大会是我国人民行使国家权力的机关,也是民主党派成员、无党派人士参政议政和发挥监督作用的重要机构。”①民主党派成员可以经过法定的选举程序,进入各级人大,参与国家大政方针的制定,参与国家及地方领导人选的

① 《中共中央关于坚持和完善中国共产党领导的多党合作和政治协商制度的意见》,转引自杜青林主编:《中共十一届三中全会以来多党合作理论、政策和实践的创新与发展》,华文出版社 2008 年版,第 248 页。

选举,参与国家事务的管理,参与法律法规的制定与执行。“要保证民主党派成员、无党派人士在全国人大代表、人大常委会委员和人大常设专门委员会委员中占有适当比例,并可聘请有相应专长的民主党派成员、无党派人士担任专门委员会顾问。在省、自治区、直辖市的人大中应保证民主党派成员、无党派人士占适当比例。在市、州、县人大中应保证无党派人士占适当比例。在有民主党派组织的市、州、县应保证民主党派成员在人大中占适当比例。”“中共人大党组成员应与担任人大领导职务的民主党派和无党派人士经常交流情况,沟通思想,交换意见。”“人大、人大常委会在组织关于特定问题的调查委员会,人大各专门委员会在组织有关问题的调查研究时,吸收人大代表中的民主党派成员和无党派人士参加,并可聘请民主党派、无党派的专家。”①

2005 年发布的《中共中央关于进一步加强中国共产党领导的多党合作和政治协商制度建设的意见》规定:“要保证民主党派成员和无党派人士在各级人大代表、人大常委会委员和人大专门委员会委员中占有适当比例,在各级人大领导班子成员中有适当数量。在全国和省级人大常委会中应有民主党派成员或无党派人士担任副秘书长。”②

《中国共产党统一战线工作条例》进一步强调:“党外代表人士在

---

① 《中共中央关于坚持和完善中国共产党领导的多党合作和政治协商制度的意见》,转引自杜青林主编:《中共十一届三中全会以来多党合作理论、政策和实践的创新与发展》,华文出版社 2008 年版,第 248 页。

② 《中共中央关于进一步加强中国共产党领导的多党合作和政治协商制度的意见》,转引自杜青林主编:《中共十一届三中全会以来多党合作理论、政策和实践的创新与发展》,华文出版社 2008 年版,第 257 页。

各级人大代表、人大常委会委员和人大专门委员会主任委员、副主任委员以及委员中应当保持适当比例；全国人大常委会副委员长、县级以上地方各级人大常委会副主任中应当有适当数量的党外代表人士；全国和省级人大常委会中应当有民主党派成员或者无党派人士担任专职副秘书长。”①

（二）民主党派和无党派人士参加、参与政府和司法机关工作

1. 选拔任用民主党派和无党派人士担任国家、政府和司法机关领导职务

2000年《中共中央关于加强统一战线工作的决定》、2005年5号文件、2006年15号文件、2012年4号文件等规范性文件都对相关政策作出了规定。主要包括：“省级、副省级城市和其他省会城市政府领导班子要配备党外干部，市、县政府领导班子配备党外干部要有所增加”；“国务院有关部委领导班子配备党外干部的数量要逐步提高”；“重点在涉及行政执法监督、与群众利益密切相关、密切联系知识分子、专业技术强的政府工作部门领导班子中选配党外人士担任领导职务，符合条件的可以担任正职”②；“各省区市可明确需要选配党外干部的工作部门的适当比例”③；“各级法院、检察院要加大力度选配符合任职条件的党外干部担任领导职务”；等等。《中国共产党

① 《中国共产党统一战线工作条例》，《人民日报》2021年1月6日，第1版。

② 从实践看，重点配备党外干部的部门主要包括：教育、科技、监察、民政、司法、人力资源和社会保障、国土资源、环境保护、审计等政府工作部门；工商、质监、商务、体育、安全生产、统计、林业、知识产权等部门和机构；参事室、科学院、社科院、工程院、发展研究中心、地震、气象、银监会、证监会、保监会、海洋、测绘、文物、食品药品监督管理、中医药管理等直属机构、事业单位。

③ 2004年，中央组织部和中央统战部召开第二次全国党外干部安排工作会议，明确选配党外干部的政府工作部门不少于1/4。

统一战线工作条例》充分吸收了上述规定的主要精神和内容，并在此基础上又有新的发展。例如，将应当在地方政府领导班子中配备党外干部的范围，从2012年4号文件规定的“省级、副省级城市和其他省会城市”扩展至“省、市两级”。再如，在继续强调“符合条件的党外干部可以担任政府部门(单位)行政正职”这一原则的同时，明确规定“各省(自治区、直辖市)在政府组成部门中应当配备2名左右党外正职”。[①]这是中共正式文件当中第一次对党外正职安排作出具体的数量规定。所有这些，都有力推动了全国选拔任用党外干部工作向前发展。

2. 加强民主党派与政府及司法机关的工作联系

《中共中央关于进一步加强中国共产党领导的多党合作和政治协商制度的意见》规定，要“加强政府同民主党派的联系”。主要方式包括:(1)各级政府召开会议讨论工作时，可视需要邀请有关民主党派列席。(2)政府部门和司法机关委托民主党派就有关问题进行调查研究，或者进行联合调研，提出意见建议。(3)民主党派就各级政府拟提交人大审议的政府工作报告、重大政策措施和重大建设项目提出意见建议。按照惯例，每年全国“两会”前，国务院总理都会主持召开党外人士座谈会，听取民主党派和无党派代表人士对拟提交全国人大审议的政府工作报告的意见建议。(4)民主党派应邀参加政府组织的廉政建设、社会治安综合治理和规范市场经济秩序等专项检查和执法监督工作。尤其是廉政建设方面的检查督查活动，中纪委、中央统战部、监察部曾联合下发专门文件，要求向民主党派通报党风廉政建设和反腐败工作情况并听取意见，以及邀请民主党派参

① 《中国共产党统一战线工作条例》，《人民日报》2021年1月6日，第1版。

加党风廉政建设专项检查。[①](5)政府部门与民主党派建立对口联系。(6)吸收有较深专业造诣的民主党派成员参加参事室和文史馆工作，发挥其决策咨询作用。(7)政府部门及司法机关聘请民主党派成员担任特约人员。(8)法院和检察院每年定期向民主党派通报工作情况，听取意见建议。

（三）民主党派和无党派人士在人民政协中参政议政

民主党派成员在各级政协的委员、常委、领导班子成员和专委会委员中占有较大比例。人民政协作为统一战线的组织形式，自成立以来，就确立了以党外人士为主的惯例。从1983年六届全国政协起，民主党派和无党派人士在政协委员和常委中所占比例一直高于中共党员。除六届全国政协民主党派和无党派人士占政协委员的比例为57%外，之后历届基本都保持在60%以上。[②]《中共中央关于进一步加强中国共产党领导的多党合作和政治协商制度的意见》要求，“民主党派成员和无党派人士等在各级政协中占有较大比例”，并提出了明确的比例要求：在换届时，政协委员不少于60%，政协常委不少于65%，政协副主席不少于50%（此项要求不包括民族自治地方）。[③]同时要求：民主党派成员和无党派人士在政协各专门委员会负责人中

① 《中共中央纪委、中共中央统战部、监察部关于向民主党派通报党风廉政建设和反腐败工作情况、邀请民主党派参加党风廉政建设专项检查的实施意见》(2006年2月6日)，人民网-中国共产党新闻网，http://cpc.people.com.cn/BIG5/64162/71380/102565/182147/11002928.html。

② 张忆军：《风雨同舟七十年——中国共产党与民主党派关系史》，学林出版社2001年版，第594—596页。

③ 《中共中央关于进一步加强中国共产党领导的多党合作和政治协商制度的意见》，转引自杜青林主编：《中共十一届三中全会以来多党合作理论、政策和实践的创新与发展》，华文出版社2008年版，第257页。

应有适当数量,在委员中应占有适当比例;政协机关中要有一定数量的民主党派成员和无党派人士担任专职领导职务,其中在全国政协至少有一位专职副秘书长。[①]上述规定都写入了《中国共产党统一战线工作条例》中。《条例》还要求省级政协中也应当有民主党派和无党派人士担任专职副秘书长。各民主党派在政协的各种会议上以本党派名义发表意见,开展视察、提出提案、举报、反映社情民意以及参与调查和检查活动的权利得到充分尊重和保障。[②]

四、政治协商机制

政治协商是新型政党制度的重要内容,是协商民主在政党制度领域的体现和运用。中国共产党就国家重大方针政策和重要事务,在决策前和决策执行过程中与各民主党派、无党派人士进行协商,是实行科学决策、民主决策、提升党的执政能力的重要制度安排。目前,新型政党制度中的政治协商以中国共产党同各民主党派的协商、中国共产党在人民政协同各民主党派和各界人士的协商为两种重要形式。同时,在中国共产党的领导和支持下,民主党派和无党派人士参与人大协商、政府协商以及其他方面的协商也在不断丰富和发展。

(一)政党协商

政党协商是中国共产党同民主党派基于共同的政治目标,就党和国家重大方针政策和重要事务,在决策之前和决策实施之中,直接

---

① 《中共中央关于进一步加强中国共产党领导的多党合作和政治协商制度的意见》,转引自杜青林主编:《中共十一届三中全会以来多党合作理论、政策和实践的创新与发展》,华文出版社 2008 年版,第 258 页。

② 《中国共产党统一战线工作条例》,《人民日报》2021 年 1 月 6 日,第 1 版。

进行政治协商的重要民主形式。政党协商是新型政党制度的重要内容。无党派人士是政治协商的重要组成部分，参加政党协商。工商联是具有统战性的人民团体和商会组织，参加政党协商。

1. 政党协商的主要内容

政党协商的主要内容包括：中国共产党全国和地方各级代表大会、党中央和地方各级党委有关重要文件的制定、修改；宪法的修改建议，有关重要法律的制定、修改建议，有关重要地方性法规的制定、修改建议；人大常委会、政府、政协领导班子成员和监察委员会主任、法院院长、检察院检察长建议人选；关系统一战线和多党合作的重大问题。

2. 政党协商的主要形式

根据2015年中共中央办公厅印发的《关于加强政党协商的实施意见》[①]，政党协商主要有以下几种形式：

一是会议协商。以中央层面为例，具体包括：(1)专题协商座谈会。由中共中央主要负责同志主持召开，就党和国家重要方针政策、事关全局的重大问题进行协商，一般每年4—5次。(2)人事协商座谈会。由中共中央负责同志主持召开，就重要人事安排在酝酿阶段进行协商。(3)调研协商座谈会。由中共中央负责同志主持召开，主要就民主党派中央的重点考察调研成果及建议进行协商，邀请有关部门参加，一般每年2次。(4)其他协商座谈会。由中共中央负责同志或委托中共中央统战部主持召开，通报重要情况，听取意见建议。

二是约谈协商。以中央层面为例，具体包括：中共中央负责同志或委托中共中央统战部，不定期邀请民主党派中央负责同志就共同

① 中办印发《关于加强政党协商的实施意见》，《人民日报》2015年12月11日，第1版。

关心的问题开展小范围谈心活动，沟通情况、交换意见。民主党派中央主要负责同志可约请中共中央负责同志个别交谈，就经济社会发展以及参政党自身建设等重要问题反映情况、沟通思想。

三是书面协商。以中央层面为例，具体包括：中共中央就有关重要文件、重要事项书面征求民主党派中央的意见建议，民主党派中央以书面形式反馈。民主党派中央以调研报告、建议等形式直接向中共中央提出意见和建议。民主党派中央负责同志可以个人名义向中共中央和国务院直接反映情况、提出建议。

（二）政协协商

中国人民政治协商会议是中国人民爱国统一战线的组织，是中国共产党领导的多党合作和政治协商的重要机构，是我国政治生活中发扬社会主义民主的重要形式，是国家治理体系的重要组成部分，是具有中国特色的制度安排。中国特色社会主义协商民主赋予了人民政协丰富而又深刻的政治内涵；人民政协则是中国特色社会主义协商民主的一种制度体现。习近平总书记指出："协商民主是党领导人民有效治理国家、保证人民当家作主的重要制度设计，同选举民主相互补充、相得益彰。人民政协在协商中促进广泛团结、推进多党合作、实践人民民主，既秉承历史传统，又反映时代特征，充分体现了我国社会主义民主有事多商量、遇事多商量、做事多商量的特点和优势。"①

人民政协协商民主是在中国共产党领导下，参加人民政协的各党派团体、各族各界人士履行政治协商、民主监督、参政议政职能，围绕改革发展稳定重大问题和涉及群众切身利益的实际问题，在决策

① 《习近平谈治国理政》第 3 卷，外文出版社 2020 年版，第 295 页。

之前和决策实施之中广泛协商、凝聚共识的重要民主形式。中国人民政治协商会议由34个界别组成,包括中国共产党、各民主党派、无党派人士以及各界代表人士。中国人民政治协商会议根据中国共产党同各民主党派和无党派人士"长期共存、互相监督、肝胆相照、荣辱与共"的方针,促进参加中国人民政治协商会议的各党派、无党派人士的团结合作,充分体现和发挥我国社会主义新型政党制度的特点和优势。

政协协商的主要内容包括:国家和地方的大政方针以及政治、经济、文化和社会生活中的重要问题;各党派参加人民政协工作的共同性事务,政协内部的重要事务以及有关爱国统一战线的其他重要问题。

政协协商的主要形式包括:政协全体会议协商,专题议政性常务委员会会议协商,专题协商会,双周协商座谈会,对口协商,界别协商,提案办理协商等。此外,在实践中探索和拓展的形式还有:政协在党委和政府重大决策形成过程中及时召开专题座谈会,有关方面负责同志到会听取意见建议;在视察、考察、专题调研等活动中开展协商;通过视察报告、调研报告、提案、建议案等形式开展协商;整合网络资源,探索网络议政、远程协商等新形式。

总的来看,新型政党制度中的政治协商在运行中呈现出以下特点:一是协商内容的政治性。民主党派、无党派人士在中国共产党领导下围绕国家、地区发展的重大问题展开广泛协商。二是协商形式的民主性。协商通常以会议等形式进行,在协商过程中,民主党派、无党派人士可以畅所欲言,充分发表意见。三是协商程序的规范性。依据中办印发的《关于加强政党协商的实施意见》(2015年)、《关于加强人民政协协商民主建设的实施意见》(2015 年)等文件的规定,政治协商从协商议题的提出,到协商形式的确定,再到协商成果的转化等都有着相应的规范。四是协商深度嵌入国家治理过程。政治协商被纳入决策程序,协商在重大决策前和决策执行中广泛开展,使得协商深度嵌入了国家治理过程。

五、民主监督机制

中国共产党和各民主党派实行互相监督。中国共产党处于领导和执政地位,更需要自觉接受民主党派的监督。民主党派和无党派人士的民主监督是指在坚持四项基本原则的基础上,通过提出意见、批评、建议的方式对中国共产党进行的政治监督。

(一)民主监督的原则

《中共中央关于坚持和完善中国共产党领导的多党合作和政治协商制度的意见》明确规定了发挥民主党派监督作用的总原则:在四项基本原则的基础上,发扬民主,广开言路,鼓励和支持民主党派与无党派人士对党和国家的方针政策、各项工作提出意见、批评、建议,做到知无不言、言无不尽,并且勇于坚持正确的意见。[①]

(二)民主监督的内容和形式

根据《中共中央关于进一步加强中国共产党领导的多党合作和政治协商制度的意见》的规定,民主党派民主监督的内容主要是:国

① 《中共中央关于坚持和完善中国共产党领导的多党合作和政治协商制度的意见》,转引自杜青林主编:《中共十一届三中全会以来多党合作理论、政策和实践的创新与发展》,华文出版社 2008 年版,第 246 页。

家宪法和法律法规的实施情况；中国共产党和政府重要方针政策的制定和贯彻执行情况；党委依法执政及党员领导干部履行职责、为政清廉等方面的情况。①

民主党派开展民主监督的形式主要有：在政治协商中提出意见；在深入调查研究的基础上，向党委及其职能部门提出书面意见；人大及其常委会和各专门委员会在组织有关问题的调查研究时，可邀请民主党派成员和无党派人士参加；通过在政协大会发言和提出提案、在视察调研中提出意见或其他形式提出批评和建议；参加有关方面组织的重大问题调查和专项考察等活动；应邀担任司法机关和政府部门的特约人员等。②

近年来，中共中央及有关省级党委积极探索创新，支持各民主党派开展专项监督。中央扶贫开发工作会议后，中共中央明确八个民主党派中央分别对口 8 个中西部省区，就贫困人口精准识别、精准脱贫等情况开展民主监督。2016 年、2017 年、2018 年、2019 年，八个民主党派上海市委受中共市委委托，对 16 个区“五违四必”环境综合整治、《上海市食品安全条例》贯彻落实、建设具有全球影响力的科技创新中心有关人才政策贯彻落实情况、《关于全面提升民营经济活力大力促进民营经济的若干意见》(27 条)开展专项民主监督，各民主党派市委由主要领导带队，组织力量到对口区和委办，通过开展实地调研、召开座谈会、现场走访、查阅资料、个别访谈等形式了解核实情况，提出问题和整改意见，并向相关单位反馈。专项民主监督实践取

①② 《中共中央关于进一步加强中国共产党领导的多党合作和政治协商制度的意见》，转引自杜青林主编：《中共十一届三中全会以来多党合作理论、政策和实践的创新与发展》，华文出版社 2008 年版，第 259 页。

得良好效果。

第三节　新型政党制度的主要功能

新型政党制度在中国政治生活中发挥着政治参与、利益表达、社会整合、民主监督、维护稳定等重要功能。

一、政治参与功能

政治参与是指“普通公民通过各种合法方式参加政治生活，并影响政治体系的构成、运行方式、运行规则和政策过程的行为”。[①]在现代民主政体中，国家的一切权力属于人民。要体现人民当家作主的民主政治要义，就离不开畅通人民参与政治的渠道，实现人民政治参与的权利，体现人民群众在国家事务管理中的地位和作用。因此，政治参与是民主政治的核心要件，对于民主政治的建立、巩固、发展有着极其重要的意义。实现人民群众对政治生活更为广泛有效地参与是现代民主政治建设的内在要求，政治参与的广度、深度、效度在某种程度上直接反映着民主政治建设的情况。

值得注意的是，在扩大政治参与的同时，政治制度化建设水平必须能够适应参与扩大化带来的压力，将政治参与控制在秩序的范围内。政治参与的扩大有利于人民群众更加充分地表达自己的利益意愿和诉求，有利于切实维护和实现人民的民主权利，也有利于提升人

① 王浦劬：《政治学基础》（第4版），北京大学出版社2018年版，第207页。

民群众对国家政治体系的信任度、认同感和归属感等。但是，如果没能将日益扩大的政治参与纳入制度化渠道，极可能会对政治体系造成冲击，引发政治不稳定，这对于发展中国家尤为如此。在改革和发展的过程中，社会群体日益分化，人们的政治参与意识和参与热情不断增强，如何审慎、有效地应对可能出现的“参与爆炸”，是发展中国家在政治发展过程中需要面对的重大课题。要调和现代化过程中政治参与扩大化与政治制度化之间的张力，离不开政党制度。“组织政治参与扩大的首要制度保证是政党及政党体系。”①“政党组织着政治参与，政党体系影响政治参与扩展的速率。”②

新型政党制度对于拓宽公民有序政治参与的渠道，保障和落实人民当家作主的政治权利有着重要的作用。

（一）提供广泛参与渠道

中国共产党、民主党派作为政党组织，组织政治参与是其重要任务。中国共产党是执政党，有着 9 500 多万党员，超过 486 万个基层党组织，成为广大党员及所联系的广大群众参与政治生活的重要渠道。③民主党派是进步性和广泛性相统一的政治联盟性质的政党，在各自所联系的群众中有着广泛、深厚的社会基础。“各民主党派的成员来自不同的社会阶层和群体，负有更多地反映和代表它们所联系的各部分群众的具体利益与要求的责任。”④

---

① [美]塞缪尔·P.亨廷顿：《变革社会中的政治秩序》，王冠华，刘为等译，沈宗美校，上海人民出版社 2008 年版，第 333 页。

② 同上书，第 335 页。

③ 《中国共产党党内统计公报》，《人民日报》2021 年 7 月 1 日，第 5 版。

④ 中共中央统战部研究室：《全国统战工作会议精神学习问答》，华文出版社 2001 年版，第 75 页。

新型政党制度提供着多样化的政治参与渠道。如中国共产党、民主党派、无党派人士之间可以直接进行政治协商；民主党派、无党派人士可以通过人大、政协等平台参政履职；一些民主党派、无党派人士能够在行政或司法部门的任职，直接参与国家事务的管理等等。新型政党制度内含的这些政治参与渠道，有力地保证了政治参与的广度和深度。

（二）保障有序政治参与

新型政党制度具有“领导和执政力量的一元性”和“合作和参与主体多元性”的结构性特征。在这一制度框架下，中国共产党是唯一的领导党和执政党，八个民主党派是与中国共产党通力合作的中国特色社会主义参政党。

在中国这样一个幅员辽阔、地域发展不平衡、有着多种民族和宗教的发展中国家开展现代化的进程，需要一个强大的领导核心凝聚全社会的力量，共同投身现代化建设事业。中国共产党始终代表着最广大人民的根本利益。中国共产党与人民群众的广泛、紧密的联系，能够使社会不同阶层和群体的利益意愿和诉求得到充分反映的机会。中国共产党领导核心作用的发挥和通过多样的政治参与渠道引导和吸纳不同社会群体的政治参与，使政治参与保持在政治体系能够承受的秩序范围之内，避免可能出现的“参与爆炸”影响政治稳定。

各民主党派等多元主体的合作和参与，能够将不同党派所联系的那部分群体的利益意愿和诉求通过多党合作的渠道得到表达，优化执政党和政府的决策，推动决策的科学化、民主化，更加充分地体现人民当家作主的社会主义民主政治的本质特征。

同时，政治社会化功能是政党组织所具有的基本政治功能之一。中国共产党和各民主党派组织通过发挥强大的政治社会化功能，教育、引导着党员和所联系的广大群众，运用合法合规的渠道和方式参与社会政治生活，表达利益意愿和诉求。

综上所述，新型政党制度一方面为社会不同阶层和群体等提供了广泛的、组织化和制度化的政治参与渠道，将不同的社会政治力量纳入政治体系，保证了参与的广度和深度，巩固和扩大了人民民主专政的社会基础；另一方面，又通过政党组织和相关制度安排，对政治参与起到有效的引导、协调和规范作用，保证了政治参与在扩大的同时，能够保持参与的渐进、平稳和有序，提升了政治参与的实效。

二、利益表达功能

作为利益表达，就是指公民表达自己的利益意愿和诉求。利益表达是人民民主权利的重要组成部分，如果人民不能合法、充分地表达自己的利益意愿和诉求，政权的民主性质就无法体现。从现代民主政治的整个运行过程来看，通过利益表达实现对政治系统的有效"输入"，对于公共决策的科学化、民主化，巩固和增进民众对政治体系的认同，提升政治体系的合法性水平，都起着重要作用。

任何时代、任何国家、任何社会，由于人们之间利益差异的存在，就有利益表达的需求。在我国，人民的根本利益是一致的，但也不可否认、不容忽视的是社会不同阶层、群体、个体之间存在着具体利益的差别乃至矛盾。随着改革开放的深入发展和利益关系的调整与变迁，不同阶层、群体、个体之间具体利益的差别和矛盾可能会持续出现乃至不断强化。对于利益差异，不能视而不见，更不能一味压制，而是应该通过搭建广泛、畅通的利益表达的渠道，给予各种利益充分表达的机会，在此基础上实现不同阶层、群体、个体利益的协调与整合。

政党是一定阶级、阶层或集团的利益代表者，利益表达是政党组织和政党制度的基本功能。不过政党组织并不仅仅是自己所联系的那部分群体多元的、零散的乃至碎片化的利益意愿和诉求的"传声筒"，而是在政党制度运行过程中，通过政党组织将自己所联系的那部分群体的利益意愿和诉求综合起来变成政党的主张，通过政治参与输入政治系统，影响相关公共决策的生成、变更等。

利益表达是新型政党制度的一个基本功能，也是其一项重要优势。

（一）中国共产党具有利益表达的独特优势

中国共产党是领导党和执政党，在发挥利益表达作用方面有着独特地位和优势。首先，从指导思想和执政理念来看，中国共产党始终代表最广大人民的根本利益，中国共产党的理论、路线、纲领、方针、政策和各项工作都坚持以人民利益为出发点和落脚点。从中国共产党的组织性质和成员构成来看，中国共产党是工人阶级、中国人民和中华民族的先锋队，具有鲜明的先进性和广泛的代表性。因此，中国共产党能够有效吸引并广泛吸纳不同民族、不同阶层、不同群体的先进分子加入组织，与社会各族各界群众建立广泛、深入的联系，使之能够通过中国共产党的渠道表达利益意愿和诉求。其次，从组织运作上来看，中国共产党坚持"一切为了群众、一切依靠群众、从群众中来、到群众中去"的群众路线和民主集中制原则，始终坚持倾听、反映和回应人民群众的关切，通过民主集中制原则对分散的社会利益予以有机整合。第三，从利益表达和实现的渠道和平台来看，中国共产党通过召开党的代表大会、党委会、常委会以及党的有关部门的工作，将人民群众的利益意愿和要求体现在党的理论、路线、纲领、方针、政策和各项工作中，并在必要时依法通过国家权力机关上升为国家意志。

（二）民主党派在利益表达方面具有特殊作用

各民主党派和中国共产党在目标追求上是一致的，具有广泛的共同利益。但在实现社会利益最大化的过程中，需要各民主党派着重代表自己所联系的那部分群体的具体利益，以满足社会群体多样化的利益表达需求。民主党派进行利益表达不仅是代表和维护自己所联系的那部分群体的利益，也是帮助中国共产党了解社会多元化的利益意愿和诉求，帮助中国共产党执好政、掌好权。尤其是随着社会转型不断深入，新的社会阶层和群体不断涌现，这部分新兴社会力量未必能够及时纳入政治体系中去，各民主党派作为中国共产党的亲密友党，能够帮助中国共产党查缺补漏，及时反映社会上新兴力量的利益表达意愿和利益诉求。

中国新型政党制度通过民主党派作为中国特色社会主义参政党的政治定位，民主党派参政议政、民主监督、参加中国共产党领导的政治协商等相关制度安排，为民主党派的利益表达功能实现提供了制度化、规范化的渠道。比如，民主党派通过参政议政和参加中国共产党领导的政治协商，一方面直接代表和反映自己所联系的那部分群体的具体利益；另一方面，也通过参政和协商的过程，促进了不同社会群体利益之间的协调，寻求了社会利益分配的“最大公约数”。

综上所述，中国共产党代表最广大人民的根本利益，各民主党派代表和反映自己所联系那部分群体的具体利益。在重大方针、政策制定过程中，中国共产党和各民主党派在意见充分表达的基础上，开展广泛协商后作出决策。这样的制度安排，既发扬了民主又实现了集中，既尊重了多数又照顾了少数，实现人民群众的长远利益、根本利益、共同利益与社会不同群体的眼前利益、具体利益、特殊利益的有机统一。

三、社会整合功能

社会整合，是“社会不同的因素、部分结合为一个统一、协调整体的过程和结果。亦称社会一体化”。[①]社会转型是传统社会向现代社会转化的过程。在社会转型的过程中，由于社会群体分化加剧，旧的制度规范、价值体系逐渐失效，新的制度规范、价值体系尚未成熟定型，因此，利益分化、价值冲突、信仰迷失、行为失范就成为转型社会的重要特征。自鸦片战争以来，中国逐渐开启向现代社会转型之路，社会整合就成为推动中国现代化转型的迫切需要。

在现代社会，通过政府、政党和社会组织进行社会整合，是最基本、最普遍的途径。“无论政体结构如何，政党有助于把一些地方社团整合到一个国家中。”[②]尤其对当下的中国而言，新型政党制度具有战略意义的社会整合功能。中国特色社会主义现代化建设的任务十

---

① 中国大百科全书总编辑委员会《社会学》编辑委员会、中国大百科全书出版编辑部：《中国大百科全书·社会学》，中国大百科全书出版社 1991 年版，第 351 页。

② [美]西摩·马丁·李普塞特：《一致与冲突》，张华青等译，上海人民出版社 1995 年版，第 137 页。

分艰巨，要求相关制度安排能够具备强大的社会整合功能，从而凝心聚力，引导和组织社会朝着现代化建设的目标前进。通过政党组织向社会传达党的意志和主张、赢取民众的支持和认同实现意识形态整合；通过组织吸纳，提供合法的、制度化的利益表达和政治参与渠道实现政治资源整合；通过利益表达、协调不同群体的利益关系、维护所联系的群体的合法权益实现利益关系整合。

（一）意识形态整合

随着全球化、市场化、信息化的深入发展，转型中国的社会结构深刻变动、利益格局深刻调整、思想观念深刻变化，社会思想逐渐多元化。一些消极、落后、错误的社会思潮，如民粹主义、功利主义、无政府主义等思想，对社会大众具有一定的潜移默化的腐蚀作用。如何坚守意识形态阵地，通过意识形态工具为多元化的社会提供核心的价值规范，凝聚社会共识，增进政治认同，就成为转型中国政治发展过程中一项重要任务。坚持以马克思列宁主义、毛泽东思想、邓小平理论、“三个代表”重要思想、科学发展观、习近平新时代中国特色社会主义思想为指导，坚持四项基本原则，是中国共产党、各民主党派在长期的多党合作实践中形成并坚守的政治共识和行为准则。这就为社会提供了具有主导地位的主流意识形态，有利于社会不同群体、阶层、个体的思想观念的统一和共识的形成。因此，新型政党制度有着重要的意识形态整合功能。也正是在这个意义上，习近平总书记在2021年与党外人士共迎新春时希望各民主党派、工商联和无党派人士，要协助政府做好凝聚共识等工作，“要不断提高政治判断力、政治领悟力、政治执行力，引导广大成员和所联系的群众不断增进对中国共产党领导和中国特色社会主义的政治认同、思想认同、理论认同、情感认同，始终保持同中国共产党同心同德、团结奋斗的政治本色”。①

（二）政治资源整合

政治资源是能够有效实现政治目的的各种政治要素的集合。它包括各种政治机构，也包括政治理念和人才。中国地域广袤、人口众多，不同地区的经济社会发展状况存在较大差异，这些基本国情决定了中国政治资源的丰富性、多样性和复杂性。改革开放以来，伴随着经济体制、经济结构和社会形态的变化，社会阶级阶层结构也变得越来越多样化、复杂化。随着市场化、全球化、信息化等多重影响交织叠加，社会变革不断加速，社会群体的分层分化也更为迅速。宏观上来说，“群众”面貌和内在构成发生了极大变化；微观上来说，“群众”个体的分布日趋弥散化，其思想观念、价值取向以及利益意愿和诉求更加复杂、多元等。尤其是伴随着社会的变革和发展，新兴的社会力量层出不穷，新兴社会力量的出现必然有自己的独特利益意愿和诉求，这就对新型政党制度开发、利用、整合各类政治资源整合的能力提出了新的更高的要求。

如何能够做到对各类政治资源的有效整合，将以新的社会阶层人士为代表的新兴社会力量紧密团结在中国共产党周围，共同致力于中国特色社会主义建设事业，就成为重要的时代课题。历史和实践证明，对新兴社会力量实现组织化整合的一个主要途径就是政党和有代表性的社团。②中国共产党、各民主党派、无党派人士广泛涉及

① 《习近平同党外人士共迎新春》，《人民日报》2021 年 2 月 2 日，第 1 版。

② 姚俭建：《新社会阶层代表性组织的培育和和谐社会的构建》，《上海市社会主义学院学报》2006 年第 1 期，第 54 页。

各领域、各阶层的人民群众，已成为实现社会整合的基础性力量。通过政党组织以及政党相关外围组织，中国共产党建构起一个政党最广泛地联系社会、最大程度地整合社会的同心圆结构的社会整合体系，为中国共产党不断调整适应纷繁变化的社会情况，吸纳整合层出不穷的社会新力量，提供了组织基础和保障。①

（三）利益整合

理论上来说，多元化的利益存在为不同政党的诞生和发展提供着社会基础。无论是中国共产党还是各民主党派，首先是作为一个政党而存在的，都是特定阶级、阶层或集团的利益代表，具有利益表达和利益综合这些基本的功能。因此，政党制度的一个基本的、重要的功能就是实现不同政党、阶级、阶层或集团的利益的有机整合。“成熟的政党制度在功能上不仅体现了不同政党之间的差别关系，而且是政党之间温和的黏合剂，一头连接着社会因利益分化而带来的冲突，另一头又能把各种冲突的社会利益进行整合。其中，能否整合分化的社会利益和冲突，是评价政党制度功能状况的重要标志。”②中国新型政党制度，一方面为多元化的利益群体提供了制度化的利益表达渠道，避免了利益表达的无序和混乱。另一方面，又通过政党组织和民主协商等形式，实现充分的利益表达基础上的利益整合。中国共产党代表着最广大人民的整体利益和根本利益，各民主党派代表和反映自己所联系的那部分群体的具体利益，中国共产党与各民主党派通过新型政党制度提供的广泛合作和深入协商等，形成社会

① 林尚立：《轴心与外围：共产党的组织网络与社会整合》，《复旦政治学评论》2008 年第 11 期，第 340—358 页。

② 王庆兵：《利益整合：政党制度发展的首要功能》，《天津社会科学》2007 年第 1 期，第 64 页。

利益关系整合的合力。

四、民主监督功能

人民当家作主是社会主义民主政治的本质特征。“在人民当家作主的社会主义国家,民主和监督是相辅相成、辩证统一的。没有民主,就没有真正的监督,没有监督,也不可能有真正的民主。”[①]民主政治的有效运行、公权力的规范和公民权利的保障都离不开有效的监督。

中国新型政党制度框架下的民主监督是中国共产党与各民主党派之间的互相监督。这种监督有自身鲜明的特点和优势:首先,这种监督是在坚持四项基本原则的基础上进行的政党之间的监督,其目的是更好地致力于共同事业。这与西方政党制度中反对党和在野党以执政党为对立面搞权力制衡有着本质的区别。其次,这种监督是政党之间的政治监督。监督的主要内容是党和国家的重大方针政策和重大问题,具有高层次性等特点。第三,这种监督是通过提出意见、批评、建议的方式进行,不同于国家权力机关的监督和行政、司法监督,不具备国家权力性质和法律约束力,同时又具有自己的独特优势和作用,和国家权力机关的监督以及其他监督相互配合,相互补充,共同构成我国的社会主义监督体系。

当然,在中国,由于中国共产党是执政党,肩负着领导中国社会主义现代化建设的重任,民主党派是参政党,中国新型政党制度中的“监督”必然体现为“主要是民主党派监督共产党”。邓小平曾在《共

---

① 李铁映:《论民主》,中国社会科学出版社 2001 年版,第 202 页。

产党要接受监督》的讲话中指出："我们党是执政的党，威信很高。我们大量的干部居于领导地位。在中国来说，谁有资格犯大错误？就是中国共产党。犯了错误影响也最大。因此，我们党应该特别警惕。宪法上规定了党的领导，党要领导得好，就要不断地克服主观主义、官僚主义、宗派主义，就要受监督，就要扩大党和国家的民主生活。如果我们不受监督，不注意扩大党和国家的民主生活，就一定要脱离群众，犯大错误。"①所谓监督来自三个方面：第一，是党的监督。第二，是群众的监督。第三，是民主党派和无党派民主人士的监督。②

以习近平同志为核心的中共中央高度重视民主监督问题。习近平自担任党和国家最高领导人以来，在不同场合多次提到毛泽东和黄炎培在"窑洞对"中讨论的"历史周期律"问题，要求继续加强民主监督，并从制度上保障和完善民主监督，探索开展民主监督的有效形式。

2016 年，习近平总书记 4 次参加党外人士座谈会，每一次都强调要发挥民主党派的监督作用。中国共产党和国家最高领导人如此高频度地谈民主监督问题，在历史上也是不多见的。十八届六中全会通过的《中国共产党党内监督条例（试行）》在制度设计上明确了民主监督与中共党内监督的衔接问题，要求"支持民主党派履行监督职能，重视民主党派和无党派人士提出的意见、批评、建议，完善知情、沟通、反馈、落实等机制"。③在 2017 年的党外人士迎春座谈会上，习近平总书记强调指出："虚心公听，言无逆逊，唯是之从"，这是执政党应有的胸襟；"凡议国事，惟论是非，不徇好恶"，这是参政党应有的担

① 《邓小平文选》第 1 卷，人民出版社 1994 年版，第 270 页。
② 同上书，第 270—271 页。
③ 《中国共产党党内监督条例》，《人民日报》2016 年 11 月 3 日，第 6 版。

当。[①]参政党一个重要职责就是让执政党听到各方面声音，特别是批评的意见。

中共十九届四中全会强调，要"贯彻长期共存、互相监督、肝胆相照、荣辱与共的方针，加强中国特色社会主义政党制度建设，健全相互监督特别是中国共产党自觉接受监督、对重大决策部署贯彻落实情况实施专项监督等机制，完善民主党派中央直接向中共中央提出建议制度，完善支持民主党派和无党派人士履行职能方法，展现我国新型政党制度优势"。[②]民主监督正逐步成为新时代新型政党制度建设乃至中国民主政治发展的一个重要切入口，有利于进一步发挥民主监督功能的制度环境正在逐步形成。

五、维护稳定功能

政治稳定，一般是指"政治系统在运行中所呈现的秩序性和连续性"，主要包括国家主权稳定、政权稳定、政府稳定、政策稳定、政治生活秩序稳定以及社会政治心理的稳定。[③]政治稳定被视为政治发展的重要目标和前提条件。人类社会政治的发展历程表明，政党和政党制度对政治稳定有着关键影响，"处于现代化之中的政治体系，其稳定取决于其政党的力量"。[④]"不过就政治发展而言，重要的不是政党

① 《习近平同党外人士共迎新春》，《人民日报》2017年1月23日，第1版。

② 《中共中央关于坚持和完善中国特色社会主义制度　推进国家治理体系和治理能力现代化若干重大问题的决定》，《人民日报》2019年11月6日，第1版。

③ 燕继荣主编：《发展政治学》（第二版），北京大学出版社2010年版，第233—234页。

④ ［美］塞缪尔·P.亨廷顿：《变革社会中的政治秩序》，王冠华，刘为等译，沈宗美校，上海人民出版社2008年版，第341页。

的数量而是政党制度的力量和适应性。政治稳定的先决条件在于有一个能够同化现代化过程中所产生出来的新兴社会势力的政党制度。”[①]改革开放以来，中国之所以能够实现高速经济增长的同时保持社会总体稳定的奇迹，其关键就在于中国新型政党制度具有强大的维护稳定功能。

首先，中国共产党的领导核心作用和执政地位，是实现中国政治稳定的“定海神针”。中国共产党有着鲜明的政治纲领、严密的组织体系、高度制度化的组织运作方式，有着“横向到边、纵向到底”的组织网络以及由社会先进分子组成的庞大的党员队伍；中国共产党团结带领全国各族人民取得了新民主主义革命的胜利建立了新中国，取得了社会主义革命、建设和改革事业的一系列伟大成就；围绕中国共产党形成了以工、青、妇为代表的外围组织，为中国共产党提供更为广泛的群众基础等。因此，中国共产党具有其他任何组织无可比拟的强大的政治领导力、思想引领力、组织战斗力、群众号召力，在广大群众中享有崇高的威望。

中国在改革开放过程中涌现出了以非公经济人士和新的社会阶层人士为代表的新生社会力量，中国共产党通过统一战线工作广泛团结这些新生力量，并将其中的优秀分子吸纳入党，体现出中国共产党组织形态上的高度开放性、包容性和体制弹性。[②]这样一个强大的政党居于领导地位，能够总揽全局、协调各方、吸纳整合，对于维护中国社会政治稳定起到“定海神针”的作用。中国宪法明确规定了中国

---

① [美]塞缪尔·P.亨廷顿：《变革社会中的政治秩序》，王冠华，刘为等译，沈宗美校，上海人民出版社 2008 年版，第 350 页。

② 阎小骏：《中国何以稳定：来自田野的观察与思考》，中国社会科学出版社 2017 年版，第 19—51 页。

共产党的领导和执政地位。中国共产党作为唯一合法的、长期执政的执政党，带头遵守宪法和法律，维护法治尊严，为中国这个变革社会中的政治秩序的建立和巩固起到了关键的作用。中国共产党在实际政治运行过程中发挥核心作用，依照法定程序将党的主张上升为国家的意志，使立法机关、行政机关、司法机关独立运行的同时，保持协调统一。同时坚持党对军队的绝对领导，保证了军队自身的团结统一和维护稳定作用。中国共产党通过发挥统一战线的法宝作用，将党外、体制外的社会精英团结在党的周围，建立党外、体制外精英与政权间的团结、互信和共赢，为政权安全和国家的长治久安提供了重要保障。

其次，民主党派作为中国特色社会主义参政党，发挥着维护稳定的重要作用。各民主党派在各自所联系的群众中有着广泛影响和深厚根基。中国新型政党制度框架下中国共产党与各民主党派广泛合作，充分发挥民主党派、无党派人士的积极作用，有利于团结一切可以团结的力量，共同致力于社会主义建设事业，促进社会的安定团结。

民主党派是中国特色社会主义参政党，有着制度化的利益表达、政治参与的渠道，为吸纳社会不同群体的利益表达、政治参与的需求提供了重要途径。通过发挥民主党派的参政议政作用等，不仅能够将民主党派所联系的群众的意见建议反映到政治体系中去，而且通过党派组织的政治吸纳，将党派所联系的一批优秀分子纳入政党制度框架，为社会利益关系的协调打好基础。

各民主党派所具有的参政党地位和制度化的参政议政方式，使中国新型政党制度具有吸收和同化社会各方面广泛参与政治的能力。这不仅为社会不同阶层、不同群体乃至个体的政治参与提供了制度化、组织化的渠道和途径，也保证了不同阶层、群体、政党的政治参与在总体上呈现出制度化、规范化的特征。具体而言：一方面各民主党派都是合法、能够公开活动的政党，能够帮助吸纳中国社会转型过程中不断涌现的新兴社会力量进入已有的体制内渠道，缓解社会转型过程中的政治参与压力。另一方面，民主党派的参政地位有利于实现现代政治体系政策选择与决策的互动，使政策的输出反映社会的要求，从根本上保证政治稳定和社会秩序的有序性。民主党派在履行职能中发挥各自界别特色和桥梁纽带作用，不断加强对所联系群体的思想引导、政策阐释，有利于凝聚人心，形成共识，团结动员社会各阶层群众共同把中国的事情办好。

第三，和谐政党关系为社会政治稳定提供重要保障。在中国新型政党制度框架下，各民主党派是自觉接受中国共产党领导的、与中国共产党通力合作的中国特色社会主义参政党。在长期的革命和建设事业过程中，中国共产党与各民主党派之间结下了血与火的深厚情谊，中国共产党和各民主党派之间形成了共产党领导、多党派合作的和谐政党关系。各民主党派不是在野党，更不是反对党，不与中国共产党争夺领导权和执政权，而是作为中国共产党的好参谋、好帮手、好同事，自觉接受中国共产党的领导，共同致力于中国特色社会主义事业。这就有效避免了政治资源浪费和社会撕裂，以友好的政党关系推进建设稳定的政权关系，创造和谐的政治氛围。这不同于西方政党制度条件下，政党之间主要是竞争的关系。竞争容易导致分裂，合作则会促进团结。竞争性的政党关系由于党派立场的转化，可能导致政党之间的对立乃至对抗，从而加剧社会撕裂，对社会政治稳定造成不良的影响。

中国政党关系的和谐为社会关系的和谐提供了重要支撑。新型政党制度有利于促进团结与合作。新型政党制度的政治参与、利益表达等功能的发挥,为不同的社会阶层、不同的社会群体提供了广泛的利益表达、政治参与的渠道。新型政党制度在维护全国各族各界人民根本利益和整体利益的同时,兼顾同盟者的利益,照顾不同社会阶层群体的具体利益,具有强大的感召力和凝聚力。在依托中国共产党和各民主党派组织以及相关制度化渠道广泛参与、充分表达的基础上,新型政党制度强调以协商代替分歧、以合作代替竞争,从而减少社会内耗,化解矛盾冲突,促进各方关系协调推动形成安定团结的政治局面。

延伸阅读一:

多党合作成就伟业

——洋山深水港工程侧记

2017 年下半年,由中宣部、中央电视台联合制作的六集电视纪录片《辉煌中国》在央视播出,引起热烈议论。有网友表示观看《辉煌中国》第一集《圆梦工程》就喜欢上了这部纪录片,感受到祖国的伟大,感受到做中国人的骄傲与自豪,感受到中华民族美好的未来。“特别是第一集重点介绍了上海洋山深水港,其四期工程是国内首个全自动化集装箱码头,建成之后上海港的年吞吐量将突破 4 000 万标准箱,这个数字是全美国所有港口加起来的吞吐总量,也是目前全球港口年吞吐量的十分之一。看到中国五年来历史性成就的展现,相当自豪。”回顾洋山深水港的建设历程,这个让国人感到“骄傲与自豪”

的工程的立项与民主党派的不懈努力息息相关。

1992年,小平同志在南方视察时说:“搞四个特区时没有加上上海。要不然,现在长江三角洲、整个长江流域乃至全国改革开放的局面,都会不一样。”于是,时任民盟中央主席费孝通专程来沪考察浦东新区,并向中共中央提出了《关于振兴上海经济的设想和建议》。《建议》认为,长江是一条可以带动整个中国经济起飞的巨龙,而龙头就是上海。要使上海成为面向世界、商贾云集、四通八达的东方大港,带动中国经济腾飞的龙头。龙头一动,整个巨龙才能起舞。这就是上海在未来中国经济发展中的战略地位。上海地处江海汇合的要津,凭借发达的航运业,在20世纪30年代成为远东第一大城市。自20世纪90年代开始,集装箱运输成为国际航运业的发展主流,远洋运输船舶越来越大型化,吃水都在13—15米,上海以河道港口为主的航运业态对此已难以适应,必须尽快建设具有国际先进水平的深水港。

1992年,当时的民盟南汇县委就开始关注芦潮港泥沙淤积、轮船靠不上码头、影响交通运输乃至旅游开发这一问题,深入调查研究,每年都要在南汇县政协会议上提交几件相关提案。1995年2月,民盟南汇县委在县政协八届四次会议上正式提交了关于开发芦潮港的两件提案,引发了民盟盟内专家学者对于海港开发的关注。

也是在1995年,上海将深水港列为重大课题进行研究。时任民盟上海市委主委张圣坤作为一名船舶工业学者,多次参加国内外的各种学术会议,带领盟内有关学者,在1996年至1997年前后三次前往南汇芦潮港以及大小洋山一带调研,对当地地理、天气、水况和经济社会发展都有了进一步了解。洋山海域潮流强劲,泥沙不易落淤,海域海床近百年来基本稳定,而且大小洋山岛链形成天然屏障,泊稳条件良好。但同时，开发这样一个重大的工程，其艰难程度也是可想而知。张圣坤一方面召集民盟国际航运、河口海岸等方面专家学者开展调研和反复论证，另一方面也广泛邀请盟外专家学者开展研讨，或多方参与各种学术研讨会议，就工程开发建设的前景和前期规划进行研讨。此后，几经论证，工程蓝图渐露峥嵘。

借助民主党派成员的力量，张圣坤积极向政府和有关方面提出建言、发挥作用。1998 年 2 月，在上海市政协九届一次会议期间，张圣坤正式提出《加快芦洋深水港的定位与建设、促进上海国际航运中心早日形成》的建议。1999 年，又向全国政协提出内容相同的提案。这一提案引起有关方面的高度重视，也引起社会的广泛关注。建议认为：上海要真正成为全国的“一个龙头、三个中心”，就必须建立航运中心，没有航运中心，就没有贸易中心；没有贸易中心，就没有金融中心；没有这三个“中心”，就谈不上经济中心。上海作为亚太地区经济发展长廊中的重要窗口，作为东西方经济交往的纽带，其发展态势引人注目。在未来激烈的国际航运与经贸竞争之中，为了保持上海经济较高速持续性的发展，必须加大上海航运基础设施的力度，加快上海深水大港的定位和建设，促进上海航运业的更快发展。1999 年底，由国家计委牵头，各路专家又聚申城，再度举行论证会。论证会集中了全国水利、泥沙运动、港口建设、航运以及桥梁等各路专家，为工程提供了扎实的科技理论支持。论证会经过对在大小洋山建设国际航运枢纽深水港的宏观经济论证，一致认为，在大小洋山的地理位置上建设一个东北亚国际航运中心，无论是国际航运的需要，还是我国经济发展的需要，都是势在必行，迫在眉睫。

然而好事多磨，深水港项目的上马在决策中还是形成了两种不同意见。尤其是因为深水港所处的位置属于几市交界之处，需要协调统筹，也需要高层的重视推动。为进一步推进，上海民盟老领导、著名桥梁专家李国豪先生亲自出马，多次发表举足轻重的意见。李国豪说："大小洋山建港条件极好，至少可以造50泊位，能适应一年1 000多万标准集装箱的运输量……从上海南汇芦潮港往东，在海面上架设一座长桥，往来上海就方便快捷了。"在他看来，原本就是长江流域经济中心的上海，更成了这个深水港壮阔而又便捷的腹地，可谓中国未来的战略选择。在经过关于大、小洋山建设深水港的多次论证会后，2000年10月，李国豪提笔给时任总书记的江泽民同志写了一封信。在信中，他表述了自己对于在大、小洋山建设深水港的看法，恳切希望这项于国于民有利的工程尽快上马。10月中旬，李国豪先生去看望汪道涵同志，请教他对此事的意见。汪道涵听取李国豪的想法后，十分赞成，表示愿意代他向江泽民转交这封信。10月20日，在江阴长江大桥举行落成典礼上，李国豪遇见江泽民同志，再一次地向江泽民谈起了建设大、小洋山深水港的事情。李国豪说："上海一直都是以港兴市的，深水港是上海发展的生命线，现在更是迫在眉睫的事。釜山和高雄都因有了深水港发展很快，我们得抓紧上马啊。"11月2日，江泽民找国家计委有关负责人谈话，听取专家论证各方面情况，第二天就对建设深水港事情作出了重要批示。2001年，洋山深水港区被正式列入经国务院批准的《上海城市发展总体规划》。这样一个跨省市并牵涉多个部门的国家战略项目终于得以通过。

——综合民盟市委网站《这封信，促成洋山深水港加速上马》《张圣坤参政建言推动洋山深水港开工建设》等报道

延伸阅读二：

提升履职能力　搞好合作共事

1988年2月，中共中央向国家政府机关推荐了一位担任国务院部级领导职务的党外干部人选，他就是全国政协常委、民建中央副主席冯梯云。不久，冯梯云便被任命为国家监察部副部长。这是自中共十一届三中全会以后担任政府领导职务的第一位党外高级干部，标志着非中共人士在国家行政机关中合作共事的历史再度展开。

冯梯云勤于思考、善于总结，结合自身履职经验，他认为党外干部要很好地完成自己所担负的工作，真正起到应有的作用，很重要的一条就是要搞好合作共事。如何搞好合作共事？他认为，虽然客观上讲，搞好合作共事是双方面共同的事情，但是对每个到政府部门任职的党外同志而言，都有一个如何从自身要求做起，发挥主观能动作用的问题。

找准定位

党外干部在合作共事过程中往往涉及怎样认识和看待中国共产党的领导的问题。冯梯云认为，搞好合作共事，首先要摆正自己的位置，真诚地相信和接受共产党的领导，正确看待执政党存在的问题。

他强调，中共十一届三中全会以来，中国共产党领导的多党合作和政治协商制度得到进一步完善，举荐非中共人士担任政府领导职务的方针政策得到认真贯彻落实。民主党派，不是“在野党”，更不是“反对党”，而是与中国共产党通力合作的亲密友党、参政党。非中共人士到政府任职，不是搞联合政府，而是为了更好地落实中国共产党领导的多党合作和政治协商，共同致力于社会主义事业。

他认为，中国共产党在前进、发展的过程中不可避免地会出现一些问题，作为党外人士，如果对其不能正确分析和认识，思想上就会有隔阂，也就很难搞好合作共事。他举例说自己在监察部工作就碰到这方面的“考验”。他分管信访、举报工作，每天收到的举报信都是厚厚的一摞，其中大部分是反映某地区、某部门干部的问题。日常工作中涉及的、查办的又大都是干部的违纪问题。走到哪儿听反映，也都是一大堆问题。有时，群众反映问题时态度还很偏激。对这个问题，他在调研的基础上，进行了深入的分析和思考。他认为：一是确有腐败现象，监察部查处的很多案件就是明证；二是对干部队伍的状况要实事求是地分析，就具体部门、具体地区来看，犯有严重违法乱纪的干部还是少数，大部分问题是属于世界观和作风问题。这样透彻的思考和分析，使他进一步坚定与中共领导干部开展合作共事，共同进行反腐败斗争的信心。

加强学习

冯梯云认为，接受监察部副部长的任命使他由“协商者”或“建议者”变为党和国家大政方针的执行者或监督检查者。在这个新的岗位上真正做到履职尽责，不仅要有清醒的政治头脑，坚定地接受党的领导；同时，还要切实负起行政责任。如果说话、做事都是“外行”，也就无法进行合作共事、开展工作，就不能发挥民主党派成员应有的作用。

“老头当新兵，从头学起，向各位学习。”这三句话，14个字，是冯梯云在接受国务院的任命担任监察部副部长时的就职“演说”。简洁明快、铿锵有力。

虽然过去他一直从事管理工作，有相当丰富的基层工作实践和机关管理经验，但是，现在他要担任的是监察部副部长，分管第二监察司、第六监察司、第七监察司、信访司的业务工作。其中二司、七司是负责归口联系中央部委的业务司，工作的内容和范围涉及经贸、金融、工商、铁道、农业、交通、建设等40多个部、委；六司是负责归口联系地方的业务司，范围涉及中南、西南的10个省区，此外还分管信访、举报业务工作。职务工作性质、范围，以及考虑问题的思维方式和角度发生了重大变化。过去的经验很难适用于现在的工作。因此，在监察工作这个领域，他将自己定位为一个“新兵”，决定一切从头开始，加强学习。

上任后，为了尽快适应副部长这个重要角色，冯梯云一方面认真学习监察工作的宗旨、任务、权力、工作程序、内容和方法，潜心钻研理论和相关业务知识，全面熟悉掌握有关的方针政策；另一方面，他深入开展调查研究，认真听取班子成员、司长、处长和一般干部的意见和建议。通过他的努力，不论是在部务会上、党组会上，还是在研究各项工作的其他会议上，或是在具体布置、贯彻落实工作任务时，他都很容易与中共的领导干部对于重大问题的认识和处理基本上取得一致。

主动作为

作为一名民主党派成员，到政府部门任职以后，搞好合作共事就要使该机关的干部群众不把自己当外人、当客人。那怎样做才能使机关的干部群众不拿自己当外人、当客人呢？冯梯云的想法和做法是自己不能成为旁观者。既然自己是部领导班子的一员，就要对本部的工作方针、重大问题认真地考虑参与，这既是权利，也是责任。因此，在部领导召开部务会议、部办公会议、研究讨论重大问题的党组会议（他列席参加）时，他都提前做好准备，熟悉材料，提出意见。在会议上认真地、负责地、坦率地提出自己的见解和想法，即使是不同的意见，也明确提出。这样做的效果很好。监察部里的同志对于他提出的见解和主张并不是客客气气地虚与委蛇，而是同其他人的意见一样对待，对的就吸收、采纳，不适合的就改进。

冯梯云过去所做的政协、民主党派的工作，与政府部门的工作在很多方面是不同的，他既不能照搬过去的经验，又不能谨小慎微，不做工作。怎样才能尽守职责呢？他的做法是不等、不靠、不急、不躁，尽快地熟悉业务，适应工作，进入角色。对分管的工作，在深入实际、调查研究、分析综合各方面的意见后，作出必要的决策，该决定的就决定，该拍板的就拍板。在工作中有安排、有督促、有检查。定期听取各个司的工作汇报，检查工作情况，明确下步任务，对发生的问题给予指导和解决。另外，他严格按照民主集中制的组织原则办事，遵守行政首长负责制，接受和服从部长领导，对一些重大问题及时向部党组请示汇报，争取支持。

重视沟通

作为党外干部，在工作中与自己主管部门的干部如何相处，怎样配合，直接关系到合作共事的成功与否。冯梯云在工作中注意了这个环节。他认为，工作方针、任务明确后，要认真听取下属的意见，对决定了的事情，相信并放手让下属去干，及时对工作的进展进行检查落实，有了问题，帮他们想办法、出主意。要关心和爱护下属干部，尊重他们的意见。他曾坦诚地谈到与下属发生矛盾的三种情况：一是对他的意见不理解，不接受怎么办？他认为可以做一些解释、教育工作，听取他们的意见。如果他的意见是正确的，要他们领会意图，立即执行;如果他的意见不完整或不正确,就加以调整和改正。二是对他的意见拖着不执行怎么办?他认为先了解原因,听取意见,分清责任,属于自己的责任,加以改正,并进行自我批评,总结经验;属于他们的责任,找出不执行的原因,进行教育,帮助解决困难,创造条件,督促他们尽快执行。三是对他的意见有不同的看法,并且比较坚持的情况下怎么办?他认为对这种情况要冷静、沉着、慎重,要充分尊重他们的意见,认真分析,只要是从工作出发,就要对这种敢于负责的精神加以保护、引导不能伤害,更不能用行政命令的方式强迫执行。

他到监察部不久,在查处一个案件时和一个司长在涉及的一位单位负责人的定性处理意见上发生了分歧,经过两次会议研究,他仍不同意冯梯云的意见。冯梯云当时不太冷静地说:“就这么定了,出了问题我负责。”尽管如此,他仍然不同意,并在会后与冯梯云通电话说,有关案件的定性处理,涉及一个人的政治生命,要全面考虑。冯梯云听了他的意见,感觉到自己说的话过了头,很不妥当,便和他个别交换了意见,并在此基础上对某些问题又进行了查证。后来证明该司长的意见是对的。有时,冯梯云所分管的部门在工作中出现了问题,他便主动承担责任,向部领导集体、向党组作检查,然后和发生问题的部门一起总结教训,认真解决所发生的问题。

冯梯云认真加强学习、严于自我要求、善于合作共事,工作上取得了较好的成效。在他任职期间经手批办件5 000余件,基本上都做到了件件有回声。1993年,他主持开展的对减轻农民负担、拖欠中小学教师工资等问题的执法监察工作,受到国务院和有关部门的重视和好评。他亲自参与了几个正部级干部和原铁道部副部长罗云光、张辛泰等监察对象的违法违纪案件及一批重大经济案件的查处，在社会上产生了很好的反响。原监察部部长尉健行在回顾与冯梯云副部长共事时的感受说："在监察部，冯梯云分管的大都是问题较多的地区和部门，担子很重，他给我的印象最深的是谦虚勤奋，工作大胆，敢于负责，敢于揭露、处理问题，这几年监察部查处的大案要案，几乎全是冯梯云副部长主持完成的。"冯梯云用自己的履职实践，树立了一个党外干部搞好合作共事的典范。

——参见中央统战部网站《平等相待　合作共事——记监察部副部长冯梯云》、《瞭望周刊》刊发的《有职有权　坦诚合作——访冯梯云》、冯梯云先生自述《多党合作和我的人生之路》及《跟着党走　不断前进》等相关文章、报道

第四章　新型政党制度的优势与价值

新型政党制度是从中国的土壤中生长出来的，是世界政治文明尤其是政党政治文明发展的一个重要组成部分，是中国基于本国国情、以自己的方式对政党政治这一普遍性问题作出的回答。新中国成立70多年来，尤其是改革开放40多年来的实践已充分证明这一制度的优势和价值，我们有理由也有底气把这一制度背后的各种道理说清楚、讲明白，这必将是中国能为人类政治文明的丰富和发展作出增量贡献的一个重要方面。①

① 黄天柱：《坚持和完善中国新型政党制度》，《中国统一战线》2020年第8期。

第一节　新型政党制度的治理优势

中国特色社会主义新型政党制度是中国特色社会主义制度体系的重要构成部分。在制度体系内，其政治定位为国家基本政治制度，将不可避免地成为国家治理制度的一个关键构成部分，并发挥有效治理的体制职能。与西方政党制度相比，作为一种独特的政党制度类型，新型政党制度与国家治理现代化具有特殊而重要的关联，这种制度契合性和治理的比较优势体现在目标、结构、民主、绩效等方面，并在全球治理中凸显中国政治文明和有效治理方案。

一、治理的目标优势

治理理论的创始人之一罗西瑙，将治理定义为一系列管理互动过程，其最重要的一点是这些活动必须有共同目标作为支持。①全球治理委员会将治理定义为协调不同利益和采取联合行动的持续进程。政府的目的是利用权力指导、控制和组织公民在不同机构关系中的各种活动，以最大限度地促进公共利益。②从这些概念的解释可以看出，治理需要目标支持，而目标指向是在公共与个人、政府和市民之间的持续交流中调整利益关系，寻求公共利益的最大化。当前，

① [美]詹姆斯·N.罗西瑙：《没有政府统治的治理》，剑桥大学出版社2001年版，第5页。

② 全球治理委员会：《我们的全球伙伴关系》，牛津大学出版社1995年版，第23页。

在中国共产党的治国理政方略中,“治理”一词已成为中国政治生活中的一个热词和关键词。中国共产党是推动国家治理现代化的核心力量,带领全国人民制定国家发展目标、规划未来发展方向,这反映了中国政治发展最重要的特征。中国共产党是一个特殊型的政党,诞生于风雨飘摇的国家危局之中,具备一个理想型和使命担当型政党组织的特性,肩负着实现中华民族复兴、国家繁荣昌盛、人民美好生活的历史使命,成为中国现代化进程的政治主导者,并带领中国人民和中华民族不断走向进步。在推动国家治理的过程中,中国新型政党制度科学规范政党关系,各民主党派各尽所能,在执政党的带领下,通过制度渠道和制度规范参与国家治理,保持政党和谐,凝聚和团结中华民族的整体力量,助力国家治理目标的实现。这是西方国家政党制度所无法企及的。

在西方政体下,选举是竞争型政党政治的核心,政党为了赢取政权必然重视选举,并将其看作第一要务。选举政治和票决制民主在走向成熟和稳定状态的同时,还面临新的局势、新的问题和矛盾甚至严重的危机挑战。比如,在选举过程中,政客提出的政策主张,大多是为了迎合公众的短期需求和局部利益,甚至存在哗众取宠的倾向,选择立竿见影的政策效果。而投票的选民更关心或更愿意选择和自己当前利益密切相关的政策,大部分的人对国家的长期发展规划不感兴趣。为了追求短期见效的利益,候选人的政治观点和选民的政治倾向已不再是选民投票的唯一基础。可能代表绝大多数人长期利益的科学议程往往不被人民普遍接受。然而,候选人和选民的外表、行为甚至相似性已成为赢得选民支持的重要因素。选民和政治人物目光短浅的结果是政治短视和治理短视,这是票决制民主的缺陷,也是"短视政治"的弊端。[①]政党政客在选举时的许诺,多为权宜之计,为了讨好选民,借以笼络人心,而不是作出具有前瞻性和长期性的决策。由政党竞争产生的政客与选民的双重短视性,必然会对国家或地区的长远发展构成极大危害。因此,西方国家政党所提出的选举纲领和许诺是从属于选举的治标策略。政党形成政策是为了赢得选举,而非赢得选举是为了形成政策。

相较之下,中国新型政党制度是一种使命型、目标驱动型、任务型政党制度[②],强调以完成某种历史任务为目标而把各个政党团结起来合作共事。中共十八大以来,习近平总书记多次强调:中国共产党的特质和品格,不同于世界上其他任何政党。中国共产党人建党的初心和历史使命就是挽救国家和民族的危亡,追求社会主义和共产主义,实现国家的现代化,为中国人民谋幸福,为中华民族谋复兴。因此,中国共产党是一个追求理想、肩负使命、坚决执行政治任务的马克思主义政党。作为执政党,中国共产党在治理国家的过程中,设定的国家治理目标与政党承担的使命任务不可分割。新型政党制度是国家治理体系的重要组成部分,是在中国共产党领导下,通过多党合作和政治协商,更好地为国家治理目标服务,一个使命型和目标驱动型政党制度在这样的政治逻辑中得以形成。在新型政党制度框架中,中国共产党是领导党和执政党,领导着整个国家的前进方向和目标指向,各民主党派是中国特色社会主义的参政党,它们与中国共产党一起,团结合作,共同担负起推动国家治理现代化和人民富裕、民

① 赵忆宁:《探访美国政党政治:美国两党精英访谈》,中国人民大学出版社 2014 年版,第 10 页。

② 许忠明:《政治共同体视野下中国新型政党制度的机理分析》,《统一战线学研究》2019 年第 4 期,第 23 页。

族复兴的大业。执政党与参政党凝聚社会各方力量同向发力，在共同目标和共同思想基础上推动国家和社会的进步发展。这种政党制度模式排除了政党竞争性选举诱发的周期性动荡，形成平稳运行的政治定力，在政治稳定和社会秩序良好的氛围中，有序有效分阶段地推进国家政策和国家治理目标的实现。在国家治理中，执政党与参政党通过一种新的民主形式——“协商民主”来避免政党间的无谓内耗，遇事多商量、好商量、会商量，通过协商对待差异、处理分歧、凝聚共识，充分听取参政党的意见建议，共同制定出务实而长远的国家发展规划和战略，实现了执政党与参政党的同心协力，在民主协商的基础上有效融合了国家治理的各方力量，聚合了实现国家发展目标的持久合力。

中国新型政党制度强调维护政党稳定，但把维持政党稳定的目的指向国家更好的发展。中国共产党全面执政以来，连续制定了决定国家未来发展目标的十四个五年规划，不断提升自身国家治理能力现代化，各民主党派亦在政党制度框架内，在推进国家治理之中贡献智慧、大展宏图，与中国共产党一起，齐心勠力完成规划的目标任务，和全国人民一起在民族复兴的道路上稳扎稳打，聚焦“两个一百年”的宏伟蓝图，共同努力推动中国的现代化发展和中国特色社会主义事业的创新进步。

二、治理的结构优势

西方政党制度中的两党制或多党制，各政党的法律地位是平等的，领导人之间也没有政治隶属关系，在争取国家政权的过程中是并列关系、平行结构。中国新型政党制度的形成有其历史原因和现实基础,中国共产党是领导党,各民主党派接受中国共产党的领导,处于被领导的参政党地位,双方在国家政权多层级中合作共事,其优势是制度结构的平衡和稳定、制度结构的合法性和制度结构的高效性。在这种制度结构中,作为执政党,中国共产党实现了国家治理的目标,所有政党和各阶层人民的意见建议都得到充分体现。这种通过功能性组织所形成的多党合作、政治协商不仅畅通了民意表达渠道,并且有效吸纳融合社会多元化带来的政治诉求和政治参与的愿望,更好地统合多方力量、协调各方利益和保持国家及民众的持续互动,将治理过程推向良政与善治。

中国新型政党制度在国家运行的结构关系中体现的独特政治逻辑和治理优势,可以从政党与政治、政党与政党、政党与社会的多重关系中来考察,分析其与其他国家的政党制度相比的独到之处和优势所在。

政党与政治关系方面。中国共产党的执政体系,不是一时一地形成的,而是长期发展和积累的结果。这种积累不仅与党的建设有关,而且也与国家建设有关。这客观上要求现有的党的执政体系,既要契合党的领导传统,也要契合中国的国家形态,当然,也要更好地契合中国经济与社会发展的要求。在具体的观察、研究和实践中,人们往往习惯于从党的执政如何契合中国经济与社会发展要求的角度来思考中国共产党的执政体系,强调要用经济和社会发展的新逻辑、新的制度设计来安排和规划其执政体系的形态与运行方式。这种努力是有意义的,但不能因此忽视党的历史、社会主义制度以及中国深层次的社会、历史与文化对党的执政体系建设和发展所具有的内在规定性。①因此，政党与国家政治体系的关系是一个复杂的政治过程。在中国，主要体现在各政党与人大、政府、政协和其他政治机构及社会活动之间的相互关系。其具体运作机制体现在：第一，中国共产党和各民主党派作为执政党和参政党，都直接参加和参与国家政权机构、参与国家大政方针的管理和决策、政策和法令的制定和实施。第二，中国共产党在作出相关国家治理的重要决策时，会与各民主党派进行政治协商。第三，执政党与参政党奉行互相监督的原则，其中最主要的是参政党对执政党、国家机构及各级官员的民主监督。第四，中国共产党和各民主党派在政党制度结构中的关系是领导与被领导、团结与合作以及追求共同目标的党际关系。民主党派作为政党组织参与国家政权和国家治理，其发挥的作用也是积极有效多层次的展开：通过在各级政府的治理过程中发挥参政议政作用；通过与执政党的政治协商来发挥协商治理的作用；通过中国人民政治协商会议的平台参与人民民主；通过人大议案、政协提案、社情民意等方式参与国家治理、区域治理和社会治理，发挥民主监督的作用。执政党和参政党在国家政权内和推动国家治理方面进行沟通、平等协商和讨论，聚集各方意见和智慧，促进相互理解和认同，最后达成政治共识，依照法定程序和依法治国的步骤形成决策并付诸实施。由此，执政党意志和人民意志在这里得到有机的统一，特点和优势是鲜明的。

政党与政党关系方面。中国的政党关系呈现出自身鲜明的特性：共产党领导、多党派合作，共产党执政、多党派参政。中国共产党领导与多党合作的有机结合，反映了中国社会一与多相统一的政治

---

① 林尚立：《当代中国政治：基础与发展》，中国大百科全书出版社 2017 年版，第 129 页。

结构，体现了奋斗目标和政治方向的一致，形成了一党领导而不专制、多党合作而不竞争、互相监督而不反对的独特优势。①

一是“一党领导而不专制”。中国共产党是执政党，也是领导党，依法长期执政，这是宪法确定的。各民主党派是参政党，接受中国共产党的领导；中国共产党执政建立在各民主党派参政的基础上，而不是排除在国家政权机关和政治过程之外。二是“参政但不分权”②。各民主党派通过各种制度、途径和方式参与国家政权，但不是西方意义上的权力分割。各民主党派作为参政党，不以谋求执政为目的，而是协助支持执政党更好地兴国为民，在国家政治结构中长期稳定地发挥作用。三是“监督但不制衡”。各民主党派作为参政党，依法行使对执政党的民主监督职能，但民主监督不是权力制衡，只是对国家治理过程中的相关问题进行质询、发表意见和建议。四是“合作但不同一”。执政党和参政党之间通力合作，共同效力国家治理，但并非完全同一，“清一色”不是新型政党制度追求的价值，求同存异、实现一致性和多样性的辩证统一，恰恰更有利于国家实现良政与善治。因此，新型政党制度的政党关系具有与其他政党制度不同的优势和功能特征。这种政党关系在中国得到长期稳定发展，并写入宪法，这也意味着，这项政治制度成为人民合法愿望的一部分，具有稳定性、均衡性和合法性的制度特征。从政党间关系的角度来看，新型政党制度建立了一种新的合作型或协商型的政党制度，这种制度完全不同于西方竞争性政党制度或其他社会主义国家的政党制度。在社会

---

① 张献生主编：《新时代统一战线知识简明读本》，华文出版社 2020 年版，第 30 页。

② 黄天柱：《参政党视角下中国新型政党制度的主要特征》，《中央社会主义学院学报》2018 年第 5 期，第 10 页。

生活中，人们之间的关系不仅是竞争性的，而且是合作性的。但是，由于信息的不对称和人的有限理性，人们往往无法处理好竞争与合作之间的关系。从这个意义上来说，新型政党制度不是西方政党制度在政治生活中开展竞争的基本框架，而是在广泛的政治生活中为人们提供合作的基本框架。所以，中国共产党和各民主党派之间的合作协商关系开创和丰富了世界党际关系模式，有利于世界政党制度的多样化。

政党与社会关系方面。政党组织的一个显著功能就是社会整合，整合各种社会利益、协调各种社会关系。对立竞争的西方政党需要适应不断变化的情况，协调整个社会的利益，不断扩大其社会基础。而在当今时代，这样的理想状态却很难实现。阶层或阶级之间长期存在的社会分化和结构导致了新的政治力量和政党组织的出现，极易致使当前的政党制度格局出现政治不平衡。随着社会利益多样化的发展，各种不同的利益集团变得更加有秩序和有组织，出现了许多与政党有关但不同的利益集团。这些利益集团经常绕过现有政党或政党体系，通过其他政治途径直接表达它们的集体利益诉求，对议会、公众代表甚至政府施加压力，要求接纳自己的意见和建议，并捍卫自身的相应利益。这在某种程度上削弱了政党在社会整合中的关键作用。而中国特色社会主义新型政党制度为社会成员的政治参与提供了一个正常的、合法的体制渠道，有助于在“公众投入”和“政治产出”之间形成积极的互动，并增强公民的自主意识和政治认同；与此同时，它还为所有社会阶层或群体提供了自由、平等和竞争性的活动空间，使每个阶层或群体都有机会实现和充分争取自己的利益，最大限度地调动各种社会资源，激发社会活力，并合理和最佳地分配社会资源。

三、治理的民主优势

政党政治的一个核心命题，就是国家政权如何行使及国家民主怎样实现的问题，也即国家权力“由谁行使”及“如何行使”的问题。对于政党政治这一核心命题，中国共产党领导的多党合作和政治协商制度给出了富有说服力、更具历史性和具体性的回应。毫无疑问，中国新型政党制度从不同维度回应了国家政权行使和国家治理的民主命题。①

在西方政党体制中，政党轮流执政被视为现代民主的精髓，两党轮流执政更是被看作一种非常巧妙的制度安排。中国历史上，民国初创时期，梁启超和孙中山都极为推崇两党制。但是，民国初年多党制尝试的结果，是各政党都遭遇失败，因为水土不服，没有给中国带来应有的民主进步和政治发展。从民主的角度来看，西方的政党制度是民主实现的重要制度安排，也是聚集民意和整合社会的桥梁与纽带，这是竞争型政党制度的价值意蕴使然。然而，今天，西方政党的做法也反映了另一种情况，即西方政体中的许多政党，在金钱政治、精英政治的影响下，已经失去往日的民主精髓和色彩，大多数普通民众被排斥在政局之外，权力为少数人所操纵，导致少数人统治加剧，政党政客化，与选民分离，一定程度上丧失了代表利益群体的政党功能。在这种状况下，即使是拥有同阶层利益的追随者，亦会对政

① 高立伟：《中国新型政党制度对政党政治三大命题的回应》，《马克思主义理论学科研究》2019 年第 3 期，第 85 页。

党失去信任，对政治失去热情，政党组织日益松散，人数下降，投票率自然也随之下降。这是西方政党政治面临的现实挑战，这些新的社会状况和新的问题使他们陷入了价值和运作的双重困境。例如，对选票的神圣化导致对国家决策的短视，一味地强调人权反而导致对公民权利的滥用。竞争型民主和对人权的异化，扩大了个人、群体的短期利益，损害了国家的公共利益和长期利益。西方民主竞争型政党制度发展至今，已陷入民主困境。美国总统大选投票率长期下滑，到 20 世纪八九十年代降到了 50％。[①]进入 21 世纪，低投票率的颓势未见明显好转，反而恶化。[②]究其缘由，在于美国的政党体制和选举法对民众投票率产生的压制，两党依靠的社会力量和争取的利益群体早已将普通民众排斥在外，金钱政治和政党以权谋私则是其中最普遍、最基本的因素，早已偏离民主精髓，致使选民对政党竞选的冷漠态度日趋增长。与西方政党制度陷入民主困境不同的是，中国新型政党制度在嵌入国家治理过程中，追求人民民主，不断创新和发展民主形式和民主实践，根据中国的国情和政治文明，我们正以自己的民主优势走上发展道路。

首先，新型政党制度的治理民主优势体现在党的领导与人民民主的有机统一。

作为统一战线实践的制度形式的中国政党制度，与一般国家的政党制度完全不同，其根本取向在于实现党的领导与人民民主的有机统一，即同时要承担双重的政治功能：一是为人民民主发展提供有

---

① 王绍光：《民主四讲》，生活 · 读书 · 新知三联书店 2008 年版，第 210 页。

② 何旗：《论中国新型政党制度的优势与自信——基于美国政党政治的比较分析》，《科学社会主义》2019 年第 1 期，第 156 页。

效的实践路径和制度平台；二是为巩固和完善党的领导提供有效的政治基础和制度保障。仔细分析这个制度，实际上是“一二三”的结构，即一个轴心支撑，这就是党的领导；两个方面的联动，这就是多党合作与政治协商；三个要素统一，这就是党的领导、多党合作和政治协商的有机统一。①在这样的结构中，多党合作也好，政治协商也好，都直接或间接地决定和规范着党的领导行动和执政行为。多党合作，不仅形成共产党执政、多党派参政的执政格局，而且形成多党派监督共产党的权利监督体系；政治协商，不仅要求共产党执政必须基于其与多党派、多社会力量的协商合作，而且要求将多层面、多领域的政治协商纳入国家重大政策的制定过程，从而为人民当家作主的实践提供必要的途径和平台。

其次，新型政党制度的治理民主优势体现在追求社会主义民主，实现最广大人民的根本利益，更好地诠释政治制度的利益代表功能。

在新型政党制度的运行框架中，民主党派依据自身依靠的群体、党派特色和专业强项，从不同的角度反映问题，并表达不同的观点，这样不仅充分发扬了民主，反映了民意，而且还使各项决策更加科学。能够真实、广泛并持久地代表和维护最广大人民根本利益，实现从利益纷争向利益整合的创造性变革，反映了利益一体化和利益平衡的有效发展。在中国利益格局日益多样化的情况下，为了顺利推行国家治理政策，必须追求最大限度的公共利益，即寻求利益诉求的“最大公约数”。新型政党制度是一个中国式的社会主义民主制度，其核心在于多党合作和政治协商，实现社会主义民主，在复杂多变中

---

① 林尚立：《当代中国政治：基础与发展》，中国大百科全书出版社 2017 年版，第 130 页。

找出“最大公约数”。因此，新型政党制度承认差异、正视差别，主张通过有效的合作与充分的协商去对待处理各社会群体和社会阶层之间多元化的利益诉求，它不仅保护大部分人的利益，而且考虑到少数人的合理要求，进而构筑代表和维护不同方面广泛利益的最大同心圆。

第三，新型政党制度的治理民主优势还体现在民主形式的多样化，更好地保障实质民主的实现。

从理论上看，民主是最先出现在西方，但其本质却是人类自我解放的历史必然，西方只是这种历史必然的第一个表现形式，但绝不是唯一的形式。民主在不同的国家，应该有不同的表现形式，其所蕴含的普遍性，不是西方民主形式的普遍性，而是民主所体现的人类自我解放的普遍性。[①]在中国的政治生活中，民主形式的多样化是指国家范畴的政治民主、社会民主、选举民主和协商民主等民主形式多层次地广泛交融发展，既相得益彰又相辅相成。新型政党制度服务于国家治理价值与目标，在实现社会主义民主和追求民主内涵的道路上，不断创新和完善民主形式，使政治民主和社会民主、选举民主和协商民主在制度范围内融合贯通。首先，在新型政党制度的框架下，通过各种渠道和方式，民主党派履行其参政党职能，实现民主政治诉求，贯彻民主集中制原则，践行多党合作要义，为国家的政治民主提供了一个新的模式。同时，社会各利益群体已经通过各自所联系的民主党派和无党派人士间接进入了国家的治理渠道，参与了中国共产党治国理政的实践中，参与到了国家政权机关和社会管理各方面、各层

---

① 林尚立：《当代中国政治：基础与发展》，中国大百科全书出版社 2017 年版，第 2—3 页。

级的工作中，从而充分实现了政治民主和社会民主的最广泛、最大限度的结合。其次，中国特色社会主义新型政党制度发展创造了新的民主形式——协商民主，这是基于中国土壤内生的，是伴随新型政党制度共同发展起来的中国特有的民主形式，开创了新的民主内涵实现路径。协商民主的实质在于通过广泛的讨论和对话，形成广泛共识，寻找共同的最佳利益。在选举民主制度所倡导的决策中，多数人的原则并没有充分尊重和保护少数人的利益。新型政党制度创设了选举民主和协商民主的共存机制，将人民代表大会制度和人民政治协商会议实现了制度功能上的有机融合，使合理有效的协商成为选举得以有效运行的重要保障，从而在领导人选、立法和政策制定等方面更加充分地反映社会各方面成员的真实意愿，让人民群众充分履行国家主人的权利和义务，构建了一个科学完整的社会主义民主体系。

四、治理的绩效优势

判断政党制度治理优势的关键是治理绩效。中国特色社会主义新型政党制度在治理绩效和制度高效方面具有显著的比较优势。“履不必同，期于适足；治不必同，期于利民。”①在今天的西方政权中，许多国家存在多种不同的政治力量和不同的政党，不同程度地给政治斗争和政党竞争带来各种形式的纷争和内斗，经常出现相互攻讦和彼此否决现象。“否决政治”阻碍有效治理。这种政党间的内耗在美国尤甚。两大党“以卑鄙对卑鄙”的政党极化镜像，短期的、个别的

① 魏源：《魏源集》，辽宁人民出版社1994年版，第55—56页。

党派利益胜过长期的、共同的国家利益，两党制也由此演变成“否决制”，在很多时候造成国会分裂，府院对立，重要的社会政治改革推动迟缓，国家治理能力低下，治理绩效无从谈起，最终损失的是普通民众的利益和国家的整体利益。与西方政党制度通过竞争性选举和选票来获得其合法性和有效性不同的是，中国新型政党制度的合法性和有效性则通过制度绩效来证明。一个廉洁、勤政、务实、高效的政府是人民的期盼，是国家的大幸。事实上，中国共产党领导的多党合作和协商制度的体制运作是对国家行政运作的有力补充，促进了国家治理目标的高效完成。

新中国成立以来，各民主党派和中国共产党携手巩固了新政权，为推动国家治理作出了积极贡献，并为随后的社会主义革命、社会主义制度的确立作出了应有支持。在社会主义建设过程中，各民主党派一直秉承合作初心，在中国共产党的领导下合力治国，并在国家治理现代化和社会主义建设方面贡献出了远见和真知。回顾过去40多年的改革开放历史，无论是在“开除球籍”的严重危机下坚定地打开国门还是探索市场经济规律的过程中，以及后来在“非典”、汶川地震、国际金融危机和应对新型冠状病毒肺炎抗击过程中，在充满风险和困难的情况下，让中国的巨轮破浪前进，新型政党制度都表现出斐然的制度效能。许多历史和现实表明，中国共产党领导的多党合作和协商制度是占有制度高地的，不断释放高效的制度效能，在动员各方力量，凝聚人心，在危难时刻实现全民族的团结合作等方面，卓有成效。在新时代，新型政党制度正聚集新的制度能量，为社会主义现代化提供支持力量，以包容的方式建设一个更加充满活力的社会，为实现中国梦凝聚永久动力。总之，新中国70多年的发展创新和实践运行表明，中国特色社会主义新型政党制度效能不断彰显，治理绩效日益凸显，已成为中国实现从站起来、富起来走向强起来背后的一个重要“政治制度密码”。

据此，有充分的理由相信，这一政治制度密码和治理绩效来源于新型政党制度在国家治理进程中发挥着其特有的政治功能和治理效能。新型政党制度不仅符合中国国家治理需要，同时也可以为破解竞争性政党政治顽疾、践行“政党的责任”提供一种全新的选择，理应更加坚定对它的信心和决心。就像外国智囊团的科学家所讲到的：中国在改革开放方面取得了巨大成功，保持了高经济增长率，使数亿人摆脱了贫困，并证明了其政党制度的合法性和优越性。①

五、为全球治理提供中国智慧

新型政党制度在国家治理中显现独特的比较优势，这种治理优势不仅对中国具有重要意义，而且具有普遍价值，为全球治理提供中国道路的范式、中国制度的智慧、中国文化的力量。这是中国新型政党制度的理论创造和话语创新，也是“四个自信”的一个关键组成部分，对于建构国际话语权至关重要。

（一）治理优势显现新型政党制度模式的优越性

中国新型政党制度作为一种新型的政党制度模式，是在马克思主义理论指导下结合中国国情而发生发展，在国家治理中展现了强

① 中共中央对外联络部研究室：《中国新型政党制度是一项伟大的政治创造——国际社会热议中国新型政党制度》，《光明日报》2018年10月19日，第16版。

大的体制优势,并在理论上和实践上实现了对西方竞争性政党制度的超越,为世界政党制度提供了另外的选择。长期以来,在西方政党制度类型学中,对中国共产党领导的多党合作和政治协商制度一直存有偏见,或归于一党独裁制、一党独大制,或归于垄断型政党制度,或者完全排斥在外,归类时概不论及。中国学者在运用西方理论解读中国政党制度时,也往往牵强附会,生搬硬套,无法做出令人信服的逻辑分析和政治结论,不能自圆其说,在西方理论界和国际社会中也无力透视中国政党制度的运行规律和比较优势。新型政党制度概念的提出,显现了中国制度自信的力量,也为昭示中国的制度逻辑、制度结构、制度绩效和制度优势提供了理论依据和世界舞台,宣告西方制度偏见的破产。这是一种新型的政党制度模式,不同于西方政党类型学中任何一种类别,独树一帜。其释放的制度效能和治理优势已经有目共睹,在推动中国的治理现代化和政治发展方面意义非凡,也为全球治理贡献了中国方案。

（二）治理优势展现中国特色政治制度的优越性

中国新型政党制度是我国政治制度体系中的重要组成部分,其中包含了中国特色政治制度共通的一些目标指向、政治逻辑、制度结构、价值追求、运行机制等特征。新型政党制度所展示的目标、结构、民主、绩效方面的治理优势,实际上,在中国其他政治制度都有体现。比如,党的领导、人民当家作主和依法治国有机统一的内在逻辑,创新、协调、绿色、开放、共享的发展理念,政治稳定、经济发展、社会和谐、文化自信、生态文明五位一体的治国方略,目标明确、结构合理、人民民主、制度高效的理政实践等等,都是中国政治制度的基本遵循。这些制度的内在机理展现了中国特色政治制度的优越性，了解分析新型政党制度的治理优势，为理解中国特色的政治发展道路提供了窗口与路径，也为全球治理提供了中国制度的范式。

（三）治理优势彰显中国特色政治文明的优越性

在当今世界，西方的普世价值和制度文明已随着全球化在世界渲染，但是并未给世界带来和谐和安宁，许多后发展国家的动荡不安都有移植西方文明水土不服的因子，文明的冲突屡见不鲜。而西方国家本身在新时代面临着种种困境和挑战，也使很多人对信奉的西方普世价值心存疑虑。新型政党制度治理优势中体现的和合、合作、和谐、中庸、协商、共识、共赢等文化特质，来源于源远流长的中华几千年文明，这种文化机理和文明基因深刻影响了制度设计和制度运行，形成了制度的政治文化根基，彰显了中国特色政治文明的优越性。这是中国新型政党制度之所以独特的文明因素，不同的民族文化和政治文明塑造不同的制度品质，中华文明的“大一统”“共同体”“以天下国家为己任”“家国本位”“责任伦理”等文化传统已深深嵌入整个制度的机理，使整个制度的运作呈现出浓厚的民族文化气息和色彩。因此，在文化多元的世界文明之中，中国不仅展现了强大的经济实力和综合国力，文明的优越性也开始在世界文明中日益凸显，这种文明的优越性伴随着制度的稳固和高效，不断释放出强大的生命力，为世人所关注，在全球治理中彰显中国力量。

据此，可以得出结论，中国新型政党制度的成就和价值不应局限在一国的政治制度发展之中，还蕴含着探索普适价值规律的政党制度规则。中国新型政党制度是一种独特的中国治理方案、治理范式，为世界政党政治和全球治理的发展贡献了中国智慧。

第二节　新型政党制度是一项伟大政治创造

习近平总书记指出："中国共产党领导的多党合作和政治协商制度作为我国一项基本政治制度，是中国共产党、中国人民和各民主党派、无党派人士的伟大政治创造，是从中国土壤中生长出来的新型政党制度。"[①]这段话指明，新型政党制度，是在中国独特的国情条件下、在中国的社会土壤中成长起来的，植根于中国历史文化，产生于近代以后中国人民革命的伟大斗争，发展于中国特色社会主义光辉实践，具有鲜明的中国特色。但同时，这项伟大政治创造也具有普适性的价值，是中国为人类政治文明尤其是政党政治文明发展作出的一项重要增量贡献。

一、新型政党制度遵循于历史反思

众所周知，政党制度源自西方，在近代西方政治发展过程中，多样化的政党制度替代了封建等级和宗教特权制度，逐渐成为西方政治制度中的核心制度，在政治权力更迭、国家和社会治理、利益代表和表达、政治社会化、政策制定以及精英遴选等方面发挥了重要作用，在一定历史时期推动了人类政治文明的发展进步。[②]但作为资本

① 习近平：《坚持多党合作发展社会主义民主政治　为决胜全面建成小康社会而团结奋斗》，《人民日报》2018 年 3 月 5 日，第 1 版。

② 孙林：《习近平新型政党制思想的历史基础和时代意义》，《中共石家庄市委党校学报》2018 年第 5 期，第 8—9 页。

主义制度体系的重要组成部分，西方政党制度有着内在的、深刻的、难以克服的缺陷。特别是在向发展中国家移植的过程中，这些缺陷表现得尤为明显。二战之后，世界上不少国家建立起了“多党制”，虽然“民意”能够得到较为充分的表达，但政局相对不稳、内阁更迭频繁、行政效率不高是其主要特征。辛亥革命以后，中国的政党制度学习就是一个不断试错的过程，从民国初的两党制、多党制再到国民党时期的党国体制，制度学习试错的结果就是一错再错，换言之，都没有摆脱失败的命运。这些政党制度都没能助推中国实现国家富强、民主，社会文明、和谐，人民安康、幸福，更遑论民族复兴。以西方为对象的制度学习逐渐走入了死胡同，中国一直未能赶上现代化潮流，彷徨找不到出路。

苏联在确立社会主义制度以后，强调坚持无产阶级的独立性和共产党的领导地位，在此前提下，列宁基于革命形势的严峻性，认为苏维埃政权必须吸收代表其他劳动阶级或者阶层利益的政党参加。但是在革命过程中，苏俄政党制度经历了从多党合作制到共产党一党制的转变。1920 年 8 月，共产国际二大决定一国只允许建立一个共产党，俄国革命共产党并入俄共(布)，苏俄由此也成为共产党“一党制”国家。苏俄(联)“一党制”直接影响了后起社会主义国家的政党制度选择。毫无疑义，从理论上看，社会主义国家实行共产党“一党制”，充分发挥共产党的利益聚集和表达功能，在干部的培养和选用、对人民的政治教育和政治动员、组织高效政府等方面显现独特功效，这些优势是资产阶级任何政党制度无法比拟的。从实践上看，苏联通过共产党的“一党制”，依靠无产阶级政权的力量，在短时间内建立起生产资料公有制和计划经济体制，并完成社会主义工业化的事实,对后起的其他社会主义国家发挥了榜样和示范作用。这是这些国家采用共产党直接的或变相的“一党制”的重要原因。问题是,十月革命之后,列宁便发现旧时代的官僚主义现象并不因为共产党人取得政权和建立起社会主义基本经济制度而消失,相反地,官僚主义就在苏维埃制度内部部分地复活起来,以致各种官僚主义的现象在苏维埃政权巩固之初就泛滥起来,并逐渐蔓延到各个领域、部门,且渗透到党内。列宁指其为“祸害”“脓疮”,甚至痛感苏维埃俄国是一个“带有官僚主义弊病的工人国家”。①而正是这难以克服的官僚主义弊端最终导致了苏联、东欧社会主义国家的政治剧变。

与这些社会主义国家的执政党不同,中共从建党之初就认识到统一战线的重要性,尤其是共产党领导的各政党、政派、团体政治合作在中国革命历程中的重要价值。统一战线被中共视为民族革命和政治革命成功的“三大法宝”之一。在后来的社会主义革命和社会主义建设过程中,中共始终强调多党合作和政治协商的重要意义。由此可见,中国新型政党制度是在中国共产党领导的新民主主义革命长期斗争中形成的,党际之间表现为“一党领导,多党合作”的非竞争型协商合作关系,这与十月革命前后俄国议会中存在的包括布尔什维克在内的合法竞争型的“多党制”不同,也与有些社会主义国家采用的形式上的“多党制”不同,更与后来苏联及受其影响的社会主义国家实行的共产党“一党制”相迥异。在中国新型政党制度中,作为领导党和执政党的中国共产党与民主党派存在着实质上的“互相监督”关系。②

① 《列宁全集》第40卷,人民出版社1986年版,第204页。

② 杨德山:《试论新型政党制度之“新”:比较政党制度视角下的分析》,《教学与研究》2019年第3期,第42页。

在历史性反思中，中国共产党深刻认识到，以资本主义政党制度为代表的旧式政党制度从根本上不适用于中国；也深刻体会到，其他社会主义国家的政党制度不能简单照抄照搬，必须塑造适合中国国情的新型政党制度。中国共产党、中国人民和各民主党派、无党派人士共同创造了一种既本质上不同于欧美资本主义政党制度，也有别于苏东社会主义政党制度以及第三世界国家政党制度的全新政党制度。历史表明，近代以来，中国的政党制度学习由西向东，由外而内，反求诸己，走了一个否定之否定的道路，在不断试错中学习，进而催生了伟大的政治创造，在本国土壤中培育生长出来了适合自己的政党制度。同时，这种政党制度还要根据时代的发展变化而不断发展完善。从中国共产党领导下的多党合作和政治协商制度，到中国共产党领导的多党合作和政治协商制度，到中国特色政党制度，再到中国新型政党制度，中国政党制度不忘本来、吸收外来、面向未来，把马克思主义政党理论同中国具体实际有机结合并不断发展完善，走出了百年制度自卑，走进了制度自信的新时代。①

二、新型政党制度发展了政党学说

政党政治是现代政治的通则，但实现政党政治的形式却是丰富多样的。没有最好的政党制度，只有最适合的政党制度。欧美资本主义政党制度过分单一地注重竞争性选举，在花样繁多的利益博弈中选强择优，始终无法摆脱利益代表片面化、政党恶性竞争以及金钱政治等

① 孙林：《习近平新型政党制思想的历史基础和时代意义》，《中共石家庄市委党校学报》2018 年第 5 期，第 10 页。

痼疾；苏东社会主义政党制度始终难以克服监督乏力以及官僚主义等一系列问题。出现这种情况，皆因理论与实践结合不当而致。

习近平总书记指出："政治制度是用来调节政治关系、建立政治秩序、推动国家发展、维护国家稳定的，不可能脱离特定社会政治条件来抽象评判，不可能千篇一律、归于一尊。"①从根本上说，一国政党制度的形成，取决于采用什么样的政党理论为指导，与什么样的具体国情相结合，并且这种结合还必须体现创造性思维。

从 20 世纪 20 年代初到 40 年代末，西方世界的"多党制""两党制""一党制"并列而存于中国人面前，且各呈其优势。除中国共产党之外的中国各种政党、政团、政派组织及其代表人物，都做过自以为是的各种选择，但中国最终还是选择了新型政党制度。究其根由在于中共将马克思列宁主义政治科学理论，尤其是政党学说，运用于中国革命实践而得出了符合中国近代政治发展规律的结论。这种科学的理论和学说内容丰富，其中最被人们熟知的是列宁的那段经典论述，"在通常情况下，至少在现代的文明国家内，阶级是由政党来领导的；政党通常是由最有威信、最有影响、最有经验、被选出担任最重要职务而称为领袖的人们所组成的比较稳定的集团来主持的。这都是起码的常识"。②列宁在这里告诉人们：政党是阶级斗争发展到一定历史阶段——"现代的文明"社会的产物；政党是本阶级利益的代表者、斗争的领导者；政党是按照一定的组织原则、由稳定的领袖集团集合起来的有纪律的团体；政党斗争的直接目标是掌握国家政权。依据这些理论观点，在长期的革命斗争实践中，中国共产党认为：第一，阶

---

① 《习近平谈治国理政》第 2 卷，外文出版社 2017 年版，第 286—287 页。

② 《列宁选集》第 4 卷，人民出版社 2012 年版，第 151 页。

级性是政党的本质属性。在中国共产党看来，在现代中国，有多少阶级就应该有多少政党，这是不以人们意志为转移的客观现实。因此，中国国民党推行极端化的“一党制”“一党专政”，在理论上是荒谬的。而那些无视十月革命和五四运动之后中国历史发展方向，无视中国社会阶级力量对比的政党、政团、政派及其代表人物，公开表达或婉转陈述要在中国实现西方式的“多党制”，只是一厢情愿的想象而已。所以，“一党专政”制、“多党制”均不适合中国国情。第二，历史性是政党的基本特征。正是由于政党是阶级社会特定时代的产物和现象，所以一旦阶级消失了，政党亦随之消灭。“共产党和民主党派都是历史上发生的。凡是历史上发生的东西，都要在历史上消灭。因此，共产党总有一天要消灭，民主党派也总有一天要消灭。……我们的任务就是要促使它们消灭得早一点。”[①]中国共产党对于政党这一基本特征的揭示，既丰富和发展了马克思主义的政党学说，更超越了现代中国其他政党理论，这为中国新型政党制度的合理性提供了深刻理论依据。第三，包容性是中国新型政党制度的文化支撑。“和而不同”“周而不比”是中国政治的优良传统。“唯我独革”“唯我独存”“唯我独大”的“一党专政”制度，不“和”也不“周”；勾心斗角、尔虞我诈的西方式“多党制”，又“同”又“比”，它们都不合乎中国传统政治文化精神。中国新型政党制度适合于超越了不同阶级、阶层利益诉求的更大的、共同的民族国家目标，既“和”且“周”。所以，从这个角度看，中国新型政党制度真正是“从中国土壤中生长出来”的。[②]

① 《毛泽东文集》第7卷，人民出版社1999年版，第35页。

② 杨德山：《试论新型政党制度之“新”：比较政党制度视角下的分析》，《教学与研究》2019年第3期，第40页。

由是观之,中国新型政党制度实现了马克思主义政党理论与中国具体国情的创造性结合。从历史演进的角度说,在对旧式政党制度闹剧的反思中,中国共产党主导中国革命、建设与改革伟大进程的历史发展逻辑,就注定了中国不能简单照搬模仿某些旧式政党制度。从理论的指导角度说,马克思主义指导下的政党制度与其他旧式政党制度有着本质的不同。同时,在理论与实践的伟大结合中,中国共产党也对原本的马克思主义政党制度进行了创造性发展。中国新型政党制度把政党制度从旧的刻板印象中解放出来,以问题为导向,创造了有事多商量、遇事多商量、做事多商量的多党合作和协商政治的新形态。不仅代表广泛的直接利益,更代表深刻的根本利益;不仅代表短期利益,更代表长期利益;不仅代表界别局部利益,更代表全国各族各界全局利益;不仅代表流动的民意,更代表稳固的民心。从协商建国、民主建政,到重大建设、深化改革,再到精准扶贫、基层治理,新型政党制度广泛、多层、制度化发展。这一政党制度能够真实、广泛、持久代表和实现广大人民根本利益、全国各族各界根本利益,有效地避免了以往政党制度民主代表少数人、少数利益集团的弊端,实现了世界政党政治发展史上理论与实践创造性结合的伟大变革。

三、新型政党制度实现了制度创新

新型政党制度吸收五千年中华民族历史沉淀积累的天下为公、兼收并蓄、求同存异等优秀政治文化,借鉴欧美资本主义政党制度多党竞合,以及苏东社会主义政党制度的有益成果,突破二元对立和一元绝对的窠臼,辩证处理一与多的关系,有效实现一与多的结合,创造了一党领导、多党合作制度，实现了政党制度的创造性革新。①

首先，新型政党制度实现了制度结构创新。欧美资本主义政党制度是“打橄榄球”，制度结构是竞选成功与失败择一的“执政—在野”模式；苏东一些国家的社会主义政党制度是“独自打保龄球”，制度结构是生存与毁灭选择其一的“执政—非执政”模式；中国新型政党制度突破了旧式政党制度传统框架，是唱“大合唱”，创造了“长期共存、互相监督、肝胆相照、荣辱与共”的“中心—多元”“执政—参政”“协商—合作”相结合的复合模式②，这一结构更精巧、更完善、更优越，实现了制度结构的伟大创新。

新型政党制度的基本架构是“中心—多元”，这个基本架构与我国国体、政体相适应，具有深厚的社会、历史、文化基础。中国政党制度自形成起便呈现出“中心—多元”的模式，“中心”指的是中国共产党的领导，“多元”指的是各民主党派、无党派代表人士以及他们各自所联系的社会力量。《中华人民共和国宪法》第一条规定：“中华人民共和国是工人阶级领导的、以工农联盟为基础的人民民主的社会主义国家。”第二条规定：“中华人民共和国的一切权利属于人民。”③“中心—多元”的新型政党制度通过规范政党与国家政权之间的关系，以及各政党之间的关系，形成两个基本制度要素：一是新型政党制度从基本政治制度这一层面，确立起中国共产党在各政党中的领导地位，从而充分体现出了我国国体政体中规定的工人阶级对政权的领导地

① 孙林：《习近平新型政党制思想的历史基础和时代意义》，《中共石家庄市委党校学报》2018 年第 5 期，第 10 页。

② 潘越：《新型政党制度的中国品格：“三个基本”》，《湖南省社会主义学院学报》2019 年第 1 期，第 25 页。

③ 《中华人民共和国宪法》（宣誓本），中国法制出版社 2018 年版，第 7 页。

位。二是从政党制度结构的层面确立了开放多元的制度架构。我国新型政党制度中，其领导核心的一元性与政党结构中的多元性模式，形成了新型政党制度特有的制度优势；新型政党制度的基本特点是“一党执政—多党参政”，在新型政党制度的基本构架中，无论是中国共产党的执政党之地位，抑或是民主党派的参政党之地位，都是以我国法律的形式固定下来的。因此，不管是中国共产党，还是各民主党派，他们都是中国政治体制内的政党，是不分朝野内外，也不存在政党之间为了取得“执政权”而进行的相互竞争。执政党和参政党通力合作，共同致力于中华民族伟大复兴的事业；新型政党制度的基本理念是“协商—合作”，这个基本理念彰显了中国特色社会主义民主理论的真正价值。“多党合作”是新型政党制度的具体形式，习近平总书记强调各民主党派要做中国共产党的“好参谋、好帮手、好同事”。可以说，合作共赢是我国政党制度的重要特征，合作本身就是民主的一种实现形式。同时与西方的以“竞争”为理念的民主不同，协商也是我国新型政党制度的基本理念和本质特征。“协商民主”强调的是权力运行和国家治理过程中的民主，保证人民在日常政治生活中有广泛持续深入参与的权利。新型政党制度的结构创新充分彰显了中国特色社会主义新型政党制度的魅力，凸显了其中国品格。

其次，新型政党制度实现了政党关系革新。政党关系即政党在权力争夺时与其他政党所形成的互动关系。政党关系在政治实践中往往呈现出很大的特殊性，它与所在国的政治文化、政治传统关系密切。政党关系是现代社会中居于核心地位的重要政治关系之一，是考察一国民主是否完善的重要标志。成熟的政党关系不但可以作为特定的游戏规则规范政党活动，使政治共同体平稳运行，而且在政党矛盾冲突激化时，也将以其制度化的运作增强政治制度的合法性，帮助政治共同体平稳度过危险期。反之，一旦政党关系脆弱，不仅会导致政治运行效率低下，使民主政治制度抗危机能力下降，甚至会葬送整个民族的安定和幸福。一定意义上，任何政党制度都是政党关系的总和，有什么样的政党制度，就有什么样的政党关系。

欧美资本主义政党制度下政党关系是非此即彼的竞争关系，苏东一些社会主义政党制度下政党关系是有你无我的存亡关系，而中国新型政党制度超越了以往政党之间零和博弈、松散联结和“包打天下”等各种关系样式，创造了一种紧密合作的政党关系新格局，是一种共生关系，实现了政党关系两种创造性革新：一是政党政治地位法定的长期合作模式；二是执政党建设与参政党建设共进的相互增益模式。①

从民主视野来观察政党关系，根据民主原则的不同侧重，可以将世界政党关系分为威权型政党关系、竞争型政党关系和协商民主型政党关系。②威权民主原则下的政党关系，特点是国内只有一党（或一党联盟）合法存在或者在政治生态中占据明显优势，主导国家的政治生活；其他政党要么发展受限，不可能成为政治生态的主流，要么根本没有合法存在的法律基础，以秘密结社形式存在。这种政党关系强调合作与效能的民主原则，但是呈现了经济绩效的不可控性和民主表面化的局限。竞争型政党关系的特点是一国中存在两个或者两个以上政党，实现政党轮流坐庄或联合执政。这种政党关系强调竞

① 中央党校习近平新时代中国特色社会主义思想研究中心：《新型政党制度是伟大的政治创造》，《学习时报》2018 年 6 月 20 日，第 4 版。

② 刘阳：《民主视野中的政党关系》，《理论与现代化》2006 年第 3 期，第 55—56 页。

争与效能或者竞争与同意的民主原则，但是这种政党关系中自由民主原则陷入了民众边缘化困境：政党关系的高度竞争性，削弱了选民对政治的信任感与对政党本身的认同，政党“中间化”剥夺了选民的实质选择权，政党与利益集团的相互借重压缩了选民的选择空间。协商民主原则的政党关系主要体现在中国共产党领导的多党合作和政治协商制度中的政党关系。这种政党关系强调合作与同意的民主原则，切实关注多元化和公共利益，实现了与时代发展的和谐，确保了多元社会中各政党平等沟通，保证了公共理性始终作为政治运作的中心。将有效的协商运作过程与更多的积极因素有机结合，从而保持政治的稳定性和协同性，保持政治参与的多样性和政治生活的生机活力。

第三，新型政党制度实现了政党监督模式革新。新型政党制度创造了“一党领导多党合作制下的向心合作监督”这一政党监督的新模式①，有效避免了一党缺乏监督或者多党恶性监督的弊端。

在竞争性政党制度下，党际监督的目的是取而代之，可以说，它是一种替代性监督。在中国语境下，民主党派参政党的地位，决定其对执政党的监督是为了巩固现有的政治制度，是一种合作性监督。合作性监督的基本特征表现为“政党性、政治原则性、利益一致性、批评建议性、广泛代表性”，具有鲜明的民主性、合作性和表达性。②

从中国革命与建设的实际出发，中国共产党建构了多党合作的党派关系。其中，长期共存、互相监督的方针，决定了党际监督在制

---

① 孙林：《习近平新型政党制思想的历史基础和时代意义》，《中共石家庄市委党校学报》2018 年第 5 期，第 10 页。

② 管志利：《再治理：参政党民主监督的效能增进及其治理转向》，《理论导刊》2020 年第 9 期，第 70 页。

度设计过程中的重要地位；而中共的长期执政地位，决定了所谓党际监督主要是参政党对执政党的监督。从参政党的性质出发，合作性监督属于过程监督，它可以把很多问题消灭在政策制定的过程中，在此意义上说，中国参政党的监督具有超越一般监督的积极意义，它可以帮助和提高执政党的执政能力。同时，远离党派攻讦的合作性监督便于政治资源的优化配置，降低执政成本，提高政府执行力。①在中国急剧的社会变迁过程中，中国共产党没有培育体制性的反对力量，而是借助各种传统的体制、制度和组织资源，不断地建立各种新兴社会力量与执政党和政府的制度化联系机制，其中参政党的合法发展和民主监督就成为保持中国社会政治稳定的特殊机制。

新型政党制度在马克思主义国家观和政党理论的指导下，从监督形式上超越了西方"执政党—反对党"的监督模式，以"执政党—参政党"的合作方式实现了更有效、更全面的监督，促进了中国共产党的廉洁执政。"执政党—参政党"的监督形式具有体现人民监督的意义，不断加强民主监督的规范化、程序化、制度化，这是中国特色社会主义制度的创举，更是确保执政党廉洁执政的有效制度。

四、新型政党制度建构了理论话语

中国发展实践对西方中心主义理论话语的不断突破，已经成为当前全球社科理论研究的一种常态。理论话语是软权力和软实力，西方社科理论界长期把控着政党制度的理论话语。这些"把投票选

① 王建华、王云骏：《我国多党合作的民主监督问题研究——基于比较政党制度的视角》，《学术界》2013年第1期，第24页。

举简单等同于民主，把政党竞争简单等同于政治”的所谓“科学理论”，成为某些西方势力在意识形态和舆论上攻击中国政党制度的主要理论基础。

习近平总书记强调：“失语就要挨骂”，“争取国际话语权是我们必须解决好的一个重大问题”，“要善于提炼标识性概念，打造易于为国际社会所理解和接受的新概念、新范畴、新表述，引导国际学术界展开研究和讨论”。①在“两会”期间，习近平总书记对中国的政党制度作出新的论断，提出“新型政党制度”的重要概念，并深刻阐释了新型政党制度的三个根本特征。从内涵的总结和概念的表述层面都发生了一定变化，最为鲜明的特点就是强调“新型”政党制度本身。换言之，不仅反映了一种话语表达的转换，也反映了对待我国政治制度心态的变化，更加体现出制度自信，以更加主动担当的心态展现我国政党制度的普遍性价值。从“符合中国国情的社会主义政党制度”到“适合中国国情、具有中国特色的社会主义新型政党制度”，到“符合我国国情、具有鲜明中国特色的社会主义新型政党制度”，再到“从中国土壤中生长出来的新型政党制度”。一方面，反映了总结制度话语的变迁和转化；另一方面，反映了对我国政党制度认识的深化和价值的认同。从概念的初步总结，到概念的深入演化，再到概念的最终形成，是一个概念发展史的过程，也是政党制度内涵丰富的过程。②这不仅是对制度的总结概括，也是中国特色社会主义政党制度的理论创造和话语创新，是“四个自信”的又一次彰显，对新时代中国特色社会

---

① 《习近平谈治国理政》第 2 卷，外文出版社 2017 年版，第 346 页。

② 杨彬彬：《“新型政党制度”：概念、内涵与特点》，《新视野》2019 年第 3 期，第 89—90 页。

主义制度的国际话语权建构具有重要意义。

由于人类文明的多样性以及经济和社会发展的特殊性，不同的政党制度的建构与运行并没有优劣之分。中国的政党制度是中国共产党、中国人民和各民主党派、无党派人士的伟大政治创造，是深植于中国土壤的新型政党制度，适应中国国情、具有鲜明的中国特征，其优越性和生命力也同时彰显着中国力量，凸显着人民当家作主的社会主义民主政治本质，与以一党制、两党制、多党制为代表的西方政党制度有着根本区别。

新型政党制度使得人们可以从新的理论制高点审视世界政党政治和政党制度，透视出了西方政党制度理论的贫困。由此，新型政党制度超越了以往所有政党制度的分类标准，以"新""旧"界分政党制度，实现了对西方理论话语的创造性突破。更重要的是，新型政党制度赋予人类政党政治更加生动、丰富、有机的理论内涵和制度内涵，从而彰显了中国和中国共产党人高度的理论自信和制度自信。①

在庆祝全国人民代表大会成立60周年大会上，习近平总书记强调："各国国情不同，每个国家的政治制度都是独特的，都是由这个国家的人民决定的，都是在这个国家历史传承、文化传统、经济社会发展的基础上长期发展、渐进改进、内生性演化的结果。中国特色社会主义政治制度之所以行得通、有生命力、有效率，就是因为它是从中国的社会土壤中生长起来的。中国特色社会主义政治制度过去和现在一直生长在中国的社会土壤之中，未来要继续茁壮成长，也必须深

① 孙林：《习近平新型政党制思想的历史基础和时代意义》，《中共石家庄市委党校学报》2018年第5期，第15页。

深扎根于中国的社会土壤。”①制度总在比较中定新旧，在实效中分优劣。当前仍在不断发展完善的新型政党制度，是近代以来中国人民的历史选择，是在无数次纵向和横向竞争中脱颖而出，适合中国实际和发展方向的伟大政治创造。

概言之，新型政党制度的提出，提供了政党制度发展的中国范例，彰显了新型政党制度的中国优势，拓展了世界政党政治的理论向度，给世界上那些既希望加快发展又希望保持自身独立性和政局稳定性的国家和民族提供了全新的政党制度模式选择，为解决人类问题贡献了中国智慧、中国经验和中国方案，是对人类政治文明的重大贡献。

延伸阅读一：

西方政党政治四大乱象

英国脱欧、特朗普胜选、意大利修宪公投失败、欧美民粹主义和保护主义抬头……一连串令人眼花缭乱的事件，暴露出西方标榜的民主模式中党派纷争、内乱不止、相互倾轧、社会撕裂等种种弊端。以选举政治和多党竞争政治为核心的西式民主，已经无法协调社会各种力量，日益丧失为国家未来发展提供保障的功能。正如美国《全球策略信息》杂志华盛顿分社社长威廉·琼斯所说：“西方民主制度并不是在退缩，而是在崩溃，且已经持续了相当长一段时间。”

① 《习近平谈治国理政》第2卷，外文出版社2017年版，第286—287页。

党争不断　争权夺利脱离群众　沦为利益集团工具

西方政党政治以多党竞争为主要特点。在西方政党政治中，政党就是围绕夺取政权、维护政权和参与政权而开展活动的政治组织。政党之间围绕权力进行博弈是西方政党政治的常态，随着西方政党日益脱离群众，成为少数既得利益者的政治工具，这种博弈往往以损害国家利益为代价。

2016 年美国总统选举中，民主党候选人希拉里和共和党候选人特朗普为赢得选举不择手段，毫不顾忌地互相攻讦，老百姓真正关心的议题反而成为陪衬。希拉里骂特朗普是“疯子”，特朗普则威胁：“如果我当选，我将命令总检察长任命特别检察官调查你，送你进监狱！”

美国北星民意调查研究机构主席威特·艾尔斯对本报记者表示，希拉里和特朗普相互攻击“主要集中在个性、丑闻等方面，政策方面则缺乏深度”。两人的这种针锋相对并非出自正义，也非源自相互间的仇恨，只是为代表各自党派竞选而服务。分析人士认为，美国民众早已对两党轮流坐庄失去信任，“选举秀”旨在吸引更多民众眼球。果然，特朗普胜选后就立刻否认将起诉希拉里。

2018 年 1 月 19 日晚，美国国会参议院未能通过联邦政府临时拨款法案，联邦政府非核心部门从 1 月 20 日零时起被迫关闭。不到一个月时间政府两次“关门”，成为“驴象之争”引发的又一闹剧。据美国媒体分析，此次联邦政府机构关门将对社会、经济造成广泛影响，每天损失约 65 亿美元。民主党与共和党拒不相让的原因却并非拨款问题本身，而是夹带在拨款法案中的私货——“童年抵美者暂缓遣返”法案等问题。“童年抵美者暂缓遣返”法案由前总统奥巴马于

2012年签署实施，但被特朗普于2017年9月废除。据统计，自1977年以来，美国联邦政府部门部分关闭10次以上，时间短至1天，长至数周，平均每届总统任期内都要发生1次。

德国大选后5个多月才组阁成功，背后也是党派利益作祟。2017年9月，联合执政的联盟党和社民党在德国大选中得票率分居第一、第二位，但各自距前一次大选得票大幅下滑。社民党认为，同联盟党联合执政是导致其得票率下跌的主要原因，因此坚决拒绝再次联合组阁。联盟党曾试图与自民党和绿党组阁，终因利益分配不均告吹。

最后，德国总统施泰因迈尔出面斡旋，让联盟党与社民党重新开展谈判。双方在进行了新的讨价还价后终于达成协议联合组阁，但两党的信誉均受到重创。德国机械设备制造业联合会主席博罗特曼公开表示，德国组阁是“各怀心思，无精打采，毫无灵感”。《柏林日报》总编辑尤亨·昂兹指出，组阁僵局显出党派间无比狭小的共识空间，对德国这样一个工业大国、欧洲强国而言，“这次组阁过程真是一个历时漫长的笑话”。

内斗不止　政客之间勾心斗角　民众利益抛之脑后

西方政坛上经常出现“弃政从商、由商入政”现象，给人感觉似乎是政治更加平民化了，其实前者往往是政客在台上给自己谋了后路，走“旋转门”，而后者则是权钱交易下给予商人的政治报答，核心都是各自的利益。一旦利益受损，政客们将不惜撕破脸皮。如果说党派斗争中还存在着些许理念之争的色彩，党派内的斗争背后只有赤裸裸的利益。

2014年9月，时任英国首相卡梅伦虽不支持英国脱欧，但为履行竞选诺言而发起“脱欧公投”。然而，他的老同事、伦敦前市长约翰逊却选择“反水”，与养老大臣伊恩·邓肯·史密斯等拉拢100多位议员，组成保守党“脱欧派”，在执政党内闹起了分裂。

一位支持脱欧的英国保守党议员在接受《星期日泰晤士报》采访时，竟然作出露骨表态：“我并不想从背后给卡梅伦一刀，因为我想从正面给他一刀，这样我可以看到他挨刺时脸上的表情……”一次关乎国家未来命运的公投，竟然成为私人恩怨的泄愤工具。

英国舆论广泛猜测，约翰逊掀起内斗“醉翁之意不在酒”，意在夺取首相宝座。公投后，虽然约翰逊出任外交大臣一职，但在英国如何脱欧的问题上，他依然强硬地与首相特雷莎·梅唱反调，大有继续逼宫之势。

无独有偶，2016年12月，时任意大利总理、民主党总书记伦齐在其主导的修宪公投失败后宣布辞职，不仅反对党高奏凯歌，前总理达莱玛和前总书记贝尔萨尼领导的党内“少数派”也“载歌载舞”。据统计，民主党“少数派”在公投中至少为反对党“贡献”了10%的选票，否则修宪公投结果可能完全不同。

“少数派”这么做，主要源自对伦齐个人的不满，以及担心失去既得利益。伦齐在2013年12月就任民主党总书记后，大力提拔党内年轻人，贝尔萨尼等党内元老的话语权遭到削弱，而他在担任总理后又大刀阔斧地进行改革，也触动了党内众多元老的“奶酪”，修改《劳动法》更让双方在议会中“兵戎相见”，使民主党内出现事实性分裂。

据媒体报道，2014年欧盟委员会改选期间，恰逢意大利担任欧盟理事会轮值主席国，达莱玛当时曾积极运作，希望出任欧盟外交和安全政策高级代表。但伦齐却坚持提名时任意大利外长莫盖里尼，致使未能如愿的达莱玛重新“杀”回政坛与其为敌。

意大利《晚邮报》对民主党分裂进行了毫不留情的批评，直言："这种分裂是不负责任的表现!"当事双方在内斗过程中都在逃避责任，就连伦齐也曾有机会避免分裂。执政党分裂给意大利政坛带来的不确定性等问题，"毫无疑问将使民主党的支持者们感到痛苦和迷茫"。

政治极化　西方治理体制衰败　导致极端势力抬头

真正的民主模式应该让社会各种力量进行协商，以便达成妥协和平衡，而不是进行零和博弈，以压倒和战胜对方为目标。西方政党政治不断极化，让妥协的可能性越来越小，以至于不同力量的协商变成了非此即彼的恶斗。传统政党深陷这种恶斗之中难以自拔，无暇顾及国家的未来发展，让民众对其深恶痛绝的同时，也给极端主义和民粹主义的发展提供了有利条件。

2018 年 3 月 5 日，意大利大选结果公布，民粹主义政党"五星运动"成为最大赢家，以近 33%的得票率成为议会第一大党。极右翼政党联盟党，则以超过 17%的得票率战胜了中右联盟领导人贝卢斯科尼的意大利前进党。一时间，"'五星运动'和联盟党联合执政让欧盟彻底走向分裂"的担忧，蔓延至整个欧洲。

为什么"五星运动"能在选举中大胜？分析人士指出，意大利当前经济增长乏力、贫富差距悬殊、年轻人失业情况严重，现有政党除了搞斗争"在行"，对发展经济、改善民生提不出什么有效对策。"五星运动"瞄准传统政治势力开足火力猛攻，获得了大量选民特别是年轻选民的青睐。联盟党反欧反移民，更在大选中效仿美国总统特朗普提出了"意大利优先"的口号，也成功夺走了中右联盟的话语权。

此前，法国极右翼政党"国民阵线"在法国议会选举中获得 8 个席位，其领导人勒庞首次当选议员。在德国大选中，传统大党联盟党和社民党都创下历史新低，而以反欧盟、反难民等为口号的右翼政党德国选择党，却一跃以13%的得票率成为联邦议会第三大党。在奥地利，极右翼政党自由党和中右翼的人民党结盟组阁，被法国《解放报》看作“右翼势力在欧洲扩张的最新收获”。比利时《标准报》也直言，超过1/4的选民被自由党的政治纲领吸引，足以证明右翼民粹主义又回到了奥地利“主流社会”。

当前西方民主的最大威胁在于，民主制度未能满足民众的基本需求，因此催生出“去道德化”的政治趋势。美国《全球策略信息》杂志华盛顿分社社长威廉·琼斯对本报记者表示：“大多数选民认为政府中没有人为他们而战，使得投票意愿不断下降，即使投票，也更倾向于以反建制的抗议型思维作出选择。”

选举异化 一切为了选举上台 信口许诺任性决策

西方民主理论宣称，只有实行竞争性政党制度，通过民意选择和政党博弈，才能产生比较理想的执政党及领导人。然而，今天的西方政党已被选票绑架。为了多拉选票，候选人使尽招数讨好选民，一旦当选，承诺就变成一纸空文。执政的领导人往往通过提前选举或公投，为自己的权力游戏“下注”。

卡梅伦当初决定举行英国脱欧公投的如意算盘是：反正公投通不过，他可借公投打击反对党、巩固自己的权力，还可趁机要挟欧盟。但将一个涉及国家前途命运的重大政治议题，交给信息获取并不充分、不平衡且易于被眼前利益迷惑的普通选民来决断，无疑是轻率的政治赌博。随着“脱欧派”出人意料地胜出，卡梅伦这个缺乏责任和担当的政客也不得不告别政坛。

以史密斯为代表的保守党政客，为了赢得脱欧公投的胜利，炮制了诸如“英国每周向欧盟付出3.5亿英镑，离开欧盟可以将这些钱用到国民医疗体系上”的不实言论。在脱欧已成定局后，人们才发现脱欧的代价远远高出预料。民调显示，多数民众对脱欧感到后悔，希望能扭转脱欧进程。政客们这种不顾国家利益的做法，把英国带入一个混乱迷茫的时期。

伦齐发起意大利修宪公投，也是想扩大政府权力，为接下来的政治经济改革扫清道路。计划裁撤的意大利省级行政区划、意大利经济和工作委员会，更是长久以来饱受民众诟病。反对党却老谋深算，用一句“伦齐修宪是想要独裁”，成功转移了选民的注意力。

伦齐在辞职讲话中表示，意大利政坛本来就是风水轮流转的舞台，无所谓输赢，“每次选举后都会一切照旧”。但他还是要大声疾呼，因为自己本想为意大利的未来有所作为，由于改革想要撤掉的椅子太多，结果“被撤掉的只有我的椅子”。

西方国家的反对党利用民众不满情绪，为了反对而反对，短时间内就可集聚大量人气。当他们从反对党变为执政党时，民众才会发现，一切都不过是空中楼阁。

“如今，西方政治制度的弊端越来越明显，老百姓对传统政党感到失望，新的政党又没有执政经验，大多数只能靠喊口号、煽动民粹主义情绪来获得支持，不能实际解决问题。”俄罗斯科学院远东研究所首席研究员亚历山大·洛马诺夫认为，对比西方社会的现状，中国的新型政党制度具有很强的现实意义。

——摘自《西方政党政治四大乱象》，《人民日报》2018年4月2日，第23版

延伸阅读二：

中国新型政党制度是一项伟大的政治创造

——国际社会热议中国新型政党制度

2018年3月，习近平总书记在全国政协十三届一次会议联组会上发表重要讲话，提出“新型政党制度”的重大政治论断，引发国际社会广泛关注和持续热议。国际社会普遍认为，新型政党制度植根于中国土壤，适合中国国情，是推动中国经济社会发展的重要制度保障。始终不移地坚持中国共产党的领导，是新型政党制度取得成功的关键。多国政党政要、智库媒体均强调，新型政党制度为破解世界政党难题、创新民主实现形式和推动世界政治文明发展提供了中国智慧和中国方案。

俄罗斯公正俄罗斯党、希腊新民主党、保加利亚和匈牙利等国政党及智库学者等认为，在西方多元竞争政党制度下，各个政党代表不同利益集团，为赢得政权相互攻讦、内耗不断。为争夺选票，各个政党对选民进行刻意“切割”，夸大不同社会群体的利益分歧，加剧了社会的对立分化。中国新型政党制度具有广泛性和包容性，各民主党派不是在野党和反对党，而是与中国共产党“同舟共济”的友党，共同致力于实现为人民谋幸福、为民族谋复兴的伟大历史使命。中国共产党与各民主党派的和谐关系，有效避免了各党相互倾轧给政治稳定和经济社会发展造成危害，有利于确保国家决策科学化和民主化。

日本友好人士强调，习近平总书记团结带领中国人民朝着既定目标努力奋斗，中国经济不断发展，政治持续稳定。中国的发展表明新型政党制度是符合中国国情的，应继续坚持并加以完善。

坦桑尼亚领导力管理学院执行院长桑博嘉、苏丹全国大会党、苏丹拉卡伊兹研究中心和哈萨克斯坦、突尼斯等国主要政党表示，制度的生命力在于它的适应性，一个国家采取什么样的政党制度，完全取决于该国历史传统与现实国情。中国共产党十分重视建立与其现实需要、历史环境、时代要求等相适应的政党制度，并在总结成功经验的基础上不断完善。新型政党制度适应中国土壤，既实现了中国共产党的集中统一领导，又保证了参政党贡献智慧和力量，与中国国情高度契合，效果明显。

美国前政要、智库学者指出，中国政党制度和美国政党制度各有优劣，中国的政党制度具备执行力强、代表性广、选人用人专三大特点。40年来，中国改革开放取得了举世瞩目的成就，保持了经济高速增长，数亿人得以脱贫，事实已经证明了中国的政党制度的合理性和优越性。

柬埔寨《高棉时报》执行总编辑秦索卡表示，很多人赞赏中国的经济成就和对世界的贡献，却指责中国政党制度，指责中国缺乏反对党，这是典型的分裂思维。中共是中国长期快速发展的根本保证，而其他民主党派是发展的重要参与和推动力量。如果看不到这一点，就不可能全面深入理解中国经济成功的秘诀。

欧盟各界表示，西方政党制度或多或少存在着种种弊端，中国新型政党制度完全可以为解决世界各类政党制度难题，特别是发展中国家在现代化进程中遇到的政治难题贡献中国智慧。

英国社会学家阿尔布劳表示，西方对中国最大的误解是不了解中国的政党制度，特别是不了解中国共产党。中国共产党带领中国取得巨大发展成就的历史经验是独一无二的，应该更加理直气壮地向世界介绍自己的政党制度。

韩国政党政要及智库学者指出，多数韩国人对中国政治制度有偏见，主张中国仿效西方实行多党制。近年，随着中国综合国力和国际地位不断提升，韩各界对中国的认知不断转向理性和客观，对中国政治制度的评价趋向多元。部分人在固守西方民主价值观的同时，开始重新思考中国的政治制度、政治发展道路。甚至有人提出，世界各国对民主的探索都还在路上，选择的路径方式不尽相同，现在就评价孰优孰劣为时尚早。西式民主不是唯一衡量标准，每个国家的政治制度都是其人民的选择，应予以尊重。

希腊帕潘德里欧基金会主席政治顾问弗佐普洛斯表示，中国的政党制度为世界政党制度发展提供了另一种选择，政治协商制度创造了非执政的政党参加国家事务管理的独特方式，为世界政党制度的发展作出了独特贡献。

哈萨克斯坦政党政要及智库学者指出，与西方学者指出的“历史终结”相反，中国的发展预示着世界“新历史的开端”，中国新型政党制度是对世界政党制度和人类政治文明的伟大贡献，中国应该更加积极和自信地在世界传播自己的政治理念。

——摘自中共中央对外联络部研究室：《中国新型政党制度是一项伟大的政治创造——国际社会热议中国新型政党制度》，《光明日报》2018年10月19日，第16版

第五章　加强中国特色社会主义参政党建设

中国特色社会主义参政党是多党合作的重要主体。中国特色社会主义参政党的建设关系到中国新型政党制度的坚持和完善，关系到国家治理体系和治理能力现代化的推进，关系到社会主义现代化强国目标的实现。进入新时代，以习近平同志为核心的中共中央高度重视参政党建设，就坚持和完善我国多党合作制度、加强中国特色社会主义参政党建设提出了一系列新思想、新观点，回答了新时代“为什么要加强中国特色社会主义参政党建设、建设一个什么样的中国特色社会主义参政党、怎样建设中国特色社会主义参政党”等重要课题，多党合作事业发展进入了崭新时期，中国特色社会主义参政党的职能作用充分发挥，中国新型政党制度在国家政治生活中发挥着越来越重要的作用。

第一节　“中国特色社会主义参政党”的提出

我国各民主党派是我国政党制度中政党主体的组成部分，是与中国共产党合作的政党。民主党派具有怎样的性质？这个问题涉及中国共产党与怎样的政党进行合作。准确认定民主党派的性质，历来是中国共产党确定对民主党派的政治态度、制定对民主党派方针和政策的基本依据。民主党派在我国政治体系和政党制度中处于怎样的政治地位？这个问题关系到政党制度的制度规则的确立，关系到民主党派权力和权利的明晰及作用的发挥。因此，对民主党派定性和定位，是我国多党合作的重大理论和实践问题。①

“中国特色社会主义参政党”概念的形成，有一个历史发展过程。

一、新中国成立初期民主党派的性质和定位

民主党派是在中国民主革命实践中产生和发展起来的。参加中国人民政治协商会议第一届全体会议的民主党派有中国国民党革命委员会、中国民主同盟、中国民主建国会、中国民主促进会、中国农工民主党、中国人民救国会、三民主义同志联合会、中国国民党民主促进会、中国致公党、九三学社、台湾民主自治同盟及无党派民主人士

---

① 袁廷华：《“中国特色社会主义参政党”的提出、内涵及意义》，《中央社会主义学院学报》2014 年第 2 期，第 14—20 页。

等。1949年11月,三民主义同志联合会、中国国民党民主促进会与中国国民党革命委员会合并,统称民革。1949年12月,中国人民救国会宣告解散。历经演变、重组、解散后,最终形成现在的八个民主党派组织格局。

新中国成立后,对民主党派的性质作了准确判断。1949年2月,《中央关于怎样对待各民主党派、团体的地方组织的指示》中明确提出,对于1948年5月1日以前,即我党中央发出“五一口号”以前即已成立,并在反对帝国主义、封建主义、官僚资本主义和国民党反动统治的共同斗争上多少尽了一点力的,即为民主党派。1950年3月召开的第一次全国统战工作会议,进一步明确了民主党派的社会属性、联盟特征以及政治属性。《人民民主统一战线的新的形势与任务》指出:“民主党派均对民族资产阶级、城市小资产阶级和他们的知识分子有不同程度的联系和代表性,都是阶级联盟的性质,不是单一阶级的政党。”①这一时期,民主党派在国家政治生活中发挥着“参”“代”“监”“改”的功能,成为实际上的参政党,但在理论上还没有“参政党”的表述。

二、社会主义建设时期民主党派的性质和定位

1956年“一化三改”社会主义改造完成后,我国社会完成了由新民主主义到社会主义的转变。与之相适应,党的八大政治报告指出,“在社会主义改造完成以后,民族资产阶级和上层小资产阶级的成员将变成社会主义劳动者的一部分。各民主党派就将变成这部分劳动

① 李维汉:《回忆与研究》(下),中共党史资料出版社1986年版,第523页。

者的政党”。[①]第五次全国统战工作会议通过的《1956—1962年统一战线工作方针》指出，各民主党派已经基本上成了为社会主义服务的政治团体。但随着反右派斗争的扩大化，一大批知识分子爱国人士和党的干部被错划为右派分子。1962年初，周恩来先后在广州会议上发表《论知识分子》等讲话，指出我国知识分子的“绝大多数都是积极地为社会主义服务，接受中国共产党的领导，并且愿意继续进行自我改造。毫无疑问，他们是属于劳动人民的知识分子”，“如果还把他们看作是资产阶级知识分子，显然是不对的”。1962年4月，第十二次全国统战工作会议召开。这次会议后，同意提“民主党派是为社会主义服务的政治力量”。[②]

1962年9月，在中共八届十中全会上，重提“无产阶级同资产阶级的矛盾仍然是我国社会的主要矛盾”。[③]在以阶级斗争为纲的“左”的思想指导下，民主党派再次被认定为“资产阶级性政党”。这一错误定性，使民主党派工作和多党合作事业遭受严重挫折。

三、改革开放新时期民主党派的性质和定位

中共十一届三中全会后，民主党派工作进入了新的发展时期。1989年12月颁布的《中共中央关于坚持和完善中国共产党领导的多党合作和政治协商制度的意见》指出，中国共产党领导的多党合作和政治协商制度是我国一项基本政治制度，明确了民主党派的参政党

① 《刘少奇选集》下卷，人民出版社1985年版，第246页。
② 李维汉：《回忆与研究》（下），中共党史资料出版社1986年版，第679—682页。
③ 同上书，第683页。

地位和参政的基本点。“参政党”概念的提出，客观、准确地表达了民主党派与国家政权的关系，突破了非执政党即在野党的思维模式。

2005 年，《中共中央关于进一步加强中国共产党领导的多党合作和政治协商制度建设的意见》颁布实施。文件将民主党派的社会基础由原来的“两者联盟”发展成为“三者联盟”，即民主党派是“一部分社会主义劳动者、社会主义建设者、拥护社会主义的爱国者的政治联盟”，提出“民主党派……是致力于中国特色社会主义事业的参政党”。

四、新时代民主党派的性质和定位

2013 年 2 月 7 日，习近平总书记在党外人士迎春座谈会上首次明确提出，各民主党派是与中国共产党通力合作的中国特色社会主义参政党。①2015 年，《中国共产党统一战线工作条例（试行）》对民主党派的性质进一步作规范表述：“民主党派是接受中国共产党领导、同中国共产党通力合作的亲密友党，是中国特色社会主义参政党。”2020 年修订的《中国共产党统一战线工作条例》（以下简称为《条例》）第 12 条第 2 款规定：“民主党派是接受中国共产党领导、同中国共产党通力合作的亲密友党，是中国共产党的好参谋、好帮手、好同事，是中国特色社会主义参政党。”

“中国特色社会主义参政党”的内涵包括三个层面：在政党关系上，民主党派是合作党，不是反对党；在政党与国家政权关系上，民主党派是参政党，不是在野党或执政党；在政党的社会和政治属性上，

① 《习近平同党外人士共迎新春》，《人民日报》2013 年 2 月 7 日，第 1 版。

民主党派是中国特色社会主义性质的政党。“中国特色社会主义参政党”这一论断,完整、科学地表达了民主党派的政党性质和政治地位,有力回应了西方学者对中国民主党派的政党性质的质疑。[①]

第二节　重要意义与目标原则

一、重要意义

在新时代加强中国特色社会主义参政党建设,具有十分重要的理论和现实意义。

一是有利于坚持和完善中国新型政党制度。中国共产党领导的多党合作和政治协商制度是我国的一项基本政治制度。与我国政党制度相适应,我国的政党建设包括两个方面:作为执政党的中国共产党的建设和作为参政党的民主党派的建设。为团结带领全国人民进行伟大斗争、推进伟大事业、实现伟大梦想,中国共产党提出了新时代党的建设总要求。在新时代党的建设总要求中,加强党的长期执政能力建设、先进性和纯洁性建设是执政党建设的主线。作为多党合作事业的合作者和参与者,各民主党派加强参政党建设,不仅是其保持组织生命力和进步性的需要,也是参政能力与执政能力相匹配的需要,更是坚持和完善中国新型政党制度的需要。2015 年,习近平总书记在中央统战工作会议上明确要求,要支持民主党派加强思想、

① 袁廷华:《“中国特色社会主义参政党”的提出、内涵及意义》,《中央社会主义学院学报》2014 年第 4 期,第 14—20 页。

组织、制度特别是领导班子建设，提高民主党派各级领导班子成员的政治把握能力、参政议政能力、组织领导能力、合作共事能力、解决自身问题的能力。[①]2018年2月6日，习近平总书记在与党外人士共迎新春时指出，“中国特色社会主义进入新时代，多党合作要有新气象，思想共识要有新提高，履职尽责要有新作为，参政党要有新面貌，引导广大成员增进对中国共产党和中国特色社会主义的政治认同，使新时代多党合作展现出勃勃生机”。[②]“四新”概括了多党合作的总体状态、政治基础和民主党派的职责履行、自身建设。2018年3月4日，习近平总书记在看望参加全国政协十三届一次会议的民盟、致公党、无党派人士、侨联界委员并参加联组会时强调，希望“各民主党派和无党派人士要做中国共产党的好参谋、好帮手、好同事，增强责任和担当，共同把中国的事情办好”。[③]“四新”“三好”是新时代坚持、发展和完善中国新型政党制度的总体要求。

二是有利于推进国家治理体系和治理能力现代化。中共十八届三中全会指出：“全面深化改革的总目标是完善和发展中国特色社会主义制度，推进国家治理体系和治理能力现代化。”实现国家治理现代化的前提是拥有良好的协同共治主体。作为国家治理架构内的治理主体，各民主党派不仅是国家治理的参与者，还是推进者、监督者和维护者。因此，加强参政党建设是推进国家治理现代化不能避开的重要问题。从参政议政方面来看，民主党派参政议政的基本点是

---

① 张献生主编：《新时代统一战线知识简明读本》，华文出版社2020年版，第47页。

② 姜潇：《多党合作要有新气象思想共识要有新提高　履职尽责要有新作为参政党要有新面貌》，《人民日报》2018年2月7日，第1版。

③ 《坚持多党合作发展社会主义民主政治　为决胜全面建成小康社会而团结奋斗》，《人民日报》2018年3月5日，第1版。

“一个参加、三个参与”，即“参加国家政权，参与国家大政方针和国家领导人选的协商，参与国家事务的管理，参与国家方针政策、法律、法规的制定执行”。在国家治理现代化进程中，“一个参加、三个参与”是民主党派作为治理主体的基本作用和价值。但是参政议政的方式要从垂直管理模式下的落实者、执行者转变为国家治理现代化的助推者。从民主监督方面来看，民主监督是民主党派的一项基本职能，是中国共产党领导的多党合作和政治协商制度的一项重要制度安排，也是社会主义监督体系的重要组成部分。随着国家治理现代化的推进，中国共产党的反腐力度逐步加大，同时也迫切需要民主党派充分发挥民主监督职能，不断深化和细化政党之间的监督，有效衔接民主党派的民主监督与其他监督机制，进而优化国家治理效能。近年来，通过多种形式开展的脱贫攻坚民主监督，为完成脱贫攻坚任务贡献了智慧和力量。从政党协商方面来看，国家治理现代化的核心内容就是“治理”。“治理”不同于传统的统治或管制，治理是以协商为基础，由社会成员多元参与的协同共治。民主党派通过参加中国共产党领导的政治协商，围绕中央和地方的大政方针、重大决策以及人民群众关心的问题广泛进行调研论证，讨论协商，形成治理合力，体现了中国特色国家治理和协商民主的内在特征。中共十九届四中全会指出，要把中国制度优势更好地转化为国家治理效能。大力加强参政党建设，是把中国新型政党制度优势更好地转化为国家治理效能的前提和基础。

三是有利于实现社会主义现代化强国目标。习近平总书记在中共十九大报告中指出，从全面建成小康社会到基本实现现代化，再到全面建成社会主义现代化强国，是新时代中国特色社会主义发展的战略安排。同时,围绕新时代实现中华民族伟大复兴的历史使命,十九大完整勾画了全面建成社会主义现代化强国的时间表和路线图。为此,包括政党制度在内的一切政治制度的建构都必须围绕这一目标展开。改革开放以来,多党合作事业的不断推进,使得构成制度一方的民主党派的功能和作用的发挥,发生了制度化规范化程序化的历史性转换。进入新时代,各民主党派以习近平新时代中国特色社会主义思想为指引,按照十九大指明的方向,广泛汇聚团结奋斗的正能量,积极参加国家政治生活,切实履行参政议政、民主监督和参加中国共产党领导的政治协商的职能,围绕经济、政治、文化、社会和生态建设积极建言献策,为中共科学决策、民主决策提供了重要参考,为夺取新时代中国特色社会主义伟大胜利、实现中华民族伟大复兴的中国梦贡献智慧和力量。近年来,在经济建设方面,围绕贯彻新发展理念、推动供给侧结构性改革、防范化解重大风险、促进经济高质量发展等建言献策;在政治建设方面,加强基层协商民主建设、推进依法治国等建言献策;在文化建设方面,围绕繁荣发展社会主义文艺、推动文化事业和文化产业改革发展等建言献策;在社会建设方面,围绕精准脱贫、教育、卫生健康、社会治理等建言献策;在生态文明建设方面,围绕打好污染防治攻坚战,健全生态环境保护基础性制度、构建完善的自然保护地体系等建言献策。

二、主要目标

政党建设目标是政党建设的基本命题,是政党性质、任务、宗旨的集中体现,决定着政党建设的方向、标准和水平。建设目标一旦确定,政党建设的各个方面都必须围绕和服从这个目标。参政党建设目标是指参政党建设所要达到的境界和标准,其实质是“建设一个什么样的参政党”。

1989年5号文件颁布实施,第一次明确了参政党的性质、地位和职责作用,民主党派建设理论有了很大的发展。据此,民主党派开始在本党派代表大会工作报告等文件中初涉自身建设目标。1992年,致公党中央主席董寅初在第十次全国代表大会上的工作报告中提出:“把致公党建设成为更具活力的参政党。”①但这一阶段关于参政党建设目标的论述还比较零散。

1997年,不少民主党派在大会报告或讲话中提出本党派的党建目标或阶段性目标。民革第九次全国代表大会报告提出:“以高度的责任感和使命感,按照参政党的标准和要求不断加强自身建设,保证把一个政治上坚定、能够保持优良传统、充满生机和活力的民革带入二十一世纪。”民盟第八次全国代表大会决议提出:“努力把民盟建设成为政治素质高、充满生机和活力的参政党。”民建中央主席成思危在民建第七次全国代表大会上的讲话中说:“在共产党领导的多党合作的总格局中,把本会建设成为理论上清醒、政治上坚定、组织上巩固、机制上健全和充满活力的致力于建设有中国特色社会主义事业的参政党。”致公党在第十一次全国代表大会报告中提出:“自身建设的目标上是要把本党建设成为政治上坚定、组织上健全、作风上清正务实、工作上积极主动的参政党。”九三学社中央副主席徐采栋在第六次全国代表大会上的工作报告中提出:“自身建设的目标是进一步健全和完善政党机制,提高整体素质,发挥参政党功能,把我社建设

① 魏晓文等:《当代中国参政党建设研究》,中共中央党校出版社2009年版,第137页。

成为坚持正确政治方向的富有朝气和活力的参政党。”①台盟主席张克辉在台盟六大报告中讲道:“我们的目标是把台盟建设成为思想上清醒、政治上坚定、组织上健全、作风上务实、工作上主动,在中国共产党领导的多党合作中认真履行自身职能的参政党。”有的民主党派在1997年换届后的实践中,进一步提出参政党建设目标,比如,民进提出:“以政治交接为主线,以参政议政和自身建设为重点,建设21世纪高素质的参政党。”农工党提出:“建设适应时代发展要求的、高素质的参政党。”②

1999年6月,各民主党派在《关于加强自身建设若干问题座谈会纪要》中,进一步提出了“确定自身建设的目标和基本任务”的要求。

随着民主党派建设理论的发展和实践的推进,各民主党派对自身建设目标逐步形成了比较一致的认识。2002年11月至12月,各民主党派在其相继召开的代表大会上,首次明确提出参政党建设目标,并写入各自的章程。其提法归纳起来就是:高举中国特色社会主义伟大旗帜,在新的世纪里,把各自党派建设成为与中国共产党亲密合作的、适应时代发展要求的、致力于中国特色社会主义事业的参政党。

2005年,中共中央在关于进一步加强中国共产党领导的多党合作和政治协商制度建设的意见中,强调各级党委要“支持民主党派根据各自章程规定的参政党建设目标,按照坚持中国共产党的领导,发扬社会主义民主,体现政治联盟特点,体现进步性和广泛性相统一的

① 中共中央统战部一局编:《继承优良传统 共创光辉未来》,民主与建设出版社1998年版,第54页。

② 魏晓文等:《当代中国参政党建设研究》,中共中央党校出版社2009年版,第137页。

原则，以思想建设为核心，以组织建设为基础，以制度建设为保障，把自身建设提高到新水平”。2007 年，各民主党派相继修改章程，并进一步完善本党派的建设目标。这一时期，参政党建设目标的主要内涵为：继承和发扬优良传统，在新时期与中国共产党长期亲密合作；坚持社会主义方向，致力于建设中国特色社会主义事业；适应时代发展要求，进一步提高参政议政、民主监督水平；具备较高政治素质，能够承受各种困难和风险的考验；广泛团结、求同存异，带领广大成员及其所联系的群众在多党合作的道路上不断前进。①

进入新时代，各民主党派在习近平新时代中国特色社会主义思想指导下，结合本党派特色与实际情况，进一步完善本党派的建设目标。2014 年，习近平总书记在与党外人士共迎新春的座谈会上指出：“准确把握建设中国特色社会主义参政党的基本要求……努力把中国特色社会主义参政党建设提高到一个新的水平。”②2017 年，各民主党派相继召开本党派全国代表大会后，进一步调整与完善了本党派的建设目标。民革章程规定：“进一步把本党建设成为与中国共产党亲密合作、致力于建设中国特色社会主义的参政党。”民盟章程规定：“中国民主同盟自身建设的目标是，把民盟建设成为与中国共产党长期亲密合作的高素质的参政党。”民建章程规定：“把中国民主建国会建设成为理论上清醒、政治上坚定、组织上巩固、制度上健全、充满活力的中国特色社会主义参政党。”民进章程规定：“努力把本会建成与中国共产党亲密合作、适应新时代要求的中国特色社会主义参政党，更好地担负起历史赋予的光荣使命。”农工党章程：“全党要以

① 魏晓文等：《当代中国参政党建设研究》，中共中央党校出版社 2009 年版，第 124 页。
② 《习近平同党外人士共迎新春》，《人民日报》2014 年 1 月 24 日，第 1 版。

建设高素质的中国特色社会主义参政党为目标。"致公党章程:"以思想建设为核心,以组织建设为基础,以制度建设为保障,加强履职能力建设,努力把中国致公党建设成为与中国共产党亲密合作、致力于发展中国特色社会主义事业、适应新时代发展要求的高素质参政党。"九三学社章程:"为适应中国特色社会主义和多党合作事业的需要,本社要不断加强自身建设,把我社建成坚定不移地接受中国共产党领导,坚持中国特色社会主义政治发展道路,能够经受各种困难和风险考验,不断提高履行职能的能力,与中国共产党通力合作的参政党。"台盟章程:"努力把本盟建设成为与中国共产党亲密合作、共同致力于中国特色社会主义事业、适应新时代发展要求的参政党。"2018 年 3 月 4 日,习近平总书记在看望参加全国政协十三届一次会议的民盟、致公党、无党派人士、侨联界委员并参加联组会时再次强调:"各民主党派要弘扬优良传统,切实加强自身建设,加强思想政治引领,努力把中国特色社会主义参政党建设提高到新水平。"①

综上,建设高素质的中国特色社会主义参政党的目标可以概括为:高举中国特色社会主义伟大旗帜,以习近平新时代中国特色社会主义思想为指导,以思想政治建设为核心、组织建设为基础、履职能力建设为支撑、作风建设为抓手、制度建设为保障,建设政治坚定、组织坚实、履职有力、作风优良、制度健全的中国特色社会主义参政党,做自觉接受中国共产党领导、同中国共产党通力合作的亲密友党和好参谋、好帮手、好同事。②

---

① 《坚持多党合作发展社会主义民主政治　为决胜全面建成小康社会而团结奋斗》,《人民日报》2018 年 3 月 5 日,第 1 版。

② 张献生主编:《新时代统一战线知识简明读本》,华文出版社 2020 年版,第 48 页。

三、基本原则

（一）坚持中国共产党的领导

中国共产党的领导是中国特色社会主义最本质的特征，是中国特色社会主义制度的最大优势，也是坚持好、发展好和完善好中国新型政党制度的根本保证。坚持中国共产党的领导，参政党建设才能确保坚定正确的政治方向，参政党才能健康发展。接受中国共产党的领导是参政党建设最根本的原则。

在新民主主义革命时期，民主党派在经历了投身救国图强的艰苦实践后作出了接受中国共产党领导的理性选择。在国共两党激烈的斗争中，各民主党派积极响应“五一口号”。正如 1948 年 6 月 9 日致公党发表的《响应中共中央“五一”号召宣言》所言：“全国人民和人民敌人之间的生死斗争已经达到最尖锐化，革命和反革命已明显地划分为两个阵营，人民已没有第三条道路可以观望。”“中共在中国革命艰苦而长期斗争中，贡献最大而又最英勇，为全国人民起了先导和模范作用，因此这次新政协的召开，无疑我们得承认它是领导者和召集人。”①1949 年 1 月 22 日，各民主党派发表《我们对于时局的意见》，公开宣布接受中国共产党的领导。

新中国成立后，中国共产党不断推进马克思主义中国化的历史进程，提出了符合中国国情的社会主义初级阶段的基本路线和基本纲领，中国现代化建设取得了令人瞩目的成就，为参政党拥护和接受

① 《中国致公党简史》编辑委员会：《中国致公党简史》（1925—2009），中国致公出版社 2010 年版，第 32 页。

党的领导打下了坚实的思想基础、政治基础和现实基础。毛泽东曾经指出:“领导中国民主主义革命和中国社会主义革命这样两个伟大的革命到达彻底的完成,除了中国共产党之外,是没有任何一个别的政党(不论是资产阶级的政党或小资产阶级的政党)能够担负的。”① 进入新时代,中国共产党和国家确立了“四个全面”战略布局、“五位一体”总体布局和“两个一百年”奋斗目标。只有坚持中国共产党的领导,才能实现中华民族的伟大复兴。各民主党派的《章程》都自觉把拥护和接受中国共产党的领导作为自己最重要的政治主张。

(二)坚持自觉自主自为

民主党派享有宪法规定的权利和义务范围内的政治自由、组织独立和法律地位平等,拥有自己的相对独立性。坚持民主党派自觉自主自为,就是要尊重民主党派参政党地位,发挥民主党派主体作用。

1951 年 9 月至 1952 年冬,为帮助从旧社会过来的知识分子成为新社会需要的知识分子,开展了知识分子思想改造运动。1956 年 3 月 27 日,政协第二届全国委员会常委会第 20 次会议上,通过了《关于组织各界民主人士和工商业者进行政治学习和理论学习的决定》,决定成立中央社会主义学院,确定教学方针为“自愿、自由思考、自由辩论”。1960 年初,民建、工商联举行全国代表大会期间,李维汉建议采取中共在延安整风时期创造的办法,开“神仙会”,实行“自己提出问题,自己分析问题,自己解决问题”的“三自”方针,贯彻“不抓辫子、不扣帽子、不打棍子”的“三不主义”,以鼓励大家敞开思想,提出问题,

① 《毛泽东选集》第 2 卷,人民出版社 1991 年版,第 652 页。

明辨是非，坚定走社会主义道路的信心。[①]这一方针随后在各民主党派和有关团体中推广开来。2007 年，民主党派开展“坚持走中国特色社会主义政治发展道路”主题教育活动。3 月，刘延东在民主党派工作座谈会上指出，通过开展主题教育活动来推动政治交接，是新形势下民主党派加强自身建设的重要实践，是一次民主党派自觉、自主、自为的教育活动。“自觉”就是民主党派要把参政党建设作为自觉而不是被动的行动；“自主”就是民主党派要把自己作为参政党建设的主体，以主人翁的意识和责任投入自身建设；“自为”就是民主党派在自身建设中要充分发挥积极性、主动性和创造性。

（三）坚持问题导向

问题导向既是思想方法，也是工作方法。习近平总书记多次强调，要坚持问题导向，坚持底线思维，把问题作为研究制定政策的起点，把工作的着力点放在解决最突出的矛盾和问题上。进入新时代，与中国特色社会主义参政党的新定位和新要求相比，参政党建设也面临着一些新情况、新问题。比如，在有的地方和组织中不同程度存在思想建设靠动员、组织建设求数量、制度建设凭惯例、能力建设走慢步、作风建设看自觉等落后思维和做法。

坚持问题导向是新时代中国特色社会主义参政党建设的鲜明特征和实践要求。坚持问题导向，首先要找准问题，正视问题，才能有针对性地解决问题。查找问题可从以下几个方面入手：一是政治立场是否坚定。要始终做到自觉接受党的领导，坚定不移地走中国特色社会主义道路，自觉维护以习近平同志为核心的党中央的权威。

① 张献生主编：《新时代统一战线知识简明读本》，华文出版社 2020 年版，第 41 页。

二是基层组织建设是否坚实。基层组织建设得好不好，要看组织形式是否符合要求，工作开展是否有特色，后备人才够不够用，整体作用发挥是否有效，尤其是领导班子整体功能强不强，负责人形象好不好。后备人才够不够用，结构合不合理，来源途径都有哪些，选拔是否有针对性，培养锻炼方式是否多样，推荐使用渠道是否畅通，能否满足未来五年乃至十年多党合作事业发展需要。三是履行职能是否有力。中国特色社会主义参政党的参政议政、民主监督和参加中国共产党领导的政治协商，应始终围绕党和政府的战略任务和中心工作，结合自身特点，体现党派特色优势。四是作风建设是否优良。作风建设包括立足长远、服务大局的思想作风，勇于创新、敢于担当的领导作风、严格纪律、清正廉明的整体形象以及实事求是、勤勉奉献的工作作风等。五是看制度建设是否健全。审视制度建设是不是与时俱进，是不是符合当前实际和发展需要，是不是具有前瞻性和指引性，制度执行到不到位。

（四）坚持照顾同盟者利益

作为执政党的中国共产党，要按照执政党建设和参政党建设相互促进的要求，坚持照顾同盟者利益，帮助民主党派解决实际问题，提供支持保障。《条例》第16条规定："各级党委应当支持民主党派加强思想政治建设、组织建设、履职能力建设、作风建设、制度建设，支持无党派人士加强自身建设。帮助民主党派解决机构、编制、经费、办公场所、干部交流和挂职锻炼等方面的问题。为无党派人士履行职责提供必要保障。"这些规定和要求，为照顾同盟者利益提供了制度遵循。

第三节　参政党建设的主要内容

新时代中国特色社会主义参政党建设的总体布局为五方面的建设，即思想政治建设、组织建设、履职能力建设、作风建设和制度建设。五方面建设有机统一，相辅相成，相互促进。

一、思想政治建设

（一）思想政治建设是参政党建设的核心

多党合作因共识而立，应共识而进，筑牢多党合作的思想政治基础，既是民主党派自身建设的基础性工程，也是坚持好发展好完善好中国新型政党制度的客观要求。因此，参政党要把思想政治建设摆在首位，其他建设都要服从、服务于思想政治建设。

改革开放以来，民主党派的社会基础和成员构成发生了显著变化，党派成员的来源更加广泛，思想总体上呈现出内容多样、性质多元、发展多变的态势。这些新的党派成员思想活跃，富有创新精神，竞争、平等、民主意识强烈，政治理念、价值观念和思维方式等多种多样。[①]与老一辈民主党派成员相比，新一代由于缺乏同中国共产党患难与共、真诚合作的经历，在理解中国共产党的先进性和执政的必然性时，个别成员缺失真切的内心共鸣和共识，甚至对中国新型政党制

① 邓凌：《改革开放以来的社会结构变化与参政党建设》，《重庆社会主义学院学报》2008 年第 4 期，第 12—14 页。

度的必然性和优越性产生困惑。从外部来看，世界处于百年未有之大变局。随着中国经济社会保持快速发展，中国特色社会主义赢得国际社会广泛赞誉和普遍理解。但与此同时，在多方因素叠加影响下，贸易保护主义、单边主义、和平演变势力等逐步抬头，“西化”“分化”“第三条道路”“颜色革命”等错误思潮交织着信息化带来外部风险。从实践来看，个别党派基层组织思想政治建设存在“六多六少”的现象：口号喊得多，真抓实干少；形式教育多，日常工作少；单向灌输多，双向交流少；传统方式多，创新手段少。[①]加强参政党思想政治建设，是民主党派面临的一项重要任务。

（二）思想政治建设的任务与内容

一是学习贯彻习近平新时代中国特色社会主义思想。习近平新时代中国特色社会主义思想是当代中国马克思主义，用这一科学理论武装头脑、指导实践、推动工作，是各民主党派、无党派人士长期的重大政治任务。参政党思想政治建设要结合新时代的新要求，将习近平新时代中国特色社会主义思想作为学习的重中之重，进一步增强“四个意识”、坚定“四个自信”、做到“两个维护”，在思想上政治上行动上同以习近平同志为核心的中共中央保持高度一致，做政治上的“明白人”。

二是深入理解并自觉践行中国新型政党制度。中国共产党领导的多党合作和政治协商制度是从中国土壤中生长出来的新型政党制度。民主党派成员是多党合作制度的参与者、实践者和推动者。引导民主党派成员在履职实践中，深刻认识到我国新型政党制度根植

---

① 罗彬：《加强中国特色社会主义参政党建设研究》，《湖北省社会主义学院学报》2020年第2期，第26—30页。

于中国土壤，符合中国国情，是中国共产党、中国人民和各民主党派、无党派人士的伟大政治创造，从而坚定走中国特色社会主义政治发展道路的信心和决心。

三是准确把握国家大政方针。引导民主党派成员正确认识社会主义初级阶段的基本国情，准确领会把握党和政府的大政方针和主要政策。特别是随着中国特色社会主义进入新时代，我国社会主要矛盾已经转化为人民日益增长的美好生活需要和不平衡不充分的发展之间的矛盾。引导民主党派聚焦社会主要矛盾变化，充分发挥独特优势，围绕中心，服务大局，积极建言资政，成为中国共产党的好参谋、好帮手、好同事。

四是开展多党合作历史和优良传统教育。在新型政党制度的长期实践中，民主党派形成了很多优良传统。这些优良传统既是指引民主党派不断前进的价值支撑，也是坚持和完善中国新型政党制度的精神动力。学习与传承各民主党派的优良传统，一方面加强多党合作史的学习，深刻把握民主党派的历史抉择，充分认识中国新型政党制度确立和实行的历史必然性、显著特征和独特优势；另一方面加强学习本党派历史，继承和发扬老一辈民主党派成员与中国共产党风雨同舟、肝胆相照的优良传统，在感悟合作初心的同时，牢记参政党的历史使命。

五是开展社会主义核心价值观教育。社会主义核心价值观是社会主义意识形态在价值层面的集中体现，是党和国家在思想文化建设领域的一个重大的理论创新。各民主党派大力开展社会主义核心价值观的教育宣传活动，使社会主义核心价值观内化为参政党及其成员的价值认同，外化为参政党及其成员的行为规范。

二、组织建设

（一）组织建设是参政党建设的基础

组织建设是政党实现其纲领、任务和开展其他方面建设的物质基础和组织保证。参政党的组织建设，通常指各民主党派按照自己的纲领、章程，根据形式任务和工作的需要，确定自己的组织路线、组织原则，建立健全组织制度、组织机构、纪律制度、领导制度，建设自己的机关、基层组织、干部队伍和成员队伍的实践活动。①

组织建设是参政党建设的前提和载体。任何政党的存在是以组织和成员的存在为前提的。党派成员是组织的细胞，党派骨干是组织形成的骨干，细胞和骨干组织在一起形成各级组织，各个组织联系在一起构成整个政党。参政党要保持旺盛的生命力，就要不断加强组织建设。同时，组织建设也是参政党开展思想政治建设、履职能力建设、作风建设和制度建设的物质载体。

组织建设是保证政治交接的必然要求。“政治交接”是自 1997 年民主党派换届以来，在实现新老交替过程中所提出和坚持的一条政治原则。政治交接的关键是培养和选拔好新一届的领导人并建立起一支与中共合作的后备干部队伍。民主党派要完成政治交接任务，组织建设在新老更替上肩负着重任。

组织建设是建设新时代中国特色社会主义参政党的根本要求。政党组织的作用和能力取决于政党成员的数量、质量和政党组织的发展程度。新时代要发挥民主党派参政议政、民主监督和参加中国

① 魏晓文等：《当代中国参政党建设研究》，中共中央党校出版社 2009 年版，第 223 页。

共产党领导的政治协商等职能，显示出强大的生命力和战斗力，都有赖于参政党的组织建设。

（二）组织建设的任务和内容

加强参政党组织建设，要把提高组织发展质量、加强领导班子建设、推进代表人士队伍建设作为着力重点。严格政治标准，不盲目追求组织发展的数量和规模，稳慎做好发展成员与建立组织的工作，做到发展是为了工作和在工作中提高。在坚持重点分工的前提下，做到注重质量、保持特色、适度发展。[①]具体来讲：

领导班子建设。领导班子建设是参政党组织建设的关键。进入新时代，贯彻民主集中制原则，坚持集体领导与个人分工负责相结合，建立健全民主党派领导班子成员岗位责任制，提高政治把握能力、组织领导能力、参政议政能力、合作共事能力、解决自身问题能力，以进步性带动广泛性，发挥领导班子整体功能。[②]

代表人士队伍建设。代表人士队伍建设是参政党建设的基础性工程。立足当前、着眼长远，科学规划当前和今后一个时期民主党派代表人士队伍建设的目标任务、政策措施和制度保障，进一步拓宽选人用人视野，注重培养使用，加强监督管理，健全工作机制，努力建设一支政治坚定、素质优良、代表性强、结构合理、充满活力的党外代表人士队伍。

提高组织发展质量。民主党派发展成员要"严格政治标准，注重发展思想素质好、业务水平高、有一定社会影响的代表人士，不盲目

---

① 高拴平：《新时代参政党自身建设路径研究》，《当代世界社会主义问题》2020年第1期，第76—83页。

② 杨雪燕：《努力建设适应新时代发展要求的中国特色社会主义参政党》，《福建省社会主义学院学报》2020年第1期，第76—84页。

追求数量和规模，保持民主党派以高、中级知识分子为主体的特点，体现进步性和广泛性”，“把握好保持界别特色与优化结构的关系，坚持重点分工领域内的人士占成员总数的 70%”。[①]坚持“三个为主”的方针，健全机制，处理好发展与巩固、数量与质量的关系，更加注重质量，更加注重保持特色，更加注重优化人才队伍建设。

提升机关工作水平。民主党派机关是参政党各项工作有效运转的组织中枢，这个中枢对内是服务、联络、协调、整合组织和成员的桥梁，对外是与中国共产党等党政组织合作联系的纽带，是民主党派履行参政党职能的重要保障部门。建设一个高效、文明、团结、务实的机关，需要建立健全民主党派机关工作制度，科学设置机构、明确岗位职责、合理安排人员；加强机关干部教育培训、交流、挂职，提高机关干部的政治和业务素质；健全以岗位责任制为核心的管理机制，各司其职，各负其责；严格制度执行，严肃考试考核，强化激励约束，提高工作质量与效率等。

三、履职能力建设

（一）履职能力建设是参政党建设的支撑

参政党履职能力是参政党履行职能所应具备主观条件的集中反映，主要表现为参政党组织特别是各级领导班子成员应有的科学判断形势、准确把握履职方向的能力，组织调查研究、反映社情民意和建言献策的能力，善于提出意见建议、开展批评和实施监督的能力，

① 高拴平：《新时代参政党自身建设路径研究》，《当代世界社会主义问题》2020 年第 1 期，第 76—83 页。

凝心聚力、组织和动员党派成员协同参与国家治理的能力，以及主动发现和解决自身思想及作风问题的能力，并且受参政党内部组织成员履职观念和责任意识、组织结构及运行状态等因素制约。①

履职能力是参政党价值的集中体现。履职能力建设是政党安身立命的永恒课题。习近平总书记指出，“执政本领建设是中国共产党建设的重要方面。同志们要把参政工作做好，也要不断提高本领”。②在新的历史条件下，建设履职有力的参政党，是参政党履行职能、发挥作用的需要，是坚持和完善中国新型政党制度的需要，是适应中国特色社会主义民主政治建设的需要，是应对世界政党格局变动的需要。

（二）民主党派基本职能的演进

民主党派的职能是具体的、历史的，随着使命的变迁而演进。

新中国成立时，各民主党派参加新中国政权建设，在新政协产生的6位副主席和4位副总理中，民主党派占一半，56位委员中有27人是党外人士，15位政务委员中有9人是党外人士，政务院所辖4个委员会和30个部、会、院、署、行等机构中，担任正职14人，与担任正职的共产党员基本持平。③

1953年到1956年过渡时期，民主党派的主要作用和职责是“参”“代”“监”“改”，即参加国家建设、代表和反映所联系阶级阶层的合法利益和要求、与中国共产党实行互相监督、进行思想改造。④随着反右

① 钱振明：《参政党履职能力建设路径选择》，《人民政协报》2020年6月10日，第11版。

② 张献生主编：《新时代统一战线知识简明读本》，华文出版社2020年版，第47页。

③ 中共中央统战部：《中国共产党统一战线史》，华文出版社2017年版，第184页。

④ 李维汉：《回忆与研究》（下），中共党史资料出版社1986年版，第624—626页。

派斗争扩大化和“文化大革命”的到来，多党合作制度遭到破坏，民主党派的职能作用只体现为“改”。

党的十一届三中全会后，随着对民主党派性质和地位认识的深入，民主党派的职能逐步走向规范化、制度化。1989 年《中共中央关于坚持和完善中国共产党领导的多党合作和政治协商制度的意见》提出了民主党派“一个参加、三个参与”的参政基本点以及发挥监督作用的总原则。江泽民在 1993 年党外人士迎春座谈会上首次使用了民主党派的“职能”这一表述，提出各民主党派要“更好地履行参政议政和民主监督的职能，不断开拓工作的新境界”。①2007 年，中共十七大报告明确提出“支持民主党派和无党派人士更好履行参政议政、民主监督职能”。

新时代，随着社会主义协商民主的发展，《关于加强社会主义协商民主建设的意见》第一次提出了政党协商的概念。2015 年，《中国共产党统一战线工作条例（试行）》明确民主党派的基本职能为：参政议政、民主监督、参加中国共产党领导的政治协商。《条例》对三大职能的内容、形式和要求作了具体规定，推动了民主党派职能的制度化、规范化、程序化。

（三）履职能力建设的主要内容与路径

新时代，多党合作要有新气象，思想共识要有新提高，履职尽责要有新作为，参政党要有新面貌，就必须不断加强参政党履职能力建设。2015 年，习近平总书记在中央统战工作会议上指出，切实提高民主党派各级领导班子成员的政治把握能力、参政议政能力、组织领导

① 江泽民：《在中共中央召开的党外人士迎春座谈会上的讲话》，《人民日报》1993 年 1 月 22 日，第 1 版。

能力、解决自身问题能力。新时代加强参政党履职能力建设,最基本的就是要加强民主党派的领导班子建设,切实提高“五种能力”。其中,参政议政能力是民主党派对党和国家的方针政策提出自己的意见和建议的能力,是参政党能力建设的核心。组织领导能力是参政党所具有的最大限度地发现、梳理、集合、协调各方利益的本领。合作共事能力是参政党自觉接受中国共产党的领导、维护多党合作制度,自觉与中国共产党通力合作的能力。解决自身问题能力是民主党派对照检查本党派在自身发展中存在的不足和差距,并加以改进、创新与发展,努力使自己的合作能力和参政能力与中国共产党的领导能力和执政能力相匹配。“五种能力”是一个有机整体,相辅相成,缺一不可。

自 1989 年民主党派的参政党地位确定以来,各党派都在各自章程里规定了履职能力建设。经过 30 多年的发展,参政党履职能力建设有很多方面的经验值得总结。第一,紧扣大局履职。党和国家确立了“四个全面”战略布局、“五位一体”总体布局和“两个一百年”奋斗目标,需要参政党围绕中心、服务大局,与中国共产党一道致力于中国特色社会主义伟大事业。第二,发挥整体优势。民主党派人才荟萃、智力密集,但其成员分布比较分散,应进一步整合人才资源,把成员的力量有效地集中起来,更好地发挥整体优势。第三,深入调查研究。提高参政党的履职能力,需要在调研选题、调查过程、分析研判、提出建议等方面做到精益求精。第四,健全工作机制。健全参政党履职的工作机制包括健全和完善参政议政工作机制、民主监督工作机制和政党协商工作机制。

四、作风建设

（一）作风建设是参政党建设的新要求

参政党的作风建设，指端正参政党及其成员的思想作风、学风、工作作风、领导作风和生活作风等，严格纪律要求，树立与政党性质和宗旨相适应的良好风尚。参政党的作风建设事关自身形象的展现、社会基础的扩大、盟友地位的保持以及在国家治理中的作用发挥。

从历史上看，以往有人认为，作风建设主要是执政党的事，跟参政党关系不大。进入新时代，党出台了“八项规定”，持续高压反腐，提出了全面从严治党的新要求。习近平总书记强调：“作风问题抓和不抓大不一样，小抓大抓也大不一样，只有动真格打硬仗，才能扫除顽瘴痼疾，取得人民满意的实效。”①参政党的历史使命也发生了新变化，党派成员大幅度增加，一大批年轻干部走上了领导岗位……这些深刻的变化提出了参政党作风建设的新要求。2012 年 12 月，习近平总书记在走访各民主党派中央时，深情回顾了同参政党老一辈领导人交往的情景。他说，长期以来，参政党作为中国共产党久经考验的亲密友党和社会主义参政党，始终同中国共产党风雨同舟、患难与共，为中国民族独立、人民解放和发展中国特色社会主义作出了不懈努力，这充分体现了参政党的同志们对中华民族伟大复兴的责任感和使命感。各民主党派中央主席纷纷表示一定要紧密团结在以习近

① 《坚持从严治党落实管党治党责任　把作风建设要求融入党的制度建设》，《人民日报》2014 年 7 月 1 日，第 1 版。

平同志为核心的中共中央周围，切实履行参政党职能，始终不渝同中国共产党亲密合作，进一步加强参政党作风建设，更好地发挥参政党作用，为实现中共十八大确定的目标任务贡献力量。①

（二）参政党作风建设的目标任务

参政党作风建设的目标，就是通过端正思想作风，改进工作作风，严格纪律要求，营造良好风气，塑造清正廉洁的良好形象，纯洁队伍，振奋精神，建立具有党派特点的党风，使民主党派成为作风优良的中国特色社会主义参政党。

参政党作风建设的任务就是着眼于“四新”“三好”要求，强化参政党意识，牢固树立“参政为民”的宗旨观念，创新工作方式方法，提高参政水平和质量；狠抓落实，直面当前存在的形式主义、软弱涣散等问题，以严求实、以细求实、治虚求实，务求取得实效；完善制度机制，通过制度化、规范化、程序化建设，推进作风建设的常态化，减少随意性和盲目性。

（三）参政党作风建设的主要内容

一是思想作风建设。思想作风是政党组织及其成员的思想观念、思想方法、思维方式在认识问题、分析问题和解决问题过程中的惯常表现。思想作风是作风建设的灵魂，加强作风建设必须把思想作风建设摆在首位。加强思想作风建设，就要坚持理论联系实际，在弄懂学深悟透的基础上，自觉用习近平新时代中国特色社会主义思想指导履职实践。深化对多党合作初心的理解，弘扬多党合作优良传统，在新时代有担当新作为。

---

① 喻晓钢：《作风建设是参政党自身建设的重要内容》，《前进论坛》2013 年第 9 期，第 35—36 页。

二是工作作风建设。工作作风主要是指领导干部在工作中所表现出来的风格、作派和工作状态,其本质反映的是党性和世界观。改进工作作风,就要坚持求真务实,道实情、办实事、出实招,以严实的精神真抓实干,狠抓落实,务求实效。民主党派领导班子和成员要加强与地方组织、基层组织的联系,听取意见建议,加强工作指导。学习借鉴执政党建设的做法经验,反对和纠正形式主义、官僚主义、享乐主义和奢靡之风。

三是强化纪律要求。中共十八大以来,中国共产党制定了关于政治、组织、廉洁、群众、工作和生活等六个方面的纪律,表明了中共用严明的纪律管党治党的坚定决心。新时代,参政党也要把纪律和规矩挺在前面,增强纪律意识,强化纪律要求,建立健全相关工作机制,加强对民主党派领导班子成员的监督,做到违纪必究,执纪必严。

五、制度建设

(一)制度建设是参政党建设的保障

加强制度建设是新时代参政党建设的治本之策。制度建设是参政党思想政治建设、组织建设、履职能力建设、作风建设必不可少的载体,具有根本性、长期性、全局性、强制性和保障性的特征。各民主党派都非常重视制度建设,在成立之初就制定了本党的根本制度——各党派章程。新时代,各民主党派把制度建设贯穿于自身建设、履行职能全过程,在章程中明确规定以制度建设为保障,把自身建设提高到新水平,初步建立了包括组织制度、领导制度、工作运行制度、选举制度、内部监督管理制度等在内的制度体系,但还存在制度缺失、制度模糊、制度冲突、制度执行不力等不足,比如个别地方组织没有明确的工作目标和标准,有些组织工作程序不规范等。因此,逐步构建一套适合自身特点、系统规范、运行有效的制度体系,是建设制度健全的新时代参政党的重要任务。

（二）制度建设的基本原则

一是方向性原则。制度建设的方向性原则是指制度建设要坚持一定的立场、观点和方法。方向性原则是参政党制度建设的政治性原则。参政党制度建设是微观层面的中国政治制度建设,不仅仅是参政党的内部事务,而是和中国的政治发展紧紧相关的。这就要求参政党制度建设必须坚持正确的政治方向,在习近平新时代中国特色社会主义思想指引下,在中共各级党委的指导和帮助下,使参政党的制度建设与中国共产党领导的多党合作和政治协商制度相适应。

二是合法性原则。我国宪法规定:“任何组织、政党和个人的活动,都必须在宪法规定的范围内进行。”各民主党派章程也明确规定在宪法赋予的权利和义务范围内开展工作。民主党派的制度建设要在社会主义法治体系的框架内进行,以宪法、法律、党内法规等规范性文件的精神为依据,与其统一和衔接。

三是系统性原则。参政党制度是由相互作用和相互依赖的若干要素组成的有机整体,其中章程是各党派的根本制度,在参政党制度建设中处于最高层次。系统性原则要求参政党制度建设要以章程为依据,其内部制度要上下衔接、相互支撑,形成一个具有内在严密逻辑性的制度体系。

四是民主集中制原则。民主集中制的核心是民主与集中相结合,在民主的基础上集中,在集中的指导下民主。各民主党派在成立之初，并没有明确提出“民主集中制”这个概念。随着民主集中制成为国家政治生活的根本组织原则，经过长期自身建设的探索，各民主党派普遍把民主集中制作为根本的组织原则写入党派章程，体现在民主党派的理论、路线、方针、政策的制定和实施的全过程。

（三）制度建设的主要内容

2019年出台的《中共中央关于加强中国特色社会主义参政党建设的意见》强调，民主党派的制度建设要贯穿于自身建设、履行职能的全过程，逐步构建一套适合自身特点、系统规范、运行有效的制度体系。《意见》坚持问题导向，根据参政党自身建设和履职的重点和薄弱点，明确了当前制度建设的重点。

一是学习教育制度。学习制度主要包括中心组学习制度、报告会制度、业务培训制度、强化培训制度等。通过建立健全学习制度，提高党派领导干部和广大成员学习的自觉性、主动性和有效性，提高其综合素质和能力。进入新时代，民主党派相继开展了“坚持和发展中国特色社会主义学习实践活动”“不忘合作初心，继续携手前进”等主题教育活动，引导广大党派成员深化政治共识，传承政治薪火，继承优良传统，巩固政治基础。

二是民主决策制度。民主决策能否顺利进行，有赖于参政党是否建立了民主科学的议事决策规则。这些议事决策规则主要包括：代表大会制度、常委会议制度、常委扩大会议制度、全体委员会议、主委（主席）会议制度等。民主决策制度的建立健全保证了决策的民主化、规范化和程序化，保证了民主集中制的贯彻落实。

三是民主生活会制度。民主生活会制度是班子成员之间互相谈心、沟通的一种组织形式。充分发扬民主，围绕议题交流思想认识，积极开展批评与自我批评，以坦率和真诚赢得相互信任，达到提高参政能力、加强监督、统一思想、增进团结、共同提高的目的。

四是民主评议制度。建立述职和民主评议制度是领导班子成员权利与义务相统一的重要体现。参政党借鉴中国共产党干部考核的方式方法，建立述职和民主评议制度，明确述职和评议对哪些成员、从哪些方面、通过哪些程序进行，评议结果以何种方式体现。

五是内部监督制度。自2008年以来，各民主党派中央相继制定了内部监督条例。2009年，部分地方组织建立了省级监督委员会。经过十多年的探索和实践，初步形成了较为完善的内部监督模式。适应《国家监察法》的颁布实施，加强参政党内部监督，需要进一步提高纪律意识，健全监督制度，完善监督体系，整合监督渠道，丰富监督手段，加强监督队伍建设。

延伸阅读一：

中国农工民主党“一干”会址的“前世今生”

在中共一大会址附近的淡水路332弄，有一个鲜为人知的“会址”，那就是中国农工民主党的“一干”会址。

邓演达回沪筹备建党

1927年大革命失败后，一部分国民党左派领导人为了继承孙中山遗志，继续领导国民革命，酝酿建立新的政党。11月1日，国民党左派领导人宋庆龄、邓演达、陈友仁在莫斯科以“中国国民党临时行动委员会”的名义发表了《对中国及世界革命民众宣言》（即《莫斯科宣言》），声明要组织“中国国民党临时行动委员会”，坚持革命的三民主义，贯彻孙中山“联俄、联共，扶助农工”三大政策，领导革命民众进行反帝、反封建斗争。

在《莫斯科宣言》的鼓舞下，1928年，国内的部分爱国知识分子和国民党左派，以谭平山等人为首，曾经尝试在上海建立新党——中华革命党（外界称“第三党”），但因纲领等问题未能在党内达成共识，后无以为继。1930年5月，在国外游历了近3年之久的邓演达秘密回到上海，他废寝忘食地和同志们交换意见，全力进行建党的准备工作。邓演达借住在一位同情他的在买办机构里服务的朋友家里，白天在寓所撰文、起草纲领，华灯初上之后便外出分赴各处会晤同志及各地来宾，讨论问题、交换意见，经常要到子夜之后甚至凌晨三四点后才能返回。他曾以此自比为“耗子的生活”。经过几个月的反复讨论，大家就党的名称、中国社会的结构、革命的性质、未来政权的性质等问题逐渐达成共识，其中关于党的名称，大家都同意沿用发表《莫斯科宣言》时用到的“中国国民党临时行动委员”（简称临委会）。

召开“一干”会议正式建党

在白色恐怖笼罩之下，找到一个相对安全的会场是相当不易的。关于“一干”会址最早的记载来自当年参加“一干”会议的代表罗任一的回忆：“……地址是由黎明出面借用黎明辉（晖）的住宅，其时她离沪去香港。房子空着，借用半天，伪装宴客是很适当。从午后七时开始到夜十时。”文中所提到的黎明晖就是当年上海赫赫有名的音乐家黎锦晖的女儿。那么黎家为何愿意将房子借给“第三党”来开会呢？其实早在1928年，黎明便参加了在上海成立的“中华革命党”，并担任文化宣传工作。1930年6月，邓演达电召当时受聘于北京师范大学的黎明返沪，任机要秘书，参与组党工作。黎锦晖通过四弟的关系，也由此结识了一批“第三党”的朋友，经常给予帮助。

1930年8月9日晚上7点左右，上海法租界萨坡赛路290号（今淡水路332弄1号）的这座3层花园小洋房陆陆续续迎来了30多位来自全国各地的“客人”。由10个省市代表参加的第一次全国干部会议在此召开，正式成立了“中国国民党临时行动委员会”。临委会后几经更名，成为延续至今的中国农工民主党，与中国共产党并肩作战，共同经历“血与火”的考验，迎接新中国的诞生。

找寻“萨坡赛路290号”

找寻到“一干”会址的确切地址，成为了党史专家们的一个心愿。但是历史变迁，“萨坡赛路”早已尘封在历史档案之中。太平洋战争以后，汪伪政府在1943年收回租界，把法租界的萨坡赛路改名为英士路，随即门牌号码重新编排，1949年以后该路又与相连原淡水路合称为淡水路。而原来的萨坡赛路门牌号因事隔久远已经很难查证。正当大家一筹莫展的时候，党史专家获悉有位朋友专门收藏旧上海的“行号录”，借阅后，在1940年版的法租界地图上找到了“萨坡赛路290号”，就在今天的淡水路合肥路路口。农工党中央研究室接报后，专赴上海查证。据实地查看，这是一座3楼小洋房，虽然几十年过去了，但这座小楼和周围一片房屋与1940年版地图所绘完全一致，房屋结构也与黎锦晖、王人美等人的叙述一致。2005年，农工党中央两次主席会议听取了有关汇报后认定：农工党“一干会议”是在上海萨坡赛路290号召开的；萨坡赛路290号现地址为淡水路332弄1号。至此，农工党历史上具有重要纪念意义的“一干会议”会址得以确认。

2009年12月2日，隆重举行了中国农工民主党“第一次全国干部会议”会址挂牌仪式暨邓演达铜像落成揭幕仪式。

“一干”会址虽然经历了岁月的洗礼，但却因此积聚了历史的沉淀，它见证了农工党的诞生，既是讲述建党历程和建党思想的重要基地，也是农工党员以及统战系统的同志了解农工党史的一扇窗口。

（中国农工民主党上海市委员会研究室提供资料）

延伸阅读二：

中国民主促进会成立旧址的确认与修复

1945 年 12 月 30 日，中国民主促进会在上海爱麦虞限路（今绍兴路）的中国科学社（今黄浦区明复图书馆）内宣告成立。

民进成立旧址的挂牌

中国民主促进会的诞生地也被称为民进成立旧址，是民进追求梦想以及与中国共产党合作初心开始的地方，是所有民进人都不能遗忘的地方。

然而，民进成立旧址的确认几经周折。据考证，民进成立大会选址在中国科学社举行，是有其原由的。因为民进发起人中的周建人、曹梁厦等人就是中国科学社的成员。中共地下党组织也对大会的安全问题十分关心，作了精心安排。这一切都体现了民进从成立起，就是在中国共产党的帮助和关心下成长壮大的。

1995 年，为改善交通拥堵问题，根据上海市政工程建设规划要求，要拓宽陕西南路，牵涉当时卢湾区图书馆（原中国科学社）的搬迁问题，民进成立旧址建筑面临将被拆除的可能。民进上海市委获悉后即向市政协提交了《关于建议将民进成立大会会址作为革命遗址加以保护》的提案。陕西南路上，除民进成立旧址外，两边有很多旧址，市政府经过综合考虑，把陕西南路作为交通单行道，不再拆除两边建筑，这样既缓解了交通拥堵问题，同时又保存了这些有价值的优秀历史建筑。

1996年，为了解决民进成立旧址的挂牌问题，确认民进成立旧址，民进上海市委提交了《关于将民进成立大会会址作为爱国主义教育基地》的提案，但因当时各方面条件还不成熟，此事暂时搁置。到1998年12月份，民进中央十届二次全会召开时，参加会议的上海代表团和民进中央名誉主席雷洁琼提到此事，并亲自给当时上海市委书记黄菊同志写了一封信。此事得到了中共上海市委的重视，由黄菊批示，市委统战部具体落实。1999年6月17日，民进上海市委会举行庆祝民进上海地方组织成立50周年活动，时任民进中央主席许嘉璐和民进创始人之一柯灵等领导参加庆祝活动，并举行了民进成立旧址挂牌揭幕仪式。

民进成立大会会址的确认

虽然说民进成立旧址已经挂牌，但是民进成立大会的会场究竟在这里的何处并没有确认。卢湾区图书馆的前身是建于1929年的全国第一家公共科技图书馆——明复图书馆。与明复图书馆毗邻的小楼是中国科学社总办事处，1956年捐给国家，其后数十年成为七户人家的民居。1999年，民进成立旧址揭牌时，柯灵先生就觉得明复图书馆不像是当时开会的地方。

2004年，卢湾区人民政府斥巨资将七户居民动迁，基本恢复小楼原貌，交付卢湾区图书馆使用。2005年初，民进成立大会的亲历者宓逸群从加拿大返沪探亲，民进中央副主席、上海市副市长、民进上海市委主委严隽琪会见宓逸群。那天，九十高龄的宓逸群神采奕奕，精神抖擞。时任民进上海市委宣传部部长明浩在送他回家时，提议到卢湾区图书馆故地重游，宓逸群欣然答应。当时图书馆正在大修，地上到处是黄沙石子，还有积水，宓逸群在随行人员的搀护下走进明复图书馆大楼，试图寻找当年成立大会会议室。宓逸群连连摆手，说不是这幢楼，进大门后应该向右拐弯到一座小楼。这座小楼就是原中国科学社总办事处。

宓逸群十分肯定地说民进成立大会就是在这幢小楼的一楼举行的。据宓逸群回忆，1945 年 12 月 30 日是星期天，他一早就来准备会场。他是马叙伦的学生，同时他又是民进第一任的秘书，所以会议的准备工作都是他来做，包括签到笺都是他提前放在会场门口，所以他记得很清楚。他还记得马叙伦先生最早来到会场，第一个签了名，他随后签名。以后，这张珍贵的签到笺一直由他完好地保存下来，成为民进最珍贵的史料。

民进成立大会的会场所在地经宓逸群先生确认后，又经民进中央进一步考证，在中共上海市委统战部，原卢湾区委宣传部、统战部，原卢湾区文化局、图书馆等单位领导的大力支持下，原中国科学社总办事处小楼被确定为“民进成立旧址”。民进成立旧址所在的小楼于 2005 年 6 月正式交付使用。交付使用后的第一个活动就是赵丽宏作品朗诵会，因其朗诵会题为“会心一笑”，就把这栋楼命名为“会心楼”，并沿用至今。

变身民进成立旧址纪念馆

民进成立旧址是民进与中国共产党风雨同舟、团结合作的历史见证，是民进弥足珍贵的精神财富和研究民进创建史的资源宝库。

2010年7月，经民进中央十二届二十三次主席办公会决定，将“民进成立旧址”确定为首批“民进会史教育基地”，成为全国各级民进组织学习会史，牢记民进先辈政治嘱托、继承和弘扬民进优良传统等会史教育的重要场所之一。为进一步发挥民进成立旧址会史教育、资政育人的作用，民进上海市委会于2019年3月向民进中央提交了《关于建议筹建民进成立旧址纪念馆的报告》，得到了民进中央的高度重视，民进中央立即致函中共中央统战部，得到了中央统战部的大力支持，并致函中共上海市委统战部请其积极协助。2020年12月30日，中国民主促进会成立旧址纪念馆正式开馆。创新升级后的民进成立旧址纪念馆，以时间为顺序、以重大历史事件为载体、以传统和现代化的展陈方式为支撑，呈现了民进与中国共产党风雨同舟、肝胆相照、通力合作的光辉历史，呈现了民进认同并选择接受中国共产党领导的光辉历史，呈现了民进参与协商建国、参加社会主义新中国建设和改革开放建设、走进新时代的发展史。

——摘自刘晓斯：《多党合作·民进记忆|民进成立旧址的确认与修复》，《人民政协报》2021年2月18日，第9版

第六章　坚持和完善中国共产党的领导

中国共产党的领导是中国特色社会主义最本质的特征,是中国特色社会主义制度的最大优势。中国共产党的领导是包括各民主党派、各团体、各民族、各阶层、各界人士在内的全体中国人民的共同选择。历史经验证明,统一战线和多党合作,必须在中国共产党的坚强领导下,才能不断焕发蓬勃的生机,拥有光明的前途。中国共产党的领导是多党合作事业健康发展的根本保证。中国共产党在多党合作中居于领导地位,这是我国政党制度的根本特点,也是与西方多党制的根本区别。只有始终不渝坚持党对统一战线和多党合作的领导,多党合作事业才能保持正确的方向,中国新型政党制度才能在实践中进一步完善和发展。

第一节　准确把握坚持中国共产党的领导这一原则

一、党的领导主要是政治领导

新时代爱国统一战线是党领导的统一战线。统一战线和多党合作事业要沿着正确方向发展，必须毫不动摇地坚持中国共产党的领导。如何准确理解和把握党对统一战线的领导？习近平总书记指出，“党对统一战线的领导主要是政治领导，即政治原则、政治方向、重大方针政策的领导，主要体现为党委领导而不是部门领导、集体领导而不是个人领导。坚持党的领导要坚定不移，但在这个过程中也要尊重、维护、照顾同盟者的利益，帮助党外人士排忧解难”。[①]习近平总书记的重要论述，对巩固和壮大新形势下爱国统一战线、推进统一战线和多党合作事业发展具有重要的指导意义。

新型政党制度是中国共产党领导的多党合作和政治协商制度，共产党是社会主义事业的领导核心，各民主党派不是在野党和反对党，而是同共产党亲密合作的友党，是中国特色社会主义参政党。中共中央〔1989〕14 号文件规定，民主党派享有宪法规定的权利和义务范围内的政治自由、组织独立和法律地位平等。[②]中国共产党和各民主党派之间有领导与被领导的关系，但这种领导主要是政治领导，即

---

① 《习近平谈治国理政》第 2 卷，外文出版社 2017 年版，第 303 页。

② 《中共中央关于坚持和完善中国共产党领导的多党合作和政治协商制度的意见》，《人民政协重要文献选编》，中央文献出版社、中国文史出版社 2009 年版，第 481 页。

政治原则、政治方向和重大方针政策的领导。所谓政治原则，就是把马克思列宁主义、毛泽东思想、邓小平理论、“三个代表”重要思想、科学发展观、习近平新时代中国特色社会主义思想作为全党和全国人民团结奋斗的共同思想基础。所谓政治方向，就是由共同的奋斗目标决定的前进方向，就是社会主义方向，即走中国特色社会主义道路。所谓重大方针政策，就是在坚持这些基本政治原则和政治方向过程中，共产党与各民主党派经过充分协商制定的事关全局和长远发展的基本政策，是事关建设中国特色社会主义经济、政治、文化、社会和祖国统一的基本政策。只要这些政治原则、政治方向和重大方针政策在民主党派中得到贯彻落实，就是在多党合作中全面实现了中国共产党的政治领导。①

坚持中国共产党领导的同时要充分尊重民主党派。中国共产党对民主党派的领导不同于中国共产党党内上级组织对下级组织的领导，不同于中国共产党对工、青、妇等人民团体的领导，也不同于中国共产党对国家政权的领导。中国共产党、各民主党派都是政党，在组织上是相互独立的，都独立自主地处理内部事务。中国共产党对民主党派的领导，主要是从政治上来讲的。不能因为强调中国共产党的领导，而事无巨细地包揽民主党派的事务。如果那样的话，既不利于坚持和加强中国共产党的领导，也不利于建立和谐的政党关系。

当前，国际国内形势正在发生深刻变化。从国际上看，世界面临百年未有之大变局，西方国家主导世界格局的力量在下降，以中国为代表的非西方力量正在崛起，中国特色社会主义道路的成功实践，打

① 参阅中央社会主义学院编著：《〈中共中央关于进一步加强中国共产党领导的多党合作和政治协商制度建设的意见〉专题讲座》，华文出版社2005年版，第216页。

破了西方模式一统天下的局面。从国内来看，我国正处在“两个一百年”奋斗目标的历史交汇期，我国已走出中等收入陷阱，经济已由高速增长阶段转向高质量发展阶段，正处在转变发展方式、优化经济结构、转换增长动力的攻关期。国际国内双循环格局的构建，将为经济社会发展注入新的动力。随着国家治理体系和治理能力现代化的持续深入推进，到21世纪中叶，我国将成为综合国力和国际影响力领先的国家。面对百年未有之大变局，面对中美经贸摩擦、科技竞争和中美关系的“渐行渐远”，面对新冠肺炎疫情给世界经济发展带来的不确定影响，民主党派成员、无党派人士的思想认识、思想观念、价值取向等呈现多元多样的特点，新时代如何加强政治领导，让民主党派广大成员和无党派人士从内心深处认同党的政治主张，坚定走中国特色社会主义道路的信念，是中国共产党领导的多党合作事业面临的新课题。因此，世情、国情、统情越是发生深刻变化，越是要支持民主党派加强中国特色社会主义参政党建设，以思想政治建设为引领，全面支持民主党派加强自身建设，把民主党派广大成员的思想认识统一到中共中央的重大决策部署上，统一到全面建设社会主义现代化国家、实现中华民族伟大复兴的各项目标任务上，在凝聚共识、凝聚人心、凝聚智慧、凝聚力量中，实现党的领导，加强党的领导。

二、如何实现党的领导

关于如何实现党的领导，毛泽东曾有过十分精辟的论述：“领导的阶级和政党，要实现自己对于‘所领导的阶级’、阶层、政党和人民团体的领导，必须具备两个条件：（甲）率领被领导者（同盟者）向着共同的敌人作斗争,并取得胜利;(乙)对被领导者给以物质福利,至少不损害其利益,同时对被领导者给予政治教育。”①在这里,毛泽东指出无产阶级及其政党实现领导权的基本条件,强调无产阶级及其政党要有效实现领导,不仅要率领同盟军与共同敌人作斗争并取得胜利,还要照顾同盟者的利益,并加强思想政治引导;两个条件缺一不可。毛泽东的这些论述,时至今日仍有重要的现实指导意义。

在新的历史条件下,中国共产党要实现党对统一战线的有效领导,建设一个具有强大凝聚力、空前广泛性和巨大包容性的统一战线,首先要有正确的路线方针政策,并不断取得改革开放和现代化建设事业的新胜利,这是保持我们党对统一战线领导力的源泉和根本;其次,要照顾同盟者的利益,并加强对他们的思想政治教育。具体在多党合作事业领域,实现党的领导应注意把握以下方面。

（一）依靠党的正确纲领、路线、方针

改革开放以来,中国共产党制定了“一个中心、两个基本点”的社会主义初级阶段基本路线,领导全国各族人民,解放思想,实事求是,奋力拼搏,锐意进取,实现了从高度集中的计划经济体制到充满活力的社会主义市场经济体制、从封闭半封闭到全方位开放的历史性转变,综合国力大幅跃升,人民生活明显改善,国际地位显著提高,中华民族巍然屹立于世界民族之林。我国已是世界经济第二大国、货物贸易第一大国、外汇储备第一大国、服务贸易第二大国、使用外资第二大国、对外投资第二大国。我国正从传统的农业国转变为现代化工业国,中国作为世界和平的建设者、全球发展的贡献者、国际秩序的维护者作用凸显。中国共建“一带一路”的倡议已得到 160 多个国

① 《毛泽东选集》第 4 卷,人民出版社 1991 年版,第 1273 页。

家和国际组织的积极响应。据上海市委统战部的一项调研，在问及关于新中国成立以来创造了众多“中国速度”和“中国奇迹”的根本原因，95.2%的民主党派成员认为是“中国共产党的坚强领导”。①可见，中国共产党实施的正确的路线、方针、政策以及所取得的巨大成就，是实现对统一战线坚强领导的不竭的力量源泉。②

（二）发挥共产党员的先锋模范作用

要有效实现党的领导，必须发挥共产党员的先锋模范作用。毛泽东说：“所谓领导权，不是一天到晚当作口号去喊，也不是盛气凌人地要人家服从我们，而是以党正确政策和自己的模范工作，说服和教育党外人士，使他们愿意接受我们的建议。”③共产党员要以自己的模范工作，影响和带动各民主党派及其成员，让他们在潜移默化中认同党的主张，接受党的领导，进而团结在党的周围，在为实现共同目标任务奋斗中增强共识和一致性。比如，政府机关、人民团体、事业单位的中共党员，要带头立足岗位、建功立业，促进所在领域、所在行业、所在单位的事业发展，以自身的模范工作来带动党外人士履职尽责，多作贡献；人民政协中的中共政协委员，要以身作则，带头参与人民政协的各项活动，带头撰写提案，以自身的模范履职，来影响和带动包括民主党派在内的党外政协委员投身于人民政协的各项工作中。

---

① 参看上海市委统战部课题：《关于上海民主党派成员思想状况的调查和思考》，2020年11月。

② 其间，包括广大民主党派成员在内的统一战线成员团结在中国共产党周围，围绕中心，服务大局，发挥智力密集、联系广泛、资源丰富的优势，积极参政议政，民主监督，引资引智，岗位建功，为国家的经济社会发展作出了重要贡献。在这一过程中，中国共产党进一步加强对统一战线的领导。

③ 《毛泽东选集》第2卷，人民出版社1991年版，第742页。

链接:张文宏:“共产党员先上”不仅仅是一句口号①

“迎难而上,共同战斗!”张文宏是华山医院感染科党支部书记。就在昨天凌晨零点,他刚从河南郑州参加完国家卫生健康委新型冠状病毒肺炎防控督导工作,飞回上海。一下飞机,他就驱车80多公里,赶到位于市郊的上海市公共卫生临床中心。有一件极重要的事情等着他——更新疫情解读科普文章。针对疫情最新进展,结合科学研判和分析,用深入浅出的语言写成科普读物并推送上线。疫情进展至今,张文宏已写了10篇科普文章,最高的一篇阅读量超过千万。

而就在昨天上午,他还赶到华山医院的发热留观病房查房,了解每一位病人的病情,同时安抚留观病人的焦虑情绪。

之所以要在如此忙碌之时,还加一档事情——召集医院感染科的党员开展组织生活,张文宏有自己的思考,“大半个月来,为了打赢这场战役,几乎每个人都超负荷地连轴转,非常辛苦、疲惫。这个时候需要给大家鼓鼓劲、打打气”。

这两天——疫情防控进入最关键的时刻,张文宏主持感染科进行了“大换班”。他让前期大部分主动取消休假、连续战斗了十几天的非党员医生换岗调整,由党员医生顶上。“党员要上前线,现在就是前线,没有讨价还价的余地,我是支部书记,我先上,别的党员也必须顶上。”张文宏说。

张文宏所在的团队总计49位医生,其中25位是共产党员。

就在几天前,当上海发出“集结号”,在全市征集第一批驰援武汉

① 《文汇报》2020年1月30日,第1版。

的医生时，感染科党员医生徐斌正陪家人在日本休假，得知此事后，徐斌二话不说，立刻中止休假，买了机票飞回上海，加入上海医疗队后随即赶往武汉。“这是我们感染科党支部的传统，任何时候有需要，党员都要先上，不用预先打招呼。”张文宏说。

除此之外，感染科支部副书记、副主任金嘉琳教授，承担了医院隔离病房大量医疗工作；支委邵凌云、王新宇、阮巧玲以及被派往上海市公共卫生临床中心工作的毛日成等几位医生，也都是党员。加上张文宏自己，这个团队的成员们已经连续几天几夜守在疫情防控的各条战线，几乎没有任何休息时间。

“我们团队的医生护士都很优秀，经验丰富。短短几天，我们已梳理形成了大量的流程、标准，同时根据国家疾控中心发布的最新指南不断更新，为同行提供参考。”张文宏说，现在，这场战役到了关键时刻，虽然大家都很累，但必须坚持，所以鼓舞士气、相互鼓励很重要。这个时候，党员医生们重温入党誓言，也是团结力量、一起加油鼓劲。“必须坚持的一个原则是：最困难的工作，最辛苦的岗位，党员必须先上，这个没有商量。这是我们入党宣誓时的承诺，也是职责。”

从“非典”到“超级细菌”，只要有重大传染病疫情发生，华山医院感染科党支部始终奋战在最前线。张文宏经常鼓励支部的党员医生，在抗击疫情一线，党员是有组织的。“党支部必须是一个坚强集体，是一个战斗堡垒。大家在一起，更有能力互相鼓励、直面恐惧。”

（三）善于在协商中实现党的领导

党的十九大报告指出：“协商民主是实现党的领导的重要方式，是我国社会主义民主政治的特有形式和独特优势。”协商民主是实现

党的领导的重要方式，首先在于它是与民主集中制的原则是一致的。中国共产党在作出重大决策、制定大政方针时，本着“协商于决策之前”的原则，广泛听取社会各界的意见建议，在此基础上再进行集中，体现了民主集中制原则。例如，中共中央在制定国民经济和社会发展第十四个五年规划和二〇三五年远景目标的建议过程中，就坚持发扬民主、开门问策、集思广益，把加强顶层设计和坚持问计于民统一起来，鼓励广大人民群众和社会各界以各种方式为“十四五”规划建言献策，尤其注重听取各民主党派中央、全国工商联负责人和无党派人士代表意见，体现了坚持民主基础上的集中和集中指导下的民主的有机统一。通过与民主党派平等协商，一方面可以使党的方针政策为民主党派人士所接受，把党的方针政策化为民主党派自己的指导思想，并自觉地贯彻执行；另一方面，在决策之前和决策执行之中进行协商，有助于充分吸纳党外人士的意见建议，从而完善党的方针政策，更好地实现党的领导。

经过多年的多党合作实践，“每有大事，必相咨访”的政党协商已形成常态，中国共产党就治国理政的重大问题，采取会议协商、书面协商和约谈协商等，与各民主党派、无党派人士座谈交流、听取意见。在中央层面，十八大以来，中共中央围绕全面深化改革、法治中国建设、创新驱动发展、京津冀协同发展、长江经济带建设、“一带一路”倡议、“十三五”规划和“十四五”规划等重大议题，多次听取各民主党派和无党派人士的意见建议。在上海市层面，2017 年至 2019 年，中共上海市委把政治协商纳入决策程序，坚持协商于决策之前和决策之中，就党风廉政建设和反腐败工作、第十一次党代会工作报告、全面提升食品安全保障能力、深化上海城市核心功能研究、贯彻落实习近平总书记在民营企业家座谈会上的讲话及有关文件精神等，听取各民主党派市委、市工商联负责人和无党派人士代表意见。在政治协商中，各民主党派和无党派人士提出了许多有见地、有价值的意见建议，许多意见建议被采纳，成为党委和政府决策的重要依据，为促进改革发展稳定作出了贡献。政党协商在长期实践中形成的多种固定渠道和机制，对推进国家治理体系和治理能力现代化发挥了重要作用。政党协商作为多党合作和协商民主的重要内容，已在制度层面嵌入国家治理体系。

习近平总书记深刻地指出："中国共产党领导的多党合作和政治协商制度，既强调中国共产党的领导，也强调发扬社会主义民主。政治协商、民主监督、参政议政，就是这种民主最基本的体现。坚持中国共产党的领导，不是不要民主了，而是要形成更广泛、更有效的民主。"①在新型政党制度运行过程中，将坚持中国共产党的领导与发扬民主相结合，中国共产党对民主党派组织及其多数成员的意见予以充分的尊重，注意通过政治引导、充分协商的方式开展工作，通过沟通交流、协商合作、联系服务等方式来实现中国共产党的领导，将中国共产党的主张转变成民主党派的共识，团结带领广大民主党派成员为实现共同的目标而奋斗。

链接：中共上海市委认真听取并采纳党外人士意见

2007 年 4 月，在上海市第九次党代会召开之前，时任中共上海市

① 习近平：《坚持多党合作发展社会主义民主政治　为决胜全面建成小康社会而团结奋斗》，《人民日报》2018 年 3 月 5 日，第 1 版。

委书记习近平听取社会各界对党代会报告的意见。高小玫作为民革上海市委主委参加会议。在发言中,就报告第四部分关于社会主义民主政治建设,提出应该有“走中国特色社会主义政治发展道路”表述的意见。

这个意见得到了习近平当场认真的回应。后来正式的党代会报告,第四部分第一句话就是“坚定不移地走中国特色社会主义政治发展道路”。高小玫后来说,中共市委领导的虚怀如谷,给了自己很大的鼓舞。此时,她履行民革上海市委主委刚刚3天。对于即将开始的主委工作,她并没有十足的把握;但在深入了解了改革开放以来多党合作制度的发展进程之后,她有了新的认识。在与班子成员沟通时,高小玫说:“我们积极履职,不是为了评比,而是为了去做有意义、有价值、值得去做的事。”她坚信,在中国共产党领导的多党合作制度框架下,民主党派可以采取参政议政、政治协商等方式,为社会作出自己的贡献。①

(四) 坚持照顾同盟者利益

尊重、维护同盟者利益历来是中国共产党领导统一战线,取得革命、建设和改革胜利的重要原则。中国共产党带领中国人民进行革命、建设、改革的历史,是与同盟者团结奋斗的历史,也是照顾同盟者利益共同前进的历史。在不同历史时期,党都十分重视同盟者的利益问题,把尊重照顾同盟者利益,作为团结领导同盟者奋斗前行的重要前提。2000年,中共中央在关于加强统一战线工作的决定中,把照

---

① 郑钢森主编:《铭记与传承——上海多党合作事业光影风华》,上海人民出版社2018年版,第6页。

顾同盟者作为统一战线“必须坚持的重要原则”。2006 年，中共中央在巩固和壮大新世纪新阶段统一战线的意见中再次强调，照顾同盟者利益是巩固和壮大统一战线的重要原则。

照顾同盟者利益是在多党合作中实现党的领导的基本途径之一。1990 年 1 月，江泽民在全国统战部长座谈会上，谈到坚持和完善中国共产党领导的多党合作和政治协商制度时，强调既要照顾同盟者利益，又要对同盟者进行政治教育。照顾同盟者的利益，主要包括经济利益、政治利益和精神利益。经济利益，主要是同盟者生产生活和工作中的物质利益；政治利益，主要是同盟者进行制度化的有序政治参与；精神利益，主要是对同盟者的进步和贡献进行肯定和表彰。①作为执政党的中国共产党，在多党合作实践中，要努力畅通民主党派成员、无党派人士反映意见和要求的渠道，建立健全照顾同盟者利益的机制。比如，帮助民主党派解决机构、编制、经费、办公场所等问题；对符合条件的党外人士，要按照政策规定进行实职安排和政治安排，并使他们享受相应待遇；民主党派成员参与党派工作，所在单位要给予积极支持，履职成果要纳入考核考评；党委要通过建立健全知情明政机制等，积极为民主党派、无党派人士参政履职创造条件。

链接：十八大后中共中央关心照顾同盟者利益

十八大召开后，习近平总书记走访各民主党派中央和全国工商联机关，带去了中共中央的亲切关怀，认真听取和回应大家提出的意见建议。各民主党派中央和全国工商联提出的问题，圆满得到解决。

---

① 张献生：《新时代统一战线知识简明读本》，华文出版社 2020 年版，第 22 页。

2016年9月，中共中央有关方面出台了《关于落实地市级和县级不驻会人大常委会副主任、政协副主席生活待遇的通知》这是继《关于落实省级不驻会人大副主任、政协副主席生活待遇的通知》《关于进一步落实从省级不驻会的人大副主任、政协副主席岗位退下来的老同志生活待遇的通知》两个文件后，照顾同盟者利益的有力举措。

（五）处理好一致性和多样性的关系

中国共产党统一战线工作史，是一部团结带领同盟军共同致力于革命、建设、改革事业的历史，也是一部形成、巩固、发展一致性，尊重、包容、引导多样性的历史。抗日战争期间，在中华民族处于生死存亡的严重关头，中日民族矛盾上升为主要矛盾，中国共产党以民族利益为重，不计前嫌，倡导和推动了第二次国共合作，提出了发展进步势力、争取中间势力、孤立顽固势力的策略方针，巩固和发展了抗日民族统一战线，为抗日战争的最终胜利奠定了坚实基础。解放战争期间，为了推翻蒋介石反动政权，中国共产党领导建立了人民民主统一战线，将广大工人、农民、城市小资产阶级、民族资产阶级、各民主党派、开明绅士等团结起来，为夺取新民主主义革命胜利发挥了重要作用。在抗日战争和解放战争期间，中国共产党围绕抗日救国、民主建国的大目标，包容统一战线各方面成员的差异，实现了最广泛的团结。而在土地革命战争时期，因为片面强调一致性，追求纯而又纯，导致革命根据地损失了90%，红军被迫进行长征。1954年12月19日，毛泽东总结瑞金时代的“左”倾错误说：“瑞金时代最纯洁，最‘清一色’了，但那时我们的事情特别困难，结果失败了。所以真理不在于‘清一色’。”[①]历史经验和教训证明，什么时候正确处理了一致性和多样性关系，统一战线就巩固壮大，党的事业就向前推进。反之，统一战线就缩小乃至破裂，党的事业就遭受损失。正因为如此，习近平总书记指出，“做好新形势下统战工作，必须正确处理一致性和多样性关系”。这一科学论断，是对统一战线90多年实践经验的科学总结，是对统一战线发展规律的准确把握。

统一战线是一致性和多样性的统一体，一致性和多样性共生并存是统一战线建立和巩固的重要基础。只有一致性，没有多样性，就没有必要建立统一战线；只有多样性，没有一致性，就建立不起来统一战线。正是因为有多样性，才需要团结和联合不同阶级、不同党派、不同民族、不同宗教、不同社会制度的成员，组成浩浩荡荡的统一战线。正是因为有一致性，统一战线才能巩固共同思想政治基础，团结各方成员，结为利益共同体和命运共同体。

各民主党派是具有阶级联盟性质的政党，具有在一致性基础上的多样性和包容性。只讲一致性，民主党派就没有存在的必要；只讲多样性，民主党派就不成为民主党派。毛泽东指出："因为不一致，才有团结的任务，如果总是十分一致，那还有什么必要不断进行团结的工作呢？"[②]民主党派作为与中国共产党长期风雨同舟、患难与共的亲密友党，在政治目标、实践追求等方面与中国共产党高度契合，但在组织体系、成员结构、地位作用以及所代表群众等方面，还存在一定差异。在多党合作实践中，应注意克服以下两种偏向：既不能过分强调一致性，认为民主党派与中国共产党没有区别，甚至以中共组织的

① 《建国以来毛泽东文稿》第4册，中央文献出版社1990年版，第633页。
② 《毛泽东文集》第8卷，人民出版社1996年版，第133页。

标准要求民主党派;也不能过分强调多样性,而对民主党派成员中的模糊认识和错误观点视而不见。在所有制形式更加多样、社会阶层更加多样、社会思想观念更加多样的条件下,民主党派成员独立性、差异性明显增强,思想认识、价值取向多元多样,需要用好求同存异、民主协商、联谊交友、教育引导、照顾利益等行之有效的方法,同时也需要善意的帮助和教育,需要深入细致的思想政治工作。特别对属于人民内部的政治是非和思想问题,既要旗帜鲜明,是非分明,敢于批评,又要耐心进行政治引导,在思想政治上给予民主党派成员积极的、真诚的帮助。

在政党关系方面,处理好一致性和多样性关系,还要处理好坚持党的领导与支持民主党派发挥作用的关系。中共十八大以来,中共中央把支持加强参政党建设作为重要政治责任,颁布了加强中国特色社会主义参政党建设的文件,制定了加强政党协商的意见,并赋予民主党派开展脱贫攻坚民主监督的新任务。习近平总书记每年亲自主持召开党外人士座谈会,与党外人士共商国是,听取意见建议。地方党委在支持民主党派发挥作用方面也进行了积极有效的探索,通过搭建知情明政平台、拓宽"直通车"等议政建言渠道,协调有关部门通报情况、解读政策、回应问题,在支持民主党派发挥作用、帮助提高履职能力水平中,不断加强一致性引领,巩固多党合作共同思想政治基础。

(六)尊重民主党派的参政党地位

尊重民主党派的参政党地位,尊重民主党派在宪法规定的权利和义务范围内的政治自由、组织独立和法律地位,是加强对民主党派政治领导的必然要求。周恩来指出,共产党领导一切的原则主要是从政治上来讲的,并不等于一切具体工作都要共产党来管理。共产党不能把民主党派作为自己的附属团体,不能命令干涉,更不能控制他们的行动。中共各级党委要在坚持党的领导的前提下,坚持民主党派自觉自主自为,放手让民主党派独立自主地开展工作,充分发挥其积极性和主动性。要尊重民主党派独立处理内部事务的权利,尊重民主党派及其上级组织的意见,不代替民主党派作决定,不插手民主党派的日常工作和党务活动,不能把中共党组织的意见强加于人。对于民主党派的重大问题,中共党组织应从支持协助的角度,经过慎重研究后,采取协商的方式,诚恳地提出意见建议,切忌以“上级党”的身份批评指责或包办代替,只有这样,才能真正做到执政党建设与参政党建设的相互促进。

第二节　为多党合作事业发展营造良好环境

习近平总书记在庆祝改革开放40周年大会上指出,“坚持党的领导,必须不断改善党的领导,让党的领导更加适应实践、时代、人民的要求”。为多党合作事业发展营造良好环境,是在新时代加强和改善党的领导,巩固和发展多党合作事业的客观要求。

一、践行“三个带头”“四个纳入”

支持民主党派加强参政党建设是中共各级党委的重要政治责任。应当看到,进入新世纪以来,中共各级党委落实中央有关文件精神,按照执政党建设与参政党建设相互促进的要求,支持民主党派加强自身建设,特别是加强民主党派基层组织建设和后备干部队伍建设,取得积极成效,推动了多党合作事业持续发展。但也不可否认,当前在各级党组织和党员干部中,在对统一战线和多党合作的认识上,一定程度上还存在“上热、中温、下凉”的现象,有些党员领导干部潜意识里还认为党外人士“不是什么了不起的力量”,“是一支比较麻烦的力量”,“是一支消极甚至异己的力量”。对国家基本政治制度和民主党派不了解、对统战工作不熟悉、支持不够的党员干部也为数不少。因此,各级党委,特别是基层党组织要从加强党的领导、坚持和完善国家基本政治制度的高度,认真贯彻《中国共产党统一战线工作条例》和有关实施意见精神,按照“三个带头”“四个纳入”的要求[“三个带头”“四个纳入”:党委(党组)领导班子成员带头学习宣传和贯彻落实党的统一战线理论、方针、政策和法律法规,带头参加统一战线重要活动,带头广交深交党外朋友。把统一战线工作纳入党委(党组)重要议事日程,纳入党政领导班子和领导干部工作考核内容,纳入宣传工作计划],加强对多党合作和民主党派工作的领导。党委(党组)的领导班子成员要带头学习宣传和贯彻落实党的统一战线理论、方针、政策和法律法规,带头参加统一战线重要活动,带头广交深交党外朋友。要把包括多党合作工作在内的各项统战工作纳入党委(党组)重要议事日程,纳入党政领导班子和领导干部工作考核内容,纳入宣传工作计划。要支持民主党派加强自身建设,为民主党派履职尽责创造条件,尊重和保障民主党派、无党派人士的各项权利,加强与党外代表人士的联谊交友,为中国共产党结交肝胆相照的党外朋友,结交关键时刻发挥作用的挚友和诤友。

二、巩固共同思想政治基础

“要高举爱国主义、社会主义旗帜，巩固统一战线的思想政治基础，正确处理一致性和多样性的关系”，是中共十八大报告对统一战线提出的明确要求，是社会多样化特征更加显著条件下统一战线亟须应对的重大课题。

夯实共同思想政治基础，重在真正的内心认同。具体在多党合作和民主党派工作领域，要加强思想政治引领、广泛凝聚共识，确保多党合作事业沿着正确的政治方向前进。调查显示，当前民主党派成员的主流思想呈现积极向上的态势。绝大多数党派成员在坚持走中国特色社会主义道路、坚持中国共产党领导的多党合作和政治协商制度这些重大原则问题上立场坚定，作为参政党成员的责任感、使命感不断增强，参政履职的动机进一步确立。一是坚定接受中国共产党的领导。民主党派成员普遍认为，新中国成立以来创造了众多“中国速度”和“中国奇迹”，最根本原因在于中国共产党的坚强领导；疫情防控取得决定性成果，最主要的原因在于党的领导，在于中国特色社会主义制度优势。①二是高度认同习近平新时代中国特色社会主义思想。认为国家各项事业之所以能开新局、谱新篇，根本在于有习近平新时代中国特色社会主义思想的指引。三是对我国新型政党制度有较高认知度。民主党派成员普遍重视多党合作事业发展，并对新形势下把新型政党制度坚持好发展好完善好充满信心。四是充

① 一位民进会员形象地比喻：“作为民主党派一名成员，要强化一条船的思想。中国共产党掌舵，民主党派划桨，同舟共济向现代化的彼岸奋进。”

分评价新中国成立70余年来,特别是改革开放以来取得的伟大成就。他们深刻认识到,只有中国共产党,才能救中国;只有中国特色社会主义,才能发展中国。五是有较强的社会责任感。他们积极参与捐款捐物,助力新冠肺炎疫情防控,并发挥海内外联系广泛的优势,动员各种渠道资源捐赠各种抗疫物资。六是对国家未来发展前景充满信心。面对百年未有之大变局,面对中美经贸摩擦、科技之争和中美关系的“渐行渐远”,面对新冠肺炎疫情给世界经济发展带来的不确定影响,民主党派成员总体上仍然对国家未来发展充满信心。

调研发现,民主党派成员的思想状况还存在一些值得重视的问题,主要表现在:少数成员对中国新型政党制度理解模糊,对西方多党制以及所谓的普世价值表示好感。极少数被调查者认为,“我们现在实行多党合作制,将来可以效仿西方,实行多党制和议会制”。少数成员加入参政党组织的目的指向性存在偏差,功利性明显。部分民主党派成员存在入会随意性强、入会功利性强的问题。部分成员加入党派组织后,较少或基本不参加组织活动①,缺乏履行民主党派职能的主观意识和实际行动。②随着年龄的增长,一部分成员对党派工作产生倦怠心理。部分成员对发挥参政党作用缺乏信心,对参政议政的作用认识肤浅。一些新生代成员对民主党派的性质、地位、作

① 在被问及“您参加支部活动的频率”时,有17.3%的成员参与活动的比例不足1/2,其中,基本不参与活动的占1.2%。对于“不能参加党派基层组织活动的主要原因”,96.0%的问卷对象表示本职工作忙,9.9%表示活动没有吸引力、有点像俱乐部,1.1%表示不能带来现实利益,4.0%表示其他原因。

② 问卷调查显示,部分党派成员近三年来都未曾撰写社情民意或建言信息,未参与参政议政课题调研。部分成员认为,履职是领导的事情,和“我”一介布衣无关。

用认识不清，对多党合作的历史知之甚少，对统一战线基本理论缺乏了解，对民主党派组织的归属感不强。

针对部分民主党派成员思想认识中出现的问题，要以支持开展“不忘合作初心，继续携手前进”主题教育活动为抓手，进一步强化政治信念，增强“四个意识”，坚定“四个自信”，做到“两个维护”，巩固团结奋斗的共同思想政治基础。要加强理论学习和理论武装。深入学习习近平新时代中国特色社会主义思想，特别是习近平总书记关于统一战线和多党合作的新思想新论述，以理论学习、理论研究带动思想建设，提高党派成员的理论水平和分析能力，确保在大是大非问题面前保持清醒的政治头脑。加强对新型政党制度、新时代参政党建设的重要理论和实践问题的研究，做到讲得清、听得懂、信得过，帮助广大成员增强制度自信，树立参政党意识，增强对民主党派的荣誉感和归属感。引导和支持各民主党派、无党派人士深入学习中国共产党的创新理论，学习时事政策，学习中共党史、新中国史和统一战线历史、人民政协历史，树立正确的历史观和大局观。增强思想政治教育的针对性和实效性。针对不同群体成员的特点、需求，因类、因人制宜，加强分类引导、精准施策，提升工作精细化水平。针对民主党派成员思想认识中的倾向性问题，认真分析思想动态背后的问题根源，有针对性地加强教育引导。把教育引导的内容融入通俗易懂的话语中，融入喜闻乐见的活动中。挖掘党派历史资源，讲好党派故事，讲好中国故事，做到入脑入心。把履行社会责任作为思想政治工作的着力点，引导年轻成员服务社会，甘于奉献。把教育引导和照顾同盟者利益结合起来，通过热情帮助，加强服务，解决问题等，加强思想引领，统一思想，凝聚共识。充分发挥好关键少数的作用，支持民主党派组织的班子成员讲政治、顾大局、作表率。同时注重发挥党派各级领导骨干和后备干部的作用，以身作则，示范引领，共同做好思想引导工作。

三、落实支持加强参政党建设的政治责任

坚持好发展好完善好新型政党制度，对加强民主党派自身建设提出了新的更高的要求。支持民主党派加强中国特色社会主义参政党建设，是中国共产党的重要政治责任，是多党合作事业发展的永恒主题。习近平总书记在中央统战工作会议上指出，“要支持民主党派加强思想、组织、制度特别是领导班子建设，提高政治把握能力、参政议政能力、组织领导能力、合作共事能力、解决自身问题能力”。①《中国共产党统一战线工作条例》规定：“各级党委应当支持民主党派加强思想政治建设、组织建设、履职能力建设、作风建设、制度建设，支持无党派人士加强自身建设。”中共各级党组织应当从坚持和完善基本政治制度的高度，深刻认识加强新时代参政党建设的重要性，支持民主党派加强自身建设。从多党合作工作实际来看，支持加强中国特色社会主义参政党建设，工作着力点体现在以下几个方面：

加强思想政治引领。始终把思想政治建设放在首位，以此作为组织建设、履职能力建设、制度建设等方面的引领。思想政治建设的关键是坚持中国共产党的领导，坚持走中国特色社会主义发展道路。支持民主党派开展“不忘合作初心，继续携手前进”主题教育活

① 习近平：《巩固发展最广泛的爱国统一战线》，新华网，2015 年 5 月 20 日。

动，并借鉴中共“不忘初心、牢记使命”主题教育做法，探索建立“不忘合作初心、继续携手前进”的各项制度，为政治引领、思想引导、共识教育的常态化和长效化提供机制保障（见本章延伸阅读：《支持各民主党派、无党派人士开展“不忘合作初心，继续携手前进”主题教育活动》）。

支持加强领导班子和基层组织负责人队伍建设。参政党建设的重要环节是加强各级民主党派组织的领导班子建设。支持各民主党派按照民主集中制的要求，贯彻集体领导、民主集中、个别酝酿、会议决定的方针，实行重大事项集体讨论制度。完善集体领导和个人分工负责相结合的制度，建立领导班子成员的岗位责任制，各司其职，各尽其责，发挥领导班子整体合力。省级组织领导班子要密切联系基层组织，夯实基层基础，激发组织活力。支持加强民主党派基层组织负责人队伍建设。基层组织负责人是关系到党派基层组织能否正常开展活动、确保基层组织活跃度的灵魂人物。要采取多种形式，加强对民主党派基层组织负责人队伍的培训，打造一支政治理论功底扎实、综合素质好、善于做思想政治工作的基层组织负责人队伍。

支持加强后备干部建设。加强后备干部队伍建设是加强领导班子建设和发挥参政党作用的基础，也是顺利实现新老交替、政治交接的重要内容。党外干部也是党的干部。后备干部的培养不可能一蹴而就。把民主党派后备干部培养纳入干部队伍建设总体规划，提前谋划，通盘考虑，统筹使用，多渠道、宽领域发现、储备、举荐党外人才。对有发展潜力又缺少相应台阶的优秀干部，本着“缺什么、补什么”的原则，提供实践锻炼平台，从机制上帮助解决干部交流和挂职锻炼等方面的问题。通过建设一支素质优良、结构合理、数量充足的代表人士队伍,为多党合作事业健康可持续发展提供保障。

支持加强制度建设。中共十八大以来,以习近平同志为核心的党中央高度重视制度建设,颁布了一系列党内法规,推动制度建党、依规治党。相比于中共,民主党派的制度建设,一定程度上与形势任务的要求还不相适应。因此,要支持民主党派将制度建设贯穿于自身建设、履行职能全过程,逐步构建一套适合自己特点、系统规范、运行有效的制度体系,并就民主决策、民主生活会、述职和民主评议、内部监督等,提出具体明确的规范。按照执政党建设与参政党建设相互促进的要求,建立"不忘合作初心、继续携手前进"的制度。及时把成熟的经验和做法上升为制度,在理论学习、民主决策、民主生活会、述职和民主评议、内部监督等方面构建一套适合自己特点、系统规范、运行有效的制度体系;不断完善与思想政治建设相关的队伍建设、教育培训等方面的制度及运行机制,为政治引领、思想引导、共识教育的常态化和长效化提供坚实支撑。

四、加强无党派人士队伍建设

根据《中国共产党统一战线工作条例》的定义,无党派人士是指没有参加任何政党、有参政议政愿望和能力、对社会有积极贡献和一定影响的人士,其主体是知识分子。无党派人士分布领域广,人才数量多,身份超脱,是社会主义现代化建设的一支力量,也是民主党派的重要人才来源。发挥无党派人士的作用是坚持和完善中国共产党领导的多党合作和政治协商制度的必然要求。中共各级党委要加强对无党派人士工作的领导，建立健全无党派人士工作机制，为无党派人士开展工作创造条件。与民主党派有健全的组织、有专职干部不同，无党派人士无党无派，分散在不同的工作单位，这就需要党委统战部发挥牵头协调作用，切实保证他们在多党合作和政治协商中履行好职责，发挥好他们在参政议政、民主监督和参加中国共产党领导的政治协商中的作用。根据无党派人士的特点，通过党外知识分子联谊会等载体，把他们团结起来，凝聚起来。为无党派人士履行职能、发挥作用创造条件，组织他们开展国情调研考察、社会服务，进行教育培训等，帮助他们扩大视野、了解国情，从而进一步知情明政、参政履职。建立健全无党派人士培养选拔机制，及时发现优秀人才，并通过多种形式、多种途径对他们开展思想政治引领，努力建设一支综合素质好、年龄结构合理、数量适当、有较大代表性和社会影响的无党派代表人士队伍。

五、发挥人民政协的平台作用

人民政协是中国人民爱国统一战线组织，是中国共产党领导的多党合作和政治协商的重要机构，也是在我国政治生活中发扬社会主义民主的重要形式。人民政协与中国新型政党制度具有天然的联系。1949 年 9 月，中国人民政治协商会议的召开，标志着新型政党制度的确立。人民政协是国家制度层面唯一的多党合作和政治协商的组织，其组织构成包括中国共产党、各民主党派和无党派人士，是实行新型政党制度的重要机构。

注重建立健全发挥新型政党制度优势的机制。习近平总书记指出,“要发挥人民政协作为实行新型政党制度重要政治形式和组织形式的作用,对各民主党派以本党派名义在政协发表意见、提出建议作出机制性安排”。①人民政协作为专门协商机构,是实行新型政党制度的重要机构。人民政协在履职过程中,一方面,要做好政协协商同政党协商有关活动在协商议题、时间等方面的衔接工作。支持各民主党派和无党派人士在政协参与本地重要决策的讨论协商,对各民主党派以本党派名义在政协发表意见、提出建议等作出机制性安排。通过联合调研、共同举办协商活动等方式,为各民主党派和无党派人士更好地发挥作用创造条件。另一方面,政协专题议政常委会议、专题协商会议相关议题的调研,要邀请各民主党派和委员中的无党派人士参加。完善民主党派和无党派人士在政协开展经常性工作的机制,推进合作共事。

充分发挥人民政协作为专门协商机构的作用。坚持党委牵头协调,会同政府、政协制定年度协商计划,确定政协常委会会议和专题协商会议题。要不断丰富协商形式,完善以全体会议为龙头,以专题议政性常务委员会会议、专题协商会为重点,以提案办理协商、对口协商、界别协商为常态的协商议政格局。对于协商成果,要有采纳、落实和反馈制度。

把加强思想政治引领、广泛凝聚共识作为政协履职的中心环节。要做好包括民主党派、无党派人士在内的各界代表人士凝聚共识工作。组织各民主党派、无党派人士深入学习党的创新理论,学习习近平新时代中国特色社会主义思想,学习时事政策,学习中国共产党

① 习近平:《在中央政协工作会议暨庆祝中国人民政治协商会议成立70周年大会上的讲话》,《人民日报》2019年9月21日,第1版。

史、新中国史、统一战线史、人民政协史，在事关道路、制度、旗帜、方向等根本问题上统一思想和步调。

综上，坚持中国共产党的领导，是中国特色社会主义最本质的特征，是多党合作和政治协商制度成功运行的首要前提，是中国新型政党制度区别于西方多党制的根本特点。中国共产党的领导主要是政治领导，即政治原则、政治方向和重大方针政策的领导。多党合作的长期实践充分证明，只有坚持中国共产党的领导，我国的多党合作事业才能始终沿着正确方向持续推进，各民主党派、无党派人士才有实现政治夙愿、展示自身价值的舞台。在多党合作实践中，各民主党派要坚持中国共产党的领导，以习近平新时代中国特色社会主义思想为指导，不断加强中国特色社会主义参政党建设，努力成为中国共产党的亲密友党，做中国共产党的好参谋、好帮手、好同事。中共各级党组织要充分尊重民主党派的参政党地位，尊重民主党派的组织独立性，按照执政党建设与参政党建设相互促进的要求，支持民主党派加强自身建设，创造良好的条件，营造良好的氛围，帮助其提高履职能力。按照“三个带头”“四个纳入”的要求，做好民主党派工作，加强联谊交友，支持民主党派组织发挥作用。要提前谋划，通盘考虑，统筹使用，把党外代表人士后备队伍建设纳入干部人才队伍建设总体规划，多渠道、宽领域发现、储备、举荐党外人才，协助民主党派建设一支素质优良、结构合理、数量充足的代表人士队伍和领导班子后备干部队伍，为多党合作事业健康可持续发展提供有力保障。

延伸阅读：

支持各民主党派、无党派人士开展“不忘合作初心，继续携手前进”主题教育活动

把支持各民主党派、无党派人士开展“不忘合作初心，继续携手前进”主题教育活动，作为加强中国特色社会主义参政党建设、支持无党派人士加强自身建设，充分发挥新型政党制度效能的重要举措，引导推动各民主党派按照“四新”“三好”总要求，在学习教育、履职尽责、查找不足、整改提高上下功夫、见成效，进一步增强“四个意识”，坚定“四个自信”，做到“两个维护”。

（一）加强引导推动。制定支持各民主党派、无党派人士开展主题教育活动的工作方案，明确时间表、路线图。支持各民主党派制定开展主题教育活动的实施方案。制定支持无党派人士开展主题教育活动实施方案，成立工作办公室，协调推进全市无党派人士主题教育活动。召开支持开展主题教育活动动员部署会，就组织好、开展好主题教育活动，提出工作建议和要求。

（二）深化理论学习。结合庆祝“两个70周年”，通过举行学习报告会、中期交流会、各民主党派章程学习交流会，以及组织民主党派组织负责人、无党派代表人士赴西柏坡学习考察等，帮助各民主党派、无党派人士深化学习习近平新时代中国特色社会主义思想，深刻领会习近平总书记关于多党合作和民主党派工作的重要论述，继承和弘扬多党合作优良传统，坚定不移坚持中国共产党的领导。结合在党外知识分子中开展的“弘扬爱国奋斗精神、建设立业新时代”活动，支持无党派人士深化主题教育活动。先后组织无党派代表人士

赴台州、古田、延安等地开展国情考察，在感悟历史、了解国情中深化对中国特色社会主义理论的理解；召开"忆初心、共奋进"座谈会，邀请6位老中青三代不同领域无党派代表人士结合自身经历，讲述与中国共产党真诚合作的历史，传承与党同心同德的初心使命。支持各民主党派市委、无党派人士坚持自觉自主自为，通过座谈研讨、征文演讲，举办图片史料展、摄影展，以及实地考察等多种形式，深化理论学习，把学习习近平新时代中国特色社会主义思想与学习中共党史、国史结合起来，与学习多党合作史、民主党派历史和章程结合起来，与实践多党合作制度、推动具体工作结合起来，巩固共同思想政治基础。其间，各民主党派市委领导班子成员以身作则，特别是主委高度重视，亲自带队到基层调研和宣讲，与党派成员讲初心、谈担当，说奉献、话使命。班子成员的示范引领，有力有效推动了主题教育活动的扎实深入开展。各民主党派、无党派人士共举行报告会、研讨会、专题学习会330场，10 500人次参加；举办图片史料展、摄影展、演讲比赛、文艺演出等75场，33 900人次参与。

（三）激励履职尽责。突出主题教育实践性，支持各民主党派、无党派人士通过专项监督、专题协商等形式，围绕中共市委、市政府中心工作，发挥特色优势，积极建言献策。围绕落实习近平总书记在民营企业座谈会上的重要讲话以及相关文件精神，各民主党派、无党派人士分别对口各区和市相关部门，通过实地走访、座谈交流、问卷调查等，开展调查研究，深入了解民营企业发展中存在的困难和问题，形成专项民主监督报告。

主题教育活动开展以来，各民主党派、无党派人士还围绕打造充满激情、富于创造、勇于担当的干部队伍，2020年全市重点工作安排等议题，组织力量深入调研，在专题协商座谈会上提出有针对性的意见建议。同时，深化开展年度重点课题调研，积极反映社情民意信息，促进参政议政工作提质增效，为中共市委专题协商会议做准备，为参与2020年全国和市“两会”做好准备，为“十四五”规划编制建言献策做好准备。围绕提高建言质量，各民主党派、无党派人士注重建立健全多方参与、资源共享的集智聚力机制，通过建立经济社会发展研究院、打造大数据应用研究中心、举办长三角区域合作论坛、海外侨团合作论坛等，集聚不同领域的会（党）内专家学者的智慧，形成参政履职合力。各民主党派、无党派人士注重发挥特色优势，整合各方资源，聚焦打赢脱贫攻坚战，以对口支援毕节试验区为重点，做好各项社会服务工作。

（四）切实整改提高。各民主党派领导班子及其成员深入党派区委和基层组织，调研指导主题教育活动开展，并广泛听取意见建议。各民主党派市委领导班子成员带头深入基层调研，按照“三个对照”“三个摆进去”的要求，查找不足、发现问题、检视反思，带动各级民主党派组织深化主题教育开展。据统计，主题教育活动开展以来，各民主党派市委领导班子成员赴基层调研133次，梳理问题288个，意见建议456条。针对查找的问题和基层组织提出的意见建议，各民主党派市委分析研判、列出清单，提出有针对性的整改措施239条。在此基础上，分别召开专题民主生活会，对照参政党五方面建设要求，围绕加强政治学习、强化责任担当、提升履职能力、联系服务基层等方面作了深刻的自我剖析，开展深入的批评与自我批评，提出整改提高的努力方向，一些制约民主党派履职尽责、自身建设的问题得到整改落实。支持无党派人士对照习近平新时代中国特色社会主义思想和中共中央决策部署,对照多党合作重要文件,对照先进典型、身边榜样,广泛听取意见,包括主动听取所在单位党组织、行业主管部门、所联系群众的意见建议,重点查找工作和作风上的问题。支持和鼓励无党派人士参加所在单位中共党组织开展的"不忘初心、牢记使命"主题教育,与中共党员干部相互学习借鉴,共同完善提高。

广大民主党派成员、无党派人士反映,主题教育活动开展以来,通过学习教育、履职尽责、查找不足、整改提高等,思想共识得到提高,履职尽责展现新作为,参政党和无党派人士自身建设进一步加强。

——理论武装进一步加强。广大民主党派成员、无党派人士反映,主题教育活动开展以来,通过系统学习习近平新时代中国特色社会主义思想和中共十九大和十九届二中、三中、四中全会精神,把学习理论和岗位实践相结合,与党派履职相结合,进一步加深对其重大意义、科学体系、丰富内涵的理解,自身政治站位和理论水平得到提升,贯彻落实的自觉性和坚定性不断增强。

——思想政治基础进一步巩固。广大民主党派成员、无党派人士反映,参加主题教育活动以来,通过深化理论学习、实地考察调研等,加深对新型政党制度是近代中国社会发展的历史必然的认识,加深对多党合作初心和中国特色社会主义参政党性质地位的认识,坚定走中国特色社会主义政治发展道路的信心,增进对中国共产党和中国特色社会主义的政治认同、思想认同、理论认同、情感认同,"四个意识"和"四个自信"不断增强,"两个维护"自觉坚定。

——履职能力水平进一步提高。各民主党派市委、无党派人士突出主题教育活动的实践性,围绕参与专题协商座谈会,围绕开展好中共市委委托的专项民主监督，注重发挥特色优势，找准切入点、结合点、着力点，深入基层，深入群众，了解情况，坚持问计于民，问需于民，注重调动基层组织和广大成员的主动性、积极性、创造性，各方广泛参与、资源共享的集智聚力机制初步形成。广大民主党派成员、无党派人士反映，开展主题教育活动，激发了他们的履职热情，今后将聚焦中共市委、市政府中心工作，立足岗位，发挥优势，积极参与各民主党派市委、无党派人士的履职实践。

——参政党建设进一步加强。主题教育活动是加强参政党建设的良好契机。主题教育活动以来，各民主党派按照中央"三个文件"要求，以党为师，借鉴中共主题教育活动做法，坚持不懈加强参政党自身建设。党派班子成员分工联系基层组织制度进一步完善，走访调研对口联系组织成为工作常态；选好用好基层组织带头人，抓住"关键少数"，激发基层组织活力已形成共识，"保持特色、发挥优势，注重质量、人才强党(盟、会、社)"的理念深入人心。通过汇编会员手册、编印基层组织建设优秀案例、建立机关部室联系基层支部制度等，加强对基层组织和会员的指导和服务。党派市委机关规章制度进一步健全。建立完善与各区党委统战部、大口党委的沟通交流机制，积极争取中共党委和统战部门的支持帮助。

——摘自某市党委统战部民主党派工作处阶段性工作总结，有删节

附录一:《中共中央关于坚持和完善中国共产党领导的多党合作和政治协商制度的意见》

(中发〔1989〕14号)

(1989年12月30日)

中国共产党领导的多党合作和政治协商制度是我国一项基本政治制度。中国共产党和各民主党派团结合作,互相监督,共同致力于建设有中国特色的社会主义和统一祖国、振兴中华的伟大事业。我国实行的共产党领导、多党合作的政党体制是我国政治制度的特点和优点。它根本不同于西方资本主义国家的多党制或两党制,也有别于一些社会主义国家实行的一党制。它是马克思列宁主义同中国革命与建设相结合的一个创造,是符合中国国情的社会主义政党制度。坚持和完善这项制度,是我国政治体制改革的一项重要内容,对巩固扩大爱国统一战线,发扬社会主义民主,促进全国各族人民大团结,实现党和国家的总任务具有重要意义。

中国共产党领导的多党合作和政治协商制度是在长期革命与建设中形成和发展起来的。在民主革命时期,各民主党派同中国共产党长期合作,共同奋斗,为争取新民主主义革命胜利和建立中华人民共和国作出了重要贡献。新中国成立后,各民主党派参加了人民政权和人民政协的工作，为巩固人民民主专政，顺利实现社会主义改造和促进社会主义事业的发展，推进改革开放，进行社会主义现代化建设，发挥了重要作用。实践证明，各民主党派是同中国共产党长期风雨同舟、患难与共的亲密战友，是我国爱国统一战线的一支重要力量，也是维护我国安定团结、促进社会主义现代化建设和祖国统一的一支重要力量。中国共产党和各民主党派的共同任务，就是坚持社会主义初级阶段的基本路线，为把我国建设成为富强、民主、文明的社会主义现代化国家，为统一祖国、振兴中华而奋斗。

我国是人民民主专政的社会主义国家。中国共产党是社会主义事业的领导核心，是执政党。各民主党派是各自所联系的一部分社会主义劳动者和一部分拥护社会主义的爱国者的政治联盟，是接受中国共产党领导的，同中共通力合作、共同致力于社会主义事业的亲密友党，是参政党。我国的多党合作必须坚持中国共产党的领导，必须坚持四项基本原则，这是中国共产党同各民主党派合作的政治基础。中共对各民主党派的领导是政治领导，即政治原则、政治方向和重大方针政策的领导。中共各级党委都要加强和改善对民主党派的领导，进一步加强和发展同民主党派的合作，支持各民主党派为社会主义物质文明和精神文明建设服务，为推进“一国两制”，实现祖国统一服务。

“长期共存、互相监督、肝胆相照、荣辱与共”，是中国共产党同各民主党派合作的基本方针。中共处于执政党的地位，领导着拥有十一亿人口的国家政权，非常需要听到各种意见和批评，接受广大人民群众的监督。各民主党派是反映人民群众意见、发挥监督作用的一条重要渠道。充分发挥和加强民主党派参政和监督的作用，对于加强和改善共产党的领导,推进社会主义民主政治建设,保持国家长治久安,促进改革开放和现代化建设事业的发展,具有重要的意义。

民主党派参政的基本点是:参加国家政权,参与国家大政方针和国家领导人选的协商,参与国家事务的管理,参与国家方针、政策、法律、法规的制定执行。

发挥民主党派监督作用的总原则是:在四项基本原则的基础上,发扬民主,广开言路,鼓励和支持民主党派与无党派人士对党和国家的方针政策、各项工作提出意见、批评、建议,做到知无不言,言无不尽,并且勇于坚持正确的意见。

中国共产党和各民主党派都必须以宪法为根本活动准则,负有维护宪法尊严、保证宪法实施的职责。民主党派享有宪法规定的权利和义务范围内的政治自由、组织独立和法律地位平等。中共支持民主党派独立自主地处理自己内部事务,帮助他们改善工作条件,支持他们开展各项活动,维护本组织成员及其所联系群众的合法利益和合理要求。

中国共产党和各民主党派共同负有保卫国家安全、维护社会安定团结的责任,决不允许存在反对四项基本原则、危害国家政权的政治组织,一经发现,应依法取缔。

一、加强中国共产党和各民主党派之间的合作与协商

(1) 中共同民主党派进行政治协商,是中国共产党领导的多党合作和政治协商制度的一项重要内容。总结建国以来行之有效的经验,主要采取以下几种协商形式:

中共中央主要领导人邀请各民主党派主要领导人和无党派的代表人士举行民主协商会，就中共中央将要提出的大政方针问题进行协商。这种会议一般每年举行一次。

中共中央主要领导人根据形势需要，不定期地邀请民主党派主要领导人和无党派的代表人士举行高层次、小范围的谈心活动，就共同关心的问题自由交谈、沟通思想、征求意见。

由中共召开民主党派、无党派人士座谈会，通报或交流重要情况，传达重要文件，听取民主党派、无党派人士提出的政策性建议或讨论某些专题。这种会议大体每两月举行一次。重大事件随时通报。有的座谈会亦可委托中共全国政协党组举行。

除会议协商以外，各民主党派和无党派人士可就国家大政方针和现代化建设中的重大问题向中共中央提出书面的政策性建议，也可约请中共中央负责人交谈。

上述各种协商形式，原则上也适用于中共地方党委和民主党派地方组织之间的协商活动。

（2）中共各级党委的负责人要同民主党派负责人保持联系，交知心朋友，交诤友，在政治上、思想上互相了解和帮助。中共党委有关部门要加强与民主党派的协作，积极支持他们开展工作。在有民主党派组织的基层单位，中共党组织应经常召开座谈会，认真听取民主党派的意见，发挥他们的作用。中共同民主党派在团结合作中也会出现矛盾，应当在四项基本原则的基础上，进行民主协商，按照“团结—批评—团结”的公式，求得正确解决。

（3）中共各级党委统战部负责协助党委同各民主党派保持密切联系，了解情况，协调关系，贯彻中共中央的方针政策，帮助民主党派解决工作中的实际问题。

二、进一步发挥民主党派成员、无党派人士在人民代表大会中的作用

(4) 人民代表大会制度是我国的根本政治制度。人民代表大会是我国人民行使国家权力的机关,也是民主党派成员、无党派人士参政议政和发挥监督作用的重要机构。

民主党派成员、无党派人士中的人大代表在人大中以人民代表的身份,依照《宪法》及《全国人民代表大会组织法》、《全国人民代表大会议事规则》等法律进行活动。

(5) 要保证民主党派成员、无党派人士在全国人大代表、人大常委会委员和人大常设专门委员会委员中占有适当比例,并可聘请有相应专长的民主党派成员、无党派人士担任专门委员会顾问。

在省、自治区、直辖市的人大中应保证民主党派成员、无党派人士占适当比例。在市、州、县人大中应保证无党派人士占适当比例。在有民主党派组织的市、州、县应保证民主党派成员在人大中占适当比例。

(6) 中共人大党组成员应与担任人大领导职务的民主党派和无党派人士经常交流情况,沟通思想,交换意见。

(7) 人大、人大常委会在组织关于特定问题的调查委员会,人大各专门委员会在组织有关问题的调查研究时,吸收人大代表中的民主党派成员和无党派人士参加,并可聘请民主党派、无党派的专家。

三、举荐民主党派成员、无党派人士担任各级政府及司法机关的领导职务

(8) 民主党派成员和无党派人士担任国家和政府的领导职务，是实现共产党领导的多党合作的一项重要内容。应采取切实措施，选配民主党派成员、无党派人士担任国务院及其有关部委和县以上地方政府及其有关部门的领导职务。

(9) 选配民主党派成员和无党派人士担任政府领导职务，要坚持德才兼备原则和干部“四化”方针。考虑到目前的实际情况，对民主党派成员、无党派人士的年龄要求和任职资历可适当放宽。中共各级党委统战部门、组织部门和政府人事部门要对民主党派推荐的适合任职条件的人选，做好考察和培养工作。

(10) 国务院和各级地方政府召开全体会议和有关会议讨论工作时，可视需要邀请有关民主党派和无党派人士列席。

政府及有关部门可聘请民主党派成员和无党派人士兼职、任顾问或参加咨询机构，也可就某些专题，请民主党派进行调查研究，提出建议。政府有关部门可就专业性问题同民主党派对口协商，在决定某些重大政策措施前，组织有关民主党派座谈，征求意见。注意在政府参事室中适当安排民主党派成员和无党派人士，发挥他们的咨询作用。

(11) 推举符合条件的民主党派成员和无党派人士担任检察、审判机关的领导职务。聘请一批符合条件和有专门知识的民主党派成员、无党派人士担任特约监察员、检察员、审计员和教育督导员等。

政府监察、审计、工商等部门组织的重大案件的调查,以及税收等检查,可吸收民主党派成员、无党派人士参加。

(12) 民主党派要按照国家的政策规定,有计划地开展对台湾同胞、港澳同胞、海外侨胞和外籍华人的联谊工作,协助引进资金、技术和人才,发展经济往来,推进大陆与台湾、香港、澳门及海外的科技、文化、学术、体育交流。有关部门要积极给予协助和指导。

(13) 民主党派开展经济、科技、教育、法律、医卫、文化等咨询及社会服务工作,要以服务为宗旨,注重社会效益。政府有关部门要创造必要的条件,积极支持民主党派为社会主义现代化建设和统一祖国事业多做贡献。

(14) 在政府部门任职的共产党员和非共产党人士都是国家公务人员,必须严格遵守政纪、法纪,全心全意为人民服务。中共组织及中共党员尤其是领导干部,应当尊重非共产党人士的职权,同他们建立起良好的合作共事关系。

四、进一步发挥民主党派在人民政协中的作用

(15) 人民政协是我国爱国统一战线组织,也是共产党领导的多党合作和政治协商的一种重要组织形式。人民政协应当成为各党派、各人民团体、各界代表人物团结合作、参政议政的重要场所。

人民政协要对国家大政方针、地方重要事务、政策法令的贯彻、群众生活和统一战线中的重大问题,加强政治协商和民主监督。政协全国委员会制定的《关于政治协商、民主监督的暂行规定》,应当认真贯彻执行。

(16) 在政协的各种会议上，要切实保障政协委员提出批评的自由和发表不同意见的自由。

在政协会议上，民主党派可以本党派名义发言、提出提案。

(17) 要保证民主党派和无党派人士在政协常委和政协领导成员中占有一定比例。政协各专门委员会要有民主党派和无党派人士参加，政协机关中应有一定数量的民主党派和无党派人士担任专职领导干部，并真正做到有职、有权、有责。政协机关要更好地为民主党派开展活动创造条件。注意安排民主党派和无党派人士参加有关的出国访问和国际活动。

(18) 尊重民主党派和无党派政协委员的视察、举报及参与调查和检查活动的权利。对他们的提案和举报，有关部门应认真研究处理，及时答复。

(19) 中共和政府有关部门应同政协及其有关专门委员会建立联系，发挥它们在决策咨询中的作用。

(20) 政协要根据政协章程的规定，组织和推动政协委员在自愿的基础上学习马克思列宁主义、毛泽东思想，学习中国共产党和国家的方针政策，学习时事政治，以利于统一认识，增进共同政治基础上的团结合作。

五、支持民主党派加强自身建设

(21) 为了坚持和不断完善中国共产党领导的多党合作和政治协商制度，民主党派需要加强思想建设和组织建设，首先是民主党派各级领导班子的建设。民主党派中央和省级组织的老一辈领导人，为国家做出了重要贡献,要继续发挥他们的影响和作用。同时,要积极培养一批拥护四项基本原则、拥护改革开放、有一定群众基础和组织领导能力的中青年,逐步充实到领导班子。中共各级党委和有关部门要协助各民主党派做好这项工作。

(22) 各民主党派要注意提高成员的素质。吸收新成员要注意政治质量,德才并重。发展组织要坚持以协商确定的范围和对象,坚持以大中城市、有一定代表性的人士为主。各民主党派之间在发展组织上遇有交叉时,应在尊重本人自愿的基础上,由有关党派相互协商解决。

(23) 民主党派应发扬自我教育的优良传统,对成员加强思想政治工作,深入进行坚持四项基本原则和反对资产阶级自由化的教育、爱国主义和社会主义的教育、国情教育以及民主党派同中共长期合作的优良传统的教育。

办好中央和省一级的社会主义学院,作为民主党派和无党派人士的联合党校。马克思列宁主义、毛泽东思想应列为社会主义学院的必修课。政府应从师资和经费上给予切实支持。

民主党派报刊要坚持四项基本原则,宣传国家的方针政策,并有自己的特色。

(24) 民主党派需要采取有效措施加强机关建设,提高机关干部的政治素质和业务水平,并根据国家的干部政策、人事制度和有关规定,加强对机关干部任免、调动的管理。

附录二:《中共中央关于进一步加强中国共产党领导的多党合作和政治协商制度建设的意见》

（2005 年 2 月 18 日）

《中共中央关于坚持和完善中国共产党领导的多党合作和政治协商制度的意见》(中发〔1989〕14 号)下发以来,爱国统一战线和多党合作事业蓬勃发展,在促进我国改革开放和社会主义现代化建设、推动祖国统一大业中,发挥了重大作用。为适应国际国内形势的深刻变化,发展社会主义民主政治,建设社会主义政治文明,推进中国特色社会主义伟大事业,必须进一步加强中国共产党领导的多党合作和政治协商制度建设。

一、中国共产党领导的多党合作和政治协商制度是我国的一项基本政治制度,是具有中国特色的社会主义政党制度

1. 确立和实行中国共产党领导的多党合作和政治协商制度,是中国社会历史发展的必然选择,是中国共产党和中国人民政治智慧的结晶。以毛泽东同志为核心的中共第一代中央领导集体,把马克思主义政党理论和统一战线理论同中国实际相结合,与民主党派和

无党派人士一起,创立了中国共产党领导的多党合作和政治协商制度。1949 年人民政协的成立,标志着这项制度的确立。以邓小平同志为核心的中共第二代中央领导集体,提出了一整套有关多党合作和政治协商的理论和政策,进一步巩固和发展了中国共产党领导的多党合作和政治协商制度。以江泽民同志为核心的中共第三代中央领导集体,适应时代发展要求,对坚持和完善中国共产党领导的多党合作和政治协商制度提出了一系列新思想、新观点、新论断。八届全国人大一次会议把这项制度将长期存在和发展载入宪法。中共十六大以来,以胡锦涛同志为总书记的中共中央继往开来、与时俱进,着眼于社会主义政治文明建设,继续推进我国多党合作事业的发展。

2. 坚持和完善中国共产党领导的多党合作和政治协商制度是建设社会主义政治文明的重要内容。我国是人民民主专政的社会主义国家,同这种国体相适应的政权组织形式是人民代表大会制度,同这种国体相适应的政党制度是中国共产党领导的多党合作和政治协商制度。这一政党制度的显著特征是:共产党领导、多党派合作,共产党执政、多党派参政。这反映了人民当家作主的社会主义民主的本质,体现了我国政治制度的特点和优势,具有巨大的优越性和强大的生命力。在新的历史条件下,发展社会主义民主政治、建设社会主义政治文明,其中一个重要方面就是坚持和完善中国共产党领导的多党合作和政治协商制度,扩大各界人士有序的政治参与,拓宽社会利益表达渠道,促进社会和谐发展,实现中国共产党的领导、人民当家作主和依法治国的有机统一。

3. 中国共产党和各民主党派在多党合作和政治协商的长期实践

中形成了一些重要政治准则，必须认真坚持和遵循。主要是：坚持以马克思列宁主义、毛泽东思想、邓小平理论和“三个代表”重要思想为指导，坚持中国共产党的领导，坚持社会主义初级阶段的基本路线、基本纲领和基本经验，坚持长期共存、互相监督、肝胆相照、荣辱与共的基本方针，保持宽松稳定、团结和谐的政治环境。中国共产党和各民主党派都必须以宪法为根本活动准则，负有维护宪法尊严、保证宪法实施的职责。

4. 发展是中国共产党执政兴国的第一要务，也是各民主党派参政议政的第一要务。多党合作和政治协商要牢牢把握发展这个根本任务，树立和落实科学发展观，紧紧围绕经济建设这个中心，自觉服务于改革发展稳定的大局，把各方面的智慧和力量凝聚到实现全面建设小康社会的奋斗目标上来，促进社会主义物质文明、政治文明、精神文明的协调发展和人的全面发展，实现中华民族的伟大复兴。

5. 坚持从我国国情出发，不断发展和完善我国社会主义政党制度。衡量我国的政治制度和政党制度，最根本的是要从我国的国情出发，以能否促进社会生产力持续发展和社会全面进步，能否保持和发挥社会主义制度的特点和优势，能否实现和发展人民民主、增强党和国家的活力，能否保持国家政局的稳定和社会安定团结，能否实现和维护最广大人民的根本利益为标准。坚持和完善我国的政党制度，要借鉴人类政治文明的有益成果，但绝不能照抄照搬别国政治制度的模式。

6. 各民主党派同中国共产党长期风雨同舟、患难与共，为中国革命、建设、改革事业作出了重要贡献。在新世纪新阶段，民主党派是各自所联系的一部分社会主义劳动者、社会主义事业建设者和拥护社会主义爱国者的政治联盟,是接受中国共产党领导、同中国共产党通力合作的亲密友党,是进步性与广泛性相统一、致力于中国特色社会主义事业的参政党。民主党派组织各自成员积极参与社会主义现代化建设,反映和代表各自所联系群众的具体利益和要求,同香港特别行政区同胞、澳门特别行政区同胞、台湾同胞和海外侨胞有着广泛联系,是发展先进生产力、社会主义民主政治、社会主义先进文化和构建社会主义和谐社会的一支重要力量,也是实现祖国统一、民族振兴的一支重要力量。

7. 发挥无党派人士的作用是坚持和完善中国共产党领导的多党合作和政治协商制度的必然要求。无党派人士是我国政治生活中的一支重要力量。目前,无党派人士是指没有参加任何党派、对社会有积极贡献和一定影响的人士,其主体是知识分子。应充分发挥无党派人士的自身优势,鼓励和支持无党派人士在参政议政、民主监督中发挥积极作用。要积极稳妥地培养、选拔和安排新一代无党派代表人士,推进新老交替。

8. 人民政协是中国人民爱国统一战线的组织,是中国共产党领导的多党合作和政治协商的重要机构,是我国政治生活中发扬社会主义民主的重要形式。人民政协要围绕团结和民主两大主题,认真履行政治协商、民主监督、参政议政的职能。要围绕中心、服务大局,突出特点、发挥优势,努力促进参加政协的各党派、无党派人士开展协商,团结合作。要广泛联系社会各界人士,畅通反映社情民意的渠道,广开言路、广求良策、广谋善举,为巩固和发展民主团结、生动活泼、安定和谐的政治局面发挥积极作用。

二、进一步完善政治协商的内容、形式和程序

9. 坚持政治协商的原则。政治协商是中国共产党领导的多党合作和政治协商制度的重要组成部分，是实行科学民主决策的重要环节，是中国共产党提高执政能力的重要途径。把政治协商纳入决策程序，就重大问题在决策前和决策执行中进行协商，是政治协商的重要原则。

10. 完善中国共产党同各民主党派的政治协商。中国共产党同各民主党派政治协商，主要采取民主协商会、小范围谈心会、座谈会等形式。除会议协商外，民主党派中央可向中共中央提出书面建议。协商的内容包括：中共全国代表大会、中共中央委员会的重要文件；宪法和重要法律的修改建议；国家领导人的建议人选；关于推进改革开放的重要决定；国民经济和社会发展的中长期规划；关系国家全局的一些重大问题；通报重要文件和重要情况并听取意见，以及其他需要同民主党派协商的重要问题等。

要进一步完善协商的程序。中共中央根据年度工作重点，研究提出全年政治协商规划；协商的议题提前通知各民主党派和有关无党派代表人士，并提供相关材料；各民主党派应对协商议题集体研究后提出意见和建议；在协商过程中充分发扬民主，广泛听取意见，求同存异，求得共识；对民主党派和无党派人士提出的意见和建议要认真研究，并及时反馈情况。

11. 要完善人民政协的政治协商。中国共产党在人民政协同各民主党派和各界代表人士的协商，主要采取政协全体会议、常务委员

会会议、主席会议、常务委员专题座谈会、各专门委员会会议等形式。要按照《中国人民政治协商会议章程》的要求,推进人民政协政治协商的制度化、规范化和程序化。

三、充分发挥民主党派和无党派人士的参政议政作用

12. 民主党派参政的基本点是:参加国家政权,参与国家大政方针和国家领导人选的协商,参与国家事务的管理,参与国家方针政策、法律法规的制定和执行。

13. 充分发挥民主党派成员和无党派人士在国家政权中的参政作用。人民代表大会是我国人民行使国家权力的机关,也是民主党派成员和无党派人士参政议政和发挥监督作用的重要机构。要保证民主党派成员和无党派人士在各级人大代表、人大常委会委员和人大专门委员会委员中占有适当比例,在各级人大领导班子成员中有适当数量。在全国和省级人大常委会中应有民主党派成员或无党派人士担任副秘书长。

民主党派成员和无党派人士担任国家和政府领导职务,是实现中国共产党领导的多党合作的一项重要内容。县级以上地方政府要选配民主党派成员或无党派人士担任领导职务。重点在涉及行政执法监督、与群众利益密切相关、紧密联系知识分子、专业技术性强的政府工作部门领导班子中选配民主党派成员、无党派人士担任领导职务。符合条件的可以担任正职。国务院有关部委领导班子中要注意选配民主党派成员和无党派人士。各省、自治区、直辖市可根据各级政府机构设置情况,明确需要选配的工作部门的适当比例。

各级法院、检察院要逐步选配符合任职条件的民主党派成员和无党派人士担任领导职务，重点做好省级法院、检察院领导职务的选配工作，带动市、县两级法院、检察院的选配工作。

14. 充分发挥民主党派和无党派人士在人民政协中的作用。要保证民主党派可以以本党派的名义在政协大会上发表意见和主张，可以提出代表本党派组织的提案，可以自主开展调查研究等活动。要保证民主党派成员和无党派人士等在各级政协中占有较大比例。其中，在换届时，政协委员不少于60%，政协常委不少于65%，政协副主席不少于50%（此项要求不包括民族自治地方）。民主党派成员和无党派人士在政协各专门委员会负责人中应有适当数量，在委员中应占有适当比例。政协机关中要有一定数量的民主党派成员和无党派人士担任专职领导职务。其中在全国政协至少有1位专职副秘书长。

15. 加强政府同民主党派的联系。国务院和地方各级政府根据需要召开有民主党派负责人和无党派人士参加的座谈会，就拟提交人民代表大会审议的政府工作报告、有关重大政策措施和关系国计民生的重大建设项目征求意见，通报国民经济和社会发展的有关情况。政府召开全体会议和有关会议，可视情邀请民主党派负责人和无党派人士列席；政府组织的有关廉政建设、社会治安综合治理和规范市场经济秩序等检查工作，可根据需要邀请民主党派成员和无党派人士参加。政府有关部门根据工作业务范围同相关民主党派建立和加强联系，重要专业性会议和重要政策、规划的制定，根据需要邀请相关的民主党派负责人参加。政府参事的聘任，以民主党派成员和无党派人士为主体，发挥他们参政议政、建言献策、咨询国是、统战联谊的作用。

16. 健全民主党派负责人参加重要外事、内事活动制度。中共中央和国家领导人会见、宴请外宾可视情邀请民主党派负责人参加;出席重要庆典、慰问、纪念活动,可视情邀请有关民主党派负责人和无党派人士参加。

17. 健全民主党派考察调研制度。民主党派和无党派人士通过考察调研建言献策,是发挥参政议政作用的重要形式。中共党委(以下简称党委)和政府要积极支持民主党派和无党派人士就全局性和战略性问题进行有组织的考察调研,也可委托民主党派就有关问题进行考察调研。对民主党派和无党派人士的调研成果,要认真研究并反馈情况。

18. 拓宽民主党派和无党派人士发挥作用的渠道。党委和政府及有关部门要积极创造条件,支持民主党派和无党派人士紧密围绕全面建设小康社会开展各种形式的社会服务活动;充分发挥民主党派和无党派人士在反映社情民意、协调社会关系、维护社会稳定方面的作用;支持民主党派成员和无党派人士积极开展对香港特别行政区同胞、澳门特别行政区同胞、台湾同胞和海外侨胞的联谊工作,推进经贸、科技、文化等领域的交流交往,为维护香港、澳门的繁荣稳定、促进祖国完全统一作出贡献。

四、充分发挥民主党派的民主监督作用

19. 中国共产党与民主党派实行互相监督。这种监督是在坚持四项基本原则的基础上通过提出意见、批评、建议的方式进行的政治

监督,是我国社会主义监督体系的重要组成部分。由于中国共产党处于领导和执政地位,更加需要自觉接受民主党派的监督。

20. 民主党派民主监督的内容主要是:国家宪法和法律法规的实施情况;中国共产党和政府重要方针政策的制定和贯彻执行情况;党委依法执政及党员领导干部履行职责、为政清廉等方面的情况。

21. 民主党派民主监督的形式主要是:在政治协商中提出意见;在深入调查研究的基础上,向党委及其职能部门提出书面意见;人大及其常委会和各专门委员会在组织有关问题的调查研究时,可邀请民主党派成员和无党派人士参加;通过在政协大会发言和提出提案、在视察调研中提出意见或其他形式提出批评和建议;参加有关方面组织的重大问题调查和专项考察等活动;应邀担任司法机关和政府部门的特约人员等。

进一步拓宽民主监督的渠道。党委主要负责人要定期召开会议,听取民主党派负责人和无党派人士对领导班子及其成员的意见;每年就党风廉政建设和反腐败工作向民主党派通报情况,听取意见;进一步完善特约人员工作制度,拓宽政府部门和司法机关聘任特约人员的领域,明确特约人员的职责和权利,切实发挥他们的作用;党委和政府开展的就贯彻执行中央重要方针政策情况和党风廉政建设情况的检查、其他专项检查和执法监督工作,可邀请民主党派负责人参加。

22. 党委要切实完善民主监督机制,自觉接受监督。要在知情环节、沟通环节、反馈环节上建立健全制度,及时通报重要情况和重大问题,畅通民主监督的渠道;对民主党派提出的批评意见要认真研究,及时反馈。党委及其领导干部要真诚接受民主党派的监督,鼓励和支持民主党派做到知无不言、言无不尽,并勇于坚持正确的意见,做中国共产党的诤友;要保护民主党派和无党派人士民主监督的正当权利。

五、加强中国共产党同党外人士的合作共事

23. 加强同党外人士的合作共事,是中国共产党坚定不移的方针。党外干部是国家干部队伍的重要组成部分。要坚持平等相待、民主协商、真诚合作,不断巩固中国共产党同党外人士的联盟。

24. 进一步加强培养选拔党外干部工作。要坚持干部队伍"四化"方针和德才兼备原则,充分发扬民主,注重实绩和群众公认,努力建设一支政治坚定、素质优良、结构合理、代表性强、同中国共产党亲密合作的党外干部队伍。要把培养选拔党外干部纳入干部队伍建设和人才工作的总体规划,统筹考虑。拓宽选拔渠道,优化党外干部队伍结构,通过学习培训和实践锻炼,不断提高党外干部的整体素质。根据工作需要,各级后备干部队伍中应有适当数量的党外干部。要改进和完善选拔任用方式,逐步形成有利于优秀党外干部脱颖而出的机制。

25. 拓宽党外干部的选配领域。除做好人大、政府、政协及司法机关党外干部的选配工作外,高等院校领导班子中一般应有民主党派成员和无党派人士担任领导职务;注意在人民团体、科研院所和国有企业领导班子中配备民主党派成员和无党派人士担任领导职务。

26. 充分发挥党外领导干部的作用。要坚持民主集中制原则,健全集体领导和个人分工负责相结合的制度,保证党外领导干部对其

分管的工作享有行政管理的指挥权、处理问题的决定权和人事任免的建议权；根据工作需要，可邀请他们列席党组会议，有关文件要送他们阅知，重大问题要向他们通报。中共党员领导干部要同领导班子中的党外领导干部建立良好的合作共事关系，互相学习，共同提高。党外领导干部要自觉服从党组（党委）的领导，切实履行岗位职责。

六、支持民主党派加强自身建设

27. 党委要把支持民主党派加强自身建设作为一项重要政治责任。支持民主党派根据各自章程规定的参政党建设目标，按照坚持中国共产党的领导、发扬社会主义民主、体现政治联盟特点、体现进步性和广泛性相统一的原则，以思想建设为核心，以组织建设为基础，以制度建设为保障，把自身建设提高到新的水平。

28. 支持民主党派加强思想建设。学习邓小平理论和“三个代表”重要思想，提高成员的政治素质和思想道德水平，增强对建设中国特色社会主义的共识，提高贯彻基本路线和基本纲领的自觉性，深化对参政党地位、性质和历史使命的认识，为巩固和发展同中国共产党的团结合作奠定坚实的思想基础。

29. 支持民主党派加强组织建设。贯彻民主集中制原则，提高领导班子成员的政治把握能力、参政议政能力、组织领导能力和合作共事能力。要着眼于多党合作事业的长远发展，支持民主党派加强后备干部队伍建设。按照“三个为主”（以协商确定的范围和对象为主，以大中城市为主，以有代表性的人士为主）、注重质量、保持特色、组织发展与后备干部队伍建设相结合的原则,协助民主党派做好组织发展和成员的教育管理工作。支持民主党派加强机关建设,配备好机关工作班子;通过教育培训、轮岗交流、挂职锻炼等途径,加强对机关干部的培养;健全以岗位责任制为核心的管理机制,提高工作质量和工作效率。

30. 支持民主党派加强制度建设。逐步建立一套适合民主党派自身特点、有利于促进民主党派工作规范化和科学化运行的制度,健全参政党的工作机制。

31. 办好社会主义学院。社会主义学院是中国共产党领导的统一战线性质的政治学院,是民主党派和无党派人士的联合党校。党委要关心和支持社会主义学院的建设。

七、加强和改善中国共产党对多党合作和政治协商的领导

32. 坚持中国共产党的领导是多党合作的首要前提和根本保证。各级党委要从提高党的执政能力、发展社会主义民主、构建社会主义和谐社会、推进改革开放和现代化建设胜利发展的战略高度,进一步提高认识,加强和改善对多党合作和政治协商的领导,充分发挥民主党派在国家政治生活中的作用。要加强对同级政协的领导,及时研究并统筹解决人民政协工作中的重大问题,支持人民政协依照章程开展工作。充分发挥政协党组的领导核心作用和党员干部的先锋模范作用,贯彻党的理论和路线方针政策,贯彻党委的重大决策和工作部署。

33. 中国共产党对民主党派的领导是政治领导,即政治原则、政

治方向和重大方针政策的领导。要依靠中国共产党正确的路线方针政策和思想政治工作、共产党员的先锋模范作用，团结民主党派为实现全面建设小康社会的宏伟目标而共同奋斗；要坚持团结—批评—团结的公式，在重大是非、重大原则问题上，做好政治引导工作，坚持正确的政治方向。

34. 在多党合作和政治协商中进一步改善中国共产党的领导。要善于通过广泛深入的协商和讨论，使中国共产党的主张成为各民主党派的共识。要充分发扬社会主义民主，支持民主党派独立自主地处理内部事务，维护本党派成员及其所联系群众的合法利益，照顾民主党派和无党派人士的政治利益和物质利益，做到政治上充分信任、工作上大力支持、生活上关心照顾。党委负责人要同民主党派负责人和无党派人士交知心朋友。

35. 党委要把多党合作和民主党派工作纳入重要议事日程，定期研究多党合作方针政策贯彻落实情况和民主党派工作中的重要问题；要把统一战线和多党合作理论政策教育作为党委理论学习中心组的重要学习内容，并纳入各级党校、行政学院的教学计划。党委主要领导和分管领导同志要带头做民主党派工作，模范贯彻执行民主党派工作的方针政策。党委宣传部门和主要新闻媒体，要把宣传我国政党制度列入年度计划，加大宣传的力度。有民主党派基层组织的单位，要明确中共基层党组织在加强民主党派工作方面的任务，经常召开座谈会，认真听取民主党派的意见，发挥他们的作用。

36. 切实为民主党派和无党派人士履行职能、发挥作用创造条件。要把民主党派的办公经费和考察调研、教育培训等专项经费列入同级财政预算。根据民主党派组织发展和开展工作的需要，研究解决民主党派地方机关在人员编制方面存在的问题,不断改善民主党派机关办公条件。建立健全无党派人士工作机制,为无党派人士开展工作创造条件。注意发挥党委统战部在无党派人士工作中的牵头协调作用。

各省、自治区、直辖市党委要根据以上精神,结合本地实际,制定措施,认真贯彻执行。

附录三：中共中央办公厅印发《关于加强政党协商的实施意见》

（2015 年 10 月 13 日）

政党协商是中国共产党领导的多党合作和政治协商制度的重要内容，是社会主义协商民主体系的重要组成部分，是中国共产党提高执政能力的重要途径。为贯彻落实《中共中央关于加强社会主义协商民主建设的意见》，进一步加强政党协商，制定本实施意见。

一、政党协商的指导思想和重要意义

政党协商是中国共产党同民主党派基于共同的政治目标，就党和国家重大方针政策和重要事务，在决策之前和决策实施之中，直接进行政治协商的重要民主形式。

政党协商以马克思列宁主义、毛泽东思想、邓小平理论、“三个代表”重要思想、科学发展观为指导，深入贯彻落实习近平总书记系列重要讲话精神，坚持中国特色社会主义政治发展道路，坚持中国共产党领导的多党合作和政治协商制度，坚持长期共存、互相监督、肝胆相照、荣辱与共的基本方针，发挥我国政党制度优势，巩固发展和谐政党关系，为实现“两个一百年”奋斗目标、实现中华民族伟大复兴的中国梦凝聚智慧和力量。

政党协商在协调推进全面建成小康社会、全面深化改革、全面依法治国、全面从严治党战略布局中具有独特优势和作用。加强政党协商，有利于扩大民主党派和无党派人士有序政治参与、畅通意见表达渠道，有利于增进政治共识、广泛凝心聚力，有利于促进科学民主决策、推进国家治理体系和治理能力现代化。

无党派人士是政治协商的重要组成部分，参加政党协商。

工商联是具有统战性的人民团体和商会组织，参加政党协商。

二、政党协商的内容

中共中央同民主党派中央开展政党协商的主要内容包括：中共全国代表大会、中共中央委员会的有关重要文件；宪法的修改建议，有关重要法律的制定、修改建议；国家领导人建议人选；国民经济和社会发展的中长期规划以及年度经济社会发展情况；关系改革发展稳定等重要问题；统一战线和多党合作的重大问题；其他需要协商的重要问题。

三、政党协商的形式

（一）会议协商

专题协商座谈会。由中共中央主要负责同志主持召开，就党和国家重要方针政策、事关全局的重大问题进行协商，一般每年 4 至 5 次。

人事协商座谈会。由中共中央负责同志主持召开，就重要人事安排在酝酿阶段进行协商。

调研协商座谈会。由中共中央负责同志主持召开，主要就民主党派中央的重点考察调研成果及建议进行协商，邀请有关部门参加，一般每年 2 次。

其他协商座谈会。由中共中央负责同志或委托中共中央统战部主持召开，通报重要情况，听取意见建议。

（二）约谈协商

中共中央负责同志或委托中共中央统战部，不定期邀请民主党派中央负责同志就共同关心的问题开展小范围谈心活动，沟通情况、交换意见。

民主党派中央主要负责同志可约请中共中央负责同志个别交谈，就经济社会发展以及参政党自身建设等重要问题反映情况、沟通思想。

（三）书面协商

中共中央就有关重要文件、重要事项书面征求民主党派中央的意见建议，民主党派中央以书面形式反馈。

民主党派中央以调研报告、建议等形式直接向中共中央提出意见和建议。民主党派中央负责同志可以个人名义向中共中央和国务院直接反映情况、提出建议。

四、政党协商的程序

（一）会议协商的程序

每年年初，中共中央办公厅会同中共中央统战部等部门，在广泛听取民主党派中央意见建议的基础上，研究提出全年会议协商计划，确定议题、时间、参加范围等，报中共中央政治局常委会审议通过后，通报民主党派中央。

中共中央办公厅会同中共中央统战部，根据全年协商计划制定具体工作方案并组织实施。每次会前，一般提前 10 天告知民主党派中央；有关部门一般提前 5 天提供文件稿，民主党派中央负责同志集中阅读，相关部门负责同志作解读说明；民主党派中央集体研究准备意见建议。

会议协商中，中共中央负责同志作有关情况说明，民主党派中央主要负责同志发表意见建议，进行交流讨论。

（二）约谈协商的程序

中共中央负责同志提出的约谈，应将相关信息提前告知有关民主党派中央主要负责同志，可根据需要由中共中央办公厅或中共中央统战部负责落实。

民主党派中央主要负责同志提出的约谈，可由中共中央统战部报中共中央，并协助中共中央办公厅落实。

（三）书面协商的程序

中共中央提出的书面沟通协商，由中共中央统战部负责落实。民主党派中央的协商意见由中共中央统战部汇总后报送中共中央。

民主党派中央或其负责同志的调研报告、建议等书面意见，可由其直接向中共中央提出。

五、政党协商的保障机制

（一）知情明政机制。有关部门应适时向民主党派中央直接提供有关材料。中共中央统战部定期组织专题报告会和情况通报会，邀请有关部门介绍情况。

（二）考察调研机制。中共中央每年委托民主党派中央就经济社会发展重大问题开展重点考察调研，由中共中央统战部组织实施。中共中央统战部每年召开选题介绍会，协助民主党派中央确定调研题目，协调有关部门参与调研，做好组织保障工作。支持民主党派中央结合自身特色开展经常性考察调研。地方党委和政府应予以积极支持配合。

（三）工作联系机制。中共中央政治局常委、委员开展的国内考察调研以及重要外事、内事活动，可根据需要、经统一安排邀请民主党派中央负责同志参加。最高人民法院、最高人民检察院和国务院有关部门应加强同民主党派中央的联系，视情邀请民主党派列席有关工作会议、参加专项调研和检查督导工作。

（四）协商反馈机制。需要办理的协商意见由中共中央办公厅会同中共中央统战部交付有关部门，办理情况一般在3个月内向中共中央办公厅报告，并抄送中共中央统战部，由中共中央统战部反馈民主党派中央。

各省（自治区、直辖市）、市（地、州、盟）党委要结合实际，参照上述规定对开展政党协商作出具体安排。

六、加强和完善党对政党协商的领导

中国共产党的领导是中国特色社会主义最本质的特征。政党协商必须坚持中国共产党的领导。各级党委要切实加强领导，把握正确方向，充分发扬民主，广泛集智聚力，确保政党协商规范有序、务实高效、充满活力。

（一）高度重视政党协商。要深刻认识加强政党协商的重大意义，充分发挥党总揽全局、协调各方的领导核心作用，把政党协商列入党委重要议事日程，统一领导、统筹安排，切实纳入决策程序，从制度上保障协商成果落地。把政党协商列入新闻宣传工作计划，改进宣传方式，加强正确舆论引导。对政党协商开展情况进行督促检查。

（二）营造宽松和谐氛围。党委特别是领导干部要带头发扬民主，形成知无不言、言无不尽的协商氛围。坚持真诚协商、务实协商，鼓励和支持民主党派讲真话、建诤言。坚持求同存异、体谅包容，提倡在协商中加强互动交流，允许不同意见表达，在各种观点交融互鉴中凝聚最大共识。

（三）加强协商能力建设。党委特别是领导干部要强化政党协商意识，熟悉政党协商方法，总结政党协商经验，推进政党协商实践。支持民主党派加强领导班子和人才队伍建设，提高履职能力和协商水平。支持民主党派密切与党政有关部门、人民团体、高等学校、科研院所的联系，完善民主党派参政议政工作机制，建立具有自身特色、服务参政议政的智库。

附录四:《中国共产党统一战线工作条例》(部分)

(2015 年 4 月 30 日中共中央政治局会议审议批准
2015 年 5 月 18 日中共中央发布　2020 年 11 月 30 日
中共中央政治局会议修订　2020 年 12 月 21 日中共中央发布)

第三章　民主党派和无党派人士工作

第十二条　中国共产党领导的多党合作和政治协商制度是中国特色社会主义新型政党制度,是我国的一项基本政治制度。中国共产党同各民主党派实行长期共存、互相监督、肝胆相照、荣辱与共的基本方针。

民主党派是接受中国共产党领导、同中国共产党通力合作的亲密友党,是中国共产党的好参谋、好帮手、好同事,是中国特色社会主义参政党。

无党派人士是指没有参加任何政党、有参政议政愿望和能力、对社会有积极贡献和一定影响的人士,其主体是知识分子。

民主党派的基本职能是参政议政、民主监督、参加中国共产党领导的政治协商。无党派人士参照民主党派履行职能。

第十三条　政党协商是中国共产党同民主党派的政治协商。无党派人士是政治协商的重要组成部分,参加政党协商。政党协商主要包括以下内容:中国共产党全国和地方各级代表大会、党中央和地方各级党委有关重要文件的制定、修改;宪法的修改建议,有关重要法律的制定、修改建议,有关重要地方性法规的制定、修改建议;人大常委会、政府、政协领导班子成员和监察委员会主任、法院院长、检察院检察长建议人选;关系统一战线和多党合作的重大问题。

党中央以及地方党委应当按照规定程序开展政党协商。

支持民主党派和无党派人士参与人大协商、政府协商、政协协商以及其他方面的协商。

第十四条　支持民主党派和无党派人士参政的主要内容是:参加国家政权,参与重要方针政策、重要领导人选的协商,参与国家事务的管理,参与国家方针政策、法律法规的制定和执行。

中共中央领导同志的国内考察调研以及重要外事活动,根据统一安排和工作需要,可以邀请民主党派中央负责人、无党派代表人士参加。

第十五条　中国共产党和各民主党派实行互相监督。中国共产党处于领导和执政地位,自觉接受民主党派的监督。

支持民主党派和无党派人士在坚持四项基本原则基础上,在政治协商、调研考察,参与党和国家有关重大方针政策、决策部署执行和实施情况的监督检查,受党委委托就有关重大问题进行专项监督等工作中,通过提出意见、批评、建议等方式,对中国共产党进行民主监督。

第十六条　各级党委应当支持民主党派加强思想政治建设、组织建设、履职能力建设、作风建设、制度建设,支持无党派人士加强自身建设。

帮助民主党派解决机构、编制、经费、办公场所、干部交流和挂职锻炼等方面的问题。为无党派人士履行职责提供必要保障。

第十一章　党外代表人士队伍建设

第三十九条　党外代表人士是指与中国共产党团结合作、作出较大贡献、有一定社会影响的人士,其标准是政治坚定、业绩突出、群众认同。

第四十条　加强党外代表人士的发现储备。发挥高等学校、科研院所培养和选拔党外代表人士的重要基地作用,注意从国家机关、国有企事业单位、民营企业以及新的社会阶层人士、出国和归国留学人员中发现党外代表人士。

第四十一条　坚持政治培训为主,开展对党外代表人士的理论培训。发挥社会主义学院作为统一战线人才教育培养主阵地作用,重视发挥党校(行政学院)、干部学院的作用,合理利用高等学校等培训资源。

加强党外代表人士的实践锻炼,将党外干部纳入党政领导干部交流总体安排。

第四十二条　党外代表人士在各级人大代表、人大常委会委员和人大专门委员会主任委员、副主任委员以及委员中应当保持适当比例。全国人大常委会副委员长、县级以上地方各级人大常委会副主任中应当有适当数量的党外代表人士。

全国和省级人大常委会中应当有民主党派成员或者无党派人士

担任专职副秘书长。

统战部门会商有关部门,负责人大代表、人大常委会组成人员中的党外候选人的推荐提名工作。

第四十三条　省、市两级政府领导班子应当配备党外干部。县级政府领导班子从实际出发积极配备党外干部。

各级政府部门除有特殊要求外,均可以积极配备党外干部担任领导职务,重点在行政执法监督、与群众利益密切相关、紧密联系知识分子和专业技术性强的部门配备。

符合条件的党外干部可以担任政府部门(单位)行政正职。各省(自治区、直辖市)在政府组成部门中应当配备2名左右党外正职。

第四十四条　党外代表人士在各级政协中应当占有较大比例,换届时委员不少于60%,常委不少于65%;在各级政协领导班子中副主席不少于50%(不包括民族自治地方)。

全国政协和省级政协应当有民主党派成员或者无党派人士担任专职副秘书长。

政协各专门委员会主任、副主任以及委员中的党外代表人士应当占有适当比例。

各级政协委员人选推荐工作应当坚持广泛协商,党内的由组织部门提名,党外的由统战部门提名,其中的民主党派成员、民营经济人士应当在提名前与民主党派、工商联协商,继续提名的各界别政协委员应当听取政协党组意见。建议名单由统战部门汇总并征求有关方面意见后,由组织部门报同级党委审定,之后按照《中国人民政治协商会议章程》规定的程序办理。

第四十五条　各级法院、检察院领导班子应当配备党外干部。

高等学校领导班子中一般应当配备党外干部,符合条件的党外干部可以担任行政正职。加大在群团组织、科研院所、国有企业领导班子中选配党外干部的力度。

坚持参事室统战性、咨询性和文史研究馆统战性、荣誉性的性质,党外参事、党外馆员不少于70%。参事室、文史研究馆领导班子中应当配备党外代表人士。

监察委员会、法院、检察院和政府有关部门应当聘请党外代表人士担任特约人员。

举荐党外代表人士在有关社会团体任职。

第四十六条　符合条件的省级民主党派主委、工商联主席、无党派代表人士一般应当进入同级人大常委会、政府、政协领导班子。

除特殊情况外,人大常委会、政协领导班子中的党外代表人士应当与担任同级职务的党内干部享受同等待遇。

第四十七条　各级人大代表候选人和各级政协委员中应当有适当数量的民营经济人士、新的社会阶层人士。

民营企业主要出资人并以经营管理为主要职业的,在推荐安排中应当界定为民营经济人士。推荐为人大代表候选人、政协委员以及在工商联等人民团体、社会组织中任职的民营经济人士,应当经综合评价,并征求企业党组织、民营企业党建工作机构和地方工会组织等有关方面的意见。

第四十八条　加强对党外代表人士的管理,重点了解掌握其政治表现、思想状况、履行职责、廉洁自律和个人重要事项变化情况,特别是在重大原则问题上的政治立场和态度。

统战部门负责牵头协调党外代表人士管理工作。党委有关部门、人大常委会和政协党组、党外代表人士所在单位党组织,应当各负其责,加强日常管理考核。发挥党外代表人士所在党派和团体自我管理、自我教育、自我监督的作用。

第四十九条　搞好党同党外代表人士的合作共事。坚持集体领导和个人分工负责相结合,保证党外干部对分管工作享有行政管理的指挥权、处理问题的决定权、人事任免的建议权。

第五十条　各级党委应当把党外代表人士队伍建设纳入干部和人才队伍建设总体规划,在优秀年轻干部队伍中统筹考虑党外干部。

建立健全组织部门、统战部门协作配合机制。在动议和讨论决定党外干部的任免、调动、交流前,应当征求统战部门的意见。

附录五:《中国新型政党制度》白皮书(节录)

（2021 年 6 月）

中华人民共和国国务院新闻办公室

三、中国新型政党制度中各政党形成了亲密合作的关系

中国共产党处于领导地位和执政地位。中国宪法规定:“社会主义制度是中华人民共和国的根本制度。中国共产党领导是中国特色社会主义最本质的特征。”中国共产党是中国特色社会主义事业的坚强领导核心,各民主党派、无党派人士自觉接受中国共产党的领导,拥护中国共产党的领导地位和执政地位。中国共产党对各民主党派、无党派人士的领导,主要是政治领导,即政治原则、政治方向和重大方针政策的领导,中国共产党支持各民主党派、无党派人士独立自主地开展工作,充分履行职能、积极发挥作用。坚持中国共产党的领导是中国新型政党制度的鲜明特征和重要内容,也是多党合作事业健康发展的首要前提和根本保证。

各民主党派是中国特色社会主义参政党。民主党派不是在野党、反对党,也不是旁观者、局外人,而是在中国共产党领导下参与国家治理的参政党。民主党派参政的基本点是,参加国家政权,参与重

要方针政策、重要领导人选的协商,参与国家事务的管理,参与国家方针政策、法律法规的制定和执行。民主党派的参政地位和参政权利受宪法保护,这是人民民主的重要体现。民主党派围绕国家经济社会发展重大问题献计出力,是中国特色社会主义事业的亲历者、实践者、维护者、捍卫者。

中国共产党与各民主党派是亲密友党。中国共产党重视发挥各民主党派在国家政治和社会生活中的重要作用,尊重、维护和照顾同盟者利益。各民主党派认同中国共产党的基本理论、基本路线、基本方略,自觉做中国共产党的好参谋、好帮手、好同事。中国共产党与各民主党派、无党派人士真诚开展政治协商,广泛实行政治合作,不断夯实共同思想政治基础,协力巩固多党合作的政治格局。

中国共产党与各民主党派互相监督。这种监督主要是对中国共产党的监督,是通过提出意见、批评、建议的方式进行的政治监督,是一种协商式监督、合作性监督。中国共产党处于领导和执政地位,自觉接受各民主党派的监督。中国共产党和各民主党派是知无不言的挚友、过失相规的诤友,互相监督不是彼此倾轧,不是相互拆台、相互掣肘,而是相互促进、共同提高。各民主党派监督中国共产党,主要是为了促进中国共产党实现科学执政、民主执政、依法执政。

四、中国新型政党制度具有鲜明特色和显著优势

在中国特色社会主义制度下,有事好商量、众人的事情由众人商量,找到全社会意愿和要求的最大公约数,是人民民主的真谛。中国新型政党制度以合作、参与、协商为基本精神,以团结、民主、和谐为

本质属性，具有政治参与、利益表达、社会整合、民主监督和维护稳定的重要功能，实现了执政与参政、领导与合作、协商与监督的有机统一，是人民当家作主的重要实现形式和社会主义协商民主的重要制度载体。

中国新型政党制度能够实现利益代表的广泛性。这一政党制度真实、广泛、持久地代表和实现最广大人民的根本利益、全国各族各界根本利益，有效避免了旧式政党制度只能代表少数人、少数利益集团的弊端。作为一个人口大国，中国存在着不同的阶层和社会群体，在根本利益一致的基础上存在着具体利益的差别。中国新型政党制度既尊重多数人的意愿，又照顾少数人的合理要求，能够更好地代表不同阶层、不同社会群体的利益诉求，拓宽、畅通各种利益表达渠道，全面、真实、充分地反映各社会阶层人士的意见建议，具有统筹兼顾各方利益和协调各方关系的优势。

中国新型政党制度能够体现奋斗目标的一致性。这一政党制度把各个政党和无党派人士紧密团结起来、为着共同目标而奋斗，有效避免了一党缺乏监督或者多党轮流坐庄、恶性竞争的弊端。这一政党制度通过广泛协商凝聚共识、凝聚智慧、凝聚力量，有利于达成思想共识、目标认同和行动统一，有利于促进政治团结和有序参与。这一政党制度围绕坚持和发展中国特色社会主义、实现中华民族伟大复兴的中国梦，形成了共同的理想、共同的事业、共同的行动，汇聚起强大的社会合力，集中力量办大事、办好事。

中国新型政党制度能够促进决策施策的科学性。这一政党制度通过政党协商、参政议政、民主监督等制度化、规范化、程序化的安排，集中各方面意见和建议，推动决策科学化民主化，有效避免了旧式政党制度囿于党派利益、阶级利益、区域和集团利益决策施政时固执己见、排斥异己、导致社会撕裂的弊端。这一政党制度在民主集中的基础上求同存异,可以形成发现和改正错误、减少失误的机制,有效克服决策中情况不明、自以为是的弊端。这一政党制度将政治协商纳入决策程序,坚持协商于决策之前和决策实施之中,通过反复协商征求意见、理性审慎决策施策,增强决策的科学性和施策的有效性。

中国新型政党制度能够保障国家治理的有效性。这一政党制度以合作、协商代替对立、争斗,克服政党之间互相倾轧造成政权更迭频繁的弊端,能够有效化解矛盾冲突、维护和谐稳定。这一政党制度坚持在协商中求同,能够有效避免否决政治、议而不决、决而不行,保持政策的连续性和稳定性。这一政党制度着眼充分调动各方面的积极性,重视加强对各民主党派、无党派人士履职尽责的支持保障,能够优化政治资源配置,形成社会各界广泛参与国家治理的体制机制,推进国家治理体系和治理能力现代化。

五、中国共产党和各民主党派、无党派人士开展政党协商

政党协商是中国共产党同民主党派基于共同的政治目标,就国家重大方针政策和重要事务,在决策之前和决策实施之中,直接进行政治协商的重要民主形式,是社会主义协商民主体系的重要组成部分。无党派人士参加政党协商。

政党协商的内容。中国共产党同民主党派主要就中国共产党全国和地方各级代表大会、中共中央和地方各级党委有关重要文件的

制定、修改；宪法的修改建议，有关重要法律的制定、修改建议，有关重要地方性法规的制定、修改建议；人大常委会、政府、政协领导班子成员和监察委员会主任、法院院长、检察院检察长建议人选；关系统一战线和多党合作的重大问题等开展政党协商。

政党协商的形式。政党协商有会议协商、约谈协商、书面协商三种形式。会议协商包括专题协商座谈会、人事协商座谈会、调研协商座谈会以及其他协商座谈会等。约谈协商是中共党委负责同志不定期邀请民主党派负责同志就共同关心的问题开展小范围谈心活动，民主党派主要负责同志约请中共党委负责同志反映情况、沟通意见。书面协商是中共党委就有关重要文件、重要事项书面征求民主党派的意见建议，民主党派围绕重大问题以书面形式向中共党委提出意见建议。

政党协商的制度保障。政党协商基本形成了以相关法规为保障、以中共中央文件为主体、以配套机制为辅助的制度体系。中共中央每年委托民主党派中央就经济社会发展重大问题开展重点考察调研，支持民主党派中央结合自身特色开展经常性考察调研。有关部门向民主党派中央提供相关材料，组织专题报告会和情况通报会，邀请民主党派列席相关工作会议、参加专项调研和检查督导工作。

六、中国共产党支持各民主党派、无党派人士开展民主监督

民主党派、无党派人士对中国共产党进行民主监督，是发挥中国新型政党制度优势的重要方式，是实现国家治理体系和治理能力现代化的必然要求，在中国特色社会主义监督体系中具有独特的、不可

替代的重要作用。

民主监督的内容。主要包括国家宪法和法律法规的实施情况,中国共产党和政府重要方针政策的制定和贯彻执行情况,中共党委依法执政及中共党员领导干部履职尽责、为政清廉等方面的情况。

民主监督的形式。主要是民主党派、无党派人士在政治协商、调研考察,参与国家有关重大方针政策、决策部署执行和实施情况的监督检查,受中共党委委托就有关重大问题进行专项监督等工作中,提出意见、批评、建议。具体实施中,民主党派成员和无党派人士中的人大代表参与各级人大组织开展的执法检查。最高人民法院、最高人民检察院每年召开党外人士座谈会,听取各民主党派、无党派人士的意见建议。行政机关、监察机关、审判机关、检察机关聘请党外代表人士担任特约人员,对有关工作进行监督。目前,共有 12 700 余名党外人士担任地市级以上有关部门特约人员。

民主监督的新实践。中共十八大以来,中共中央支持各民主党派加强对重大改革举措、重要政策贯彻执行情况和国家中长期规划中的重要约束性指标等的专项监督。自 2016 年起,中共中央委托各民主党派中央分别对口 8 个脱贫攻坚任务重的中西部省区,开展为期 5 年的脱贫攻坚民主监督工作,开辟了多党合作服务国家中心工作的新领域。各民主党派深入调研、坦诚建言,围绕贫困人口精准识别、精准脱贫等重点内容,提出一批有建设性的意见、批评、建议。

七、中国共产党和各民主党派、无党派人士在国家政权中团结合作

在中国国家政权中,中国共产党和各民主党派、无党派人士加强

团结、合作共事,是中国新型政党制度的重要制度安排。中国共产党坚持平等相待、民主协商、真诚合作,支持各级人大、政府和司法机关中的民主党派成员和无党派人士发挥作用,共同推动国家政权建设。

人民代表大会是中国人民行使国家权力的机关,也是民主党派成员和无党派人士发挥作用的重要机构。民主党派成员和无党派人士在各级人大代表、人大常委会组成人员及人大专门委员会成员中均占一定数量。2018 年第十三届全国人民代表大会第一次会议以来,民主党派成员和无党派人士共有 15.2 万余人担任各级人大代表。其中,全国人大常委会副委员长 6 人,全国人大常委会委员 44 人;省级人大常委会副主任 32 人,省级人大常委会委员 462 人;市级人大常委会副主任 364 人,市级人大常委会委员 2 585 人。他们履行人民代表的职责,参与宪法、法律和地方性法规的制定和修改,参与选举、决定和罢免国家机构组成人员,参与审查和批准国民经济和社会发展计划和计划执行情况的报告、国家预算和预算执行情况的报告,参与视察和执法检查工作,反映人民意愿,提出议案和质询案。

民主党派成员和无党派人士担任政府和司法机关领导职务,积极履职尽责、担当作为。目前,在最高人民法院、最高人民检察院和国务院部委办、直属局担任领导职务 14 人;全国 31 个省(自治区、直辖市)中,担任副省长(副主席、副市长)29 人,担任副市(州、盟、区)长 380 人;有 45 人担任省级人民法院副院长和人民检察院副检察长,有 345 人担任地市级人民法院副院长和人民检察院副检察长。他们对分管工作享有行政管理的指挥权、处理问题的决定权和人事任免的建议权。

国务院和地方政府重视发挥各民主党派、无党派人士的作用。

国务院和地方政府根据需要召开有民主党派负责人和无党派人士代表参加的座谈会,就拟提交人民代表大会审议的政府工作报告、有关重大政策措施和关系国计民生的重大建设项目征求意见,通报国民经济和社会发展的有关情况。政府召开全体会议和有关会议,视情邀请民主党派负责人和无党派人士代表列席;政府组织的有关专项检查工作,根据需要邀请民主党派成员和无党派人士代表参加。

八、各民主党派、无党派人士为促进国家经济社会发展议政建言、发挥作用

围绕国家方针政策的制定和重大战略的实施献计出力。就国家政治、经济、社会生活中的全局性、战略性、前瞻性重大问题开展考察调研,提出意见建议,是各民主党派、无党派人士发挥作用的重要渠道。多年来,各民主党派中央、无党派人士围绕"一带一路"建设、京津冀协同发展、长江经济带发展、粤港澳大湾区建设、长三角一体化发展、创新驱动引领高质量发展、推进供给侧结构性改革等关系国计民生的重大问题深入考察调研,向中共中央、国务院提出的许多意见建议被采纳。中国共产党积极完善知情明政机制、考察调研机制、工作联系机制、协商反馈机制,为各民主党派、无党派人士知情出力创造条件。

拓展发挥作用的渠道和途径。各民主党派、无党派人士积极推动和实施智力支边、温暖工程、思源工程等活动,参与职业培训、兴教办学、捐资救灾、扶危济困等公益事业,积极助力打赢脱贫攻坚战。团结各自成员和所联系群众,反映意见诉求,重点就教育体制改革、

医疗体制改革、美丽中国建设、促进就业创业、加强社会保障体系建设等人民群众普遍关心的重点难点问题提出意见建议，发挥了桥梁纽带和凝聚共识作用。拓展与港澳同胞、台湾同胞、海外侨胞的联系，促进两岸关系和平发展，遏制"台独"分裂势力，推进祖国统一大业。

携手并肩应对重大风险挑战。2003 年"非典"疫情期间，民主党派成员和无党派人士积极行动，捐款捐物、建言献策，许多成员奋战在抗疫第一线。2008 年 5 月，汶川特大地震后不到一个月，各民主党派号召广大成员捐款捐物共计 5 亿多元，赢得社会各界广泛赞誉。2020 年，面对突如其来的新冠肺炎疫情，各民主党派、无党派人士第一时间积极响应中共中央号召，与中国共产党想在一起、站在一起、干在一起，凝聚起同心战"疫"的强大力量，体现了中国特色社会主义参政党在关键时刻的责任担当。

参考文献

1.《列宁选集》第4卷,人民出版社2012年版。

2.《毛泽东文集》,人民出版社1999年版。

3.《毛泽东选集》,人民出版社1991年版。

4.《习近平谈治国理政》第2卷,外文出版社2017年版。

5.《习近平谈治国理政》第3卷,外文出版社2020年版。

6.《中华人民共和国宪法》(宣誓本),中国法制出版社2018年版。

7. 柴宝勇:《政党政治的概念、框架与实践》,中国社会科学出版社2016年版。

8. 陈旭麓:《近代中国社会的新陈代谢》,生活·读书·新知三联书店2017年版。

9. 陈延武:《万水朝东》,生活·读书·新知三联书店2011年版。

10. 邓伟志等:《变革社会中的政治稳定》,上海人民出版社1997年版。

11. 董石桂:《改革开放时代参政党建设研究》,知识产权出版社2009年版。

12. 杜青林主编:《中共十一届三中全会以来多党合作理论、政策和实践的创新与发展》,华文出版社2008年版。

13. 李剑农：《中国近百年政治史》，江苏人民出版社 2018 年版。

14. 李金河：《多党合作的历史与现实》，中央编译出版社 2007 年版。

15. 李铁映：《论民主》，中国社会科学出版社 2001 年版。

16. 李维汉：《回忆与研究》（上、下），中共党史资料出版社 1986 年版。

17. 李燕奇：《当代中国特色政治制度新发展研究》，中国社会科学出版社 2015 年版。

18. 梁丽萍：《政治社会学》，中央编译出版社 2009 年版。

19. 梁琴、钟德涛：《中外政治制度比较》，商务印书馆 2013 年版。

20. 柳蕴琪：《中国民主促进会》，河北人民出版社 2001 年版。

21. 林尚立：《当代中国政治：基础与发展》，中国大百科全书出版社 2017 年版。

22. 林尚立：《当代中国政治形态》，天津人民出版社 2000 年版。

23. 林尚立等：《新中国政党制度研究》，上海人民出版社 2009 年版。

24. 林建华、张广鑫：《现代中国党派关系史》，人民出版社 2011 年版。

25. 浦兴祖主编：《当代中国政治制度》，复旦大学出版社 2017 年版。

26. 邱钱牧等：《民主革命时期的民主党派》，湖南人民出版社 1986 年版。

27. 全国政协文史和学习委员会编：《八十年来黄炎培回忆录》，中国文史出版社 2017 年版。

28. 王邦佐:《中国政党制度的社会生态分析》,上海人民出版社2000年版。

29. 王邦佐:《执政党与社会整合:中国共产党与新中国社会整合实例分析》,上海人民出版社2007年版。

30. 王沪宁主编:《政治的逻辑:马克思主义政治学原理》,上海人民出版社2016年版。

31. 王浦劬等:《政治学基础》(第4版),北京大学出版社2018年版。

32. 王绍光:《民主四讲》,生活·读书·新知三联书店2008年版。

33. 王中山等:《中国国民党革命委员会》,河北人民出版社2001年版。

34. 温宪:《特朗普评传》,世界知识出版社2017年版。

35. 魏晓文等:《当代中国参政党建设研究》,中共中央党校出版社2009年版。

36. 魏源:《魏源集》,辽宁人民出版社1994年版。

37. 习近平:《决胜全面建成小康社会　夺取新时代中国特色社会主义伟大胜利——在中国共产党第十九次全国代表大会上的报告》,人民出版社2017年版。

38. 谢春涛主编:《历史的轨迹——中国共产党为什么能?》,新世界出版社2011年版。

39. 谢彬:《民国政党史》,中华书局2011年版。

40. 熊必军:《制度分析视域下的中国特色政党制度研究》,中央编译出版社2013年版。

41. 燕继荣主编:《发展政治学》(第2版),北京大学出版社2010

年版。

42. 杨爱珍:《当代中国政党制度研究》,学林出版社 2004 年版。

43. 薛启亮、杨荣华编:《中国民主建国会卷》,河北人民出版社 2001 年版。

44. 游洛屏:《我国多党合作制度理论体系》,中共中央党校出版社 2010 年版。

45. 赵美艳、孙洪波:《协商民主下的当代中国政党制度》,中国社会科学出版社 2019 年版。

46. 赵忆宁:《探访美国政党政治:美国两党精英访谈》,中国人民大学出版社 2014 年版。

47. 张宏伟:《中国参政党对执政党的民主监督研究》,中央编译出版社 2014 年版。

48. 张小曼等:《中国民主同盟》,河北人民出版社 2001 年版。

49. 张献生主编:《新时代统一战线知识简明读本》,华文出版社 2020 年版。

50. 张宪文:《中华民国史》,南京大学出版社 2005 年版。

51. 周延胜:《借鉴与超越:世界政党制度的类型与特征》,世界知识出版社 2016 年版。

52. 中共中央统战部一局编:《继承优良传统　共创光辉未来》,民主与建设出版社 1998 年版。

53. 中共中央统战部编:《中国共产党统一战线史》,华文出版社 2017 年版。

54. 中央档案馆、中共中央文献研究室编:《中共中央文件选集》(1949 年 10 月—1966 年 5 月),人民出版社 2013 年版。

55. 中共中央统战部、中央档案馆编:《中共中央抗日民族统一战线文件选编》,档案出版社 1985 年版。

56. 中共中央文献研究室、中央档案馆编:《建党以来重要文献选编(1921—1949)》第 22 册,中央文献出版社 2011 年版。

57. 郑宪:《中国民主党派建设理论》,中共中央党校出版社 2005 年版。

58. [英]艾伦 · 韦尔:《政党与政党制度》,谢峰译,北京大学出版社 2011 年版。

59. [美]安东尼 · 奥罗姆:《政治社会学导论》(第 4 版),张华青等译,上海人民出版社 2006 年版。

60. [美]戴维 · 赫尔德:《民主的模式》,燕继荣等译,中央编译出版社 2008 年版。

61. [美]吉尔伯特 · 罗兹曼主编:《中国的现代化》,国家社会科学基金"比较现代化"课题组译,江苏人民出版社 2010 年版。

62. [美]弗朗西斯 · 福山:《政治秩序与政治衰败》,毛俊杰译,广西师范大学出版社 2015 年版。

63. [美]拉里 · 戴蒙德、理查德 · 冈瑟等:《政党与民主》,徐琳译,上海人民出版社 2017 年版。

64. [美]塞缪尔 · P. 亨廷顿:《变革社会中的政治秩序》,王冠华、刘为等译,上海人民出版社 2008 年版。

65. [美]西摩 · 马丁 · 李普塞特:《一致与冲突》,张华青等译,上海人民出版社 1995 年版。

66. [意]安格鲁 · 帕尼比昂科:《政党:组织与权力》,周建勇译,上海人民出版社 2013 年版。

后　记

自 2020 年初编写工作启动以来，经过编写组同志一年半的辛勤耕耘，《中国新型政党制度概论》一书付梓出版了。该书的出版，凝聚着中共上海市委统战部、上海市社会主义学院领导和同志们的努力和心血。

全书由导言和六章组成。导言部分介绍了政党、政党政治与政党制度相关理论，指出新型政党制度是对旧式政党制度的超越。第一、二章回顾了新型政党制度的历史发展，说明我国多党合作制度是中国近现代历史发展的必然选择。第三、四章介绍了新型政党制度的结构、运行机制和主要功能，新型政党制度的优势与价值，从多个维度论述了新型政党制度的制度效能。第五章从历史沿革、目标意义、主要内容等方面阐释了加强中国特色社会主义参政党建设。第六章论述了坚持和完善中国共产党的领导是巩固和发展多党合作事业、确保多党合作事业正确方向的根本保证。

全书有以下特点：一是体现历史必然。回顾新型政党制度的形成和发展，指出新型政党制度是中国近现代历史发展的必然选择，是马克思列宁主义与中国实际相结合的产物，是中国共产党和各民主党派智慧的结晶，是中国共产党、中国人民和各民主党派、无党派人士的伟大政治创造。二是彰显特点优势。从理论出发，从事实出发，从历史和比较的视角，对习近平总书记关于“三个新就新在”“三个有效避免”的论断作进一步论述，分析新型政党制度的鲜明特征、比较优势和深刻内涵。三是凸显制度效能。着重阐述了新型政党制度作为国家治理体系的组成部分，在促进民主政治建设、经济建设、社会发展等方面具有不可替代的重要作用。四是强化党的领导。着重论述了加强和改善党对多党合作事业的领导。惟有始终不渝坚持和改善党对多党合作事业的领导，才能确保多党合作事业正确发展方向。要按照执政党建设和参政党建设相互促进的要求，支持加强中国特色社会主义参政党建设。

中共上海市委统战部、上海市社会主义学院领导高度重视本书的编写工作，成立了编写工作小组。市委统战部副部长蔡忠多次召开编写组会议，确定编撰方向，给予具体指导。上海市社会主义学院院长周汉民，常务副院长毛大立，副院长邬万里、马俊生、陆琦给予关心指导，教务处、科研处给予大力支持。

全书的写作分工如下：导言，刘晖、闻丽；第一、二章，刘晖；第三章，张星；第四章，闻丽；第五章，王俊华；第六章，宋华忠。宋华忠、刘晖负责制定编写方案、拟定编写提纲和全书的统稿。市委统战部民主党派工作处协同市社会主义学院新型政党制度研究中心，承担了本书写作的组织协调工作，做好方案的制定实施、评审统稿等具体工作。

市委统战部办公室原主任殷之俊、市社会主义学院教授杨爱珍、浙江省社会主义学院教授黄天柱审读了书稿，提出了很好的修改建议。上海市社会主义学院原副院长、教授姚俭建对全书的修改稿进行了审阅，并提出建设性意见。上海人民出版社黄玉婷对本书的编辑出版给予热情帮助。在此，向所有支持帮助本书编写出版的单位和个人致以诚挚的谢意！

谨以此书献给中国共产党成立100周年！

本书编写组

2021年6月

图书在版编目(CIP)数据

中国新型政党制度概论/尚同编著.—上海:上
海人民出版社,2021
ISBN 978-7-208-17248-7

Ⅰ.①中…　Ⅱ.①尚…　Ⅲ.①政党-政治制度-研究
-中国　Ⅳ.①D665

中国版本图书馆 CIP 数据核字(2021)第 144653 号

责任编辑　黄玉婷　邱　迪
封面设计　汪　昊

中国新型政党制度概论
尚　同　编著

出　　版　上海人民出版社
　　　　　(201101　上海市闵行区号景路 159 弄 C 座)
发　　行　上海人民出版社发行中心
印　　刷　上海商务联西印刷有限公司
开　　本　720×1000　1/16
印　　张　19.25
插　　页　3
字　　数　209,000
版　　次　2021 年 9 月第 1 版
印　　次　2023 年 12 月第 5 次印刷
ISBN 978-7-208-17248-7/D·3805
定　　价　78.00 元